U0563895

可再生能源补贴管理
实务热点问答

中国南方电网有限责任公司◎组编

中国电力出版社

CHINA ELECTRIC POWER PRESS

图书在版编目（CIP）数据

可再生能源补贴管理实务热点问答 / 中国南方电网有限责任公司组编 . —北京：中国电力出版社，2023.12

ISBN 978-7-5198-8199-3

Ⅰ.①可… Ⅱ.①中… Ⅲ.①再生能源—政府补贴—财政制度—研究—中国 Ⅳ.① F426.2

中国国家版本馆 CIP 数据核字（2023）第 226268 号

出版发行：中国电力出版社
地　　址：北京市东城区北京站西街 19 号（邮政编码 100005）
网　　址：http://www.cepp.sgcc.com.cn
责任编辑：岳　璐
责任校对：黄　蓓　马　宁
装帧设计：赵姗姗
责任印制：石　雷

印　　刷：三河市航远印刷有限公司
版　　次：2023 年 12 月第一版
印　　次：2023 年 12 月北京第一次印刷
开　　本：787 毫米 ×1092 毫米　16 开本
印　　张：20.5
字　　数：332 千字
印　　数：0001—1500 册
定　　价：79.00 元

编委会名单

为了促进可再生能源开发利用，2006年开始，国家陆续出台可再生能源发展基金及补贴相关政策，用于支持可再生能源发电和开发利用活动。在政策的有力支持下，可再生能源行业迎来了快速发展。截至2022年底，可再生能源装机达到12.13亿千瓦，占全国发电总装机的47.3%。

2020年9月22日，习近平总书记在第七十五届联合国大会上宣布，中国二氧化碳排放力争于2030年前达到峰值，努力争取2060年前实现碳中和。为了实现"双碳"目标，展现我国作为负责任大国积极应对全球气候变化的决心，推动能源结构转型成为当下我国社会发展的重要议题。近年来，我国积极推进能源清洁低碳转型，加快发展可再生能源，持续推进以风电、光伏发电为主的可再生能源开发，逐步构建以新能源为主体的新型电力系统，可再生能源正迎来更加广阔的发展前景。

加强可再生能源发电补贴资金使用管理，促进可再生能源行业高质量发展，2022年国家发改委、财政部和能源局联合组织了全国范围内的可再生能源补贴项目核查工作。通过核查统计，进一步摸清可再生能源补贴情况，规范可再生能源补贴资金的使用和管理，推动解决补贴缺口问题。核查工作期间，国家主管部门对可再生能源相关政策进行深度解读，进一步对风电、集中式光伏、生物质发电项目的合规、规模、电量、电价、补贴资金和环保六方面内容进行规范。

可再生能源补贴管理是一项涉及面广、难度较大、政策性强、要求高的系统性任务，国家发展改革委、财政部、国务院国资委授权国家电网公司、南方电网公司分别牵头设立北京、广州可再生能源发展结算服务有限公司，承担可再生能源补贴资金统计、管理等政策性业务。为做好可再生能源补贴核查后常态化管理工作，南方电网公司成立《可再生能源补贴管理实务热点问答》编写组，紧跟国家最新政策要求，学习可再生能源项目全周期管理流程，研究可再生能源补贴管理方法和绿证交易机制，收集汇总可再生能源补贴管理中常见的问题，根据研究内容及实践结果，尝试将积累的

经验呈现给大家，将学到的知识和成果转化为示例，最终汇编成书。

　　本书以一问一答的方式，介绍了可再生能源行业的发展历程，分析了我国可再生能源行业未来发展情况，讲解了可再生能源项目全生命周期管理过程，总结了可再生能源补贴管理的常见问题及管理原则，是一本汇集国家最新政策要求，结合业务与实际的工具书，相信能够为读者释疑解难。限于能力和时间，书中错漏在所难免，敬请读者批评指正。

编者

2023 年 12 月

目录

C O N T E N T S

第二部分 政策文件汇编

三、补贴清单（补助目录）管理　　　　　　　　　　210

六、绿电、绿证相关政策   282

附录　相关政策文件目录   298

第一部分

热点问答

第一章　我国可再生能源行业发展历程

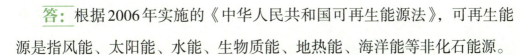

1. 什么是可再生能源

答：根据2006年实施的《中华人民共和国可再生能源法》，可再生能源是指风能、太阳能、水能、生物质能、地热能、海洋能等非化石能源。

风能是因空气流动所产生的动能。可用来驱动机械、发电等，是一种无污染、可再生的绿色能源。一个地区可利用的风能资源的多少与近地面的风速有关。风能有利用价值的最低平均风速要达到6米/秒。根据估算，全球可利用的潜在风能相当于全球总能量需求的10～20倍。风能的分布在区域和时间上是不均匀的，一般在沿海和一些山区风力资源较丰富。

太阳能是指来自太阳的辐射能量。每年投射到地球表面的太阳能，相当于130万亿吨标准煤的发热量，是一种无污染的再生能源。可通过热的形式、光合作用产生有机化学能的形式、水能的形式、风能的形式以及光电转换的形式来加以利用。太阳能的直接利用有光—热转换和光—电转换两种基本形式，前者将太阳能转换成热能，用于加热水、空气和物料以及烘干、海水淡化、住宅的供热供冷等，还可进行太阳能热力发电；后者通过太阳能电池将光能直接转换成电能，作为宇航设备、航标灯和铁道车站信号的电源等。

水能是指自然界天然水体由于重力作用而具有的做功能力。表现形式有势能、压力能或动能，并可互相转化。

生物质能是以可再生的生物质资源，包括农作物、能源作物、农林废弃物、城市垃圾、畜禽粪便、有机废弃物等为原料，通过物理、化学或生物化学手段生产的新型可再生清洁能源。可作为化石燃料的替代能源。包括木炭、生物乙醇、生物柴油、生物质燃料油、水煤气、沼气、氢能等。

地热能是地球内部的热能。来源有多种假说。根据观测认为主要由地下放射性元素（主要是铀、钍和钾–40）衰变放热及地幔热流通过基岩传播而来，其次是地球转动能转变、重力分异、化学反应和结晶热等。在火山活动地区，主要来自与火山、温泉活动有关的岩浆。中国地热资源丰富，大多可直接利用。如西藏羊八井地热电站供应的电力曾占拉萨电网供电量的约40%。研究地球热状态和热历史，对认识地球的演化和地壳运动有重要的科学意义。

海洋能是蕴藏在海洋中可供开发利用、无污染、可再生的自然能源。包括潮汐能、潮流能、海流能、波浪能、海水温差能、海洋浓度差能和海洋生物质能等。其中海水温差能是热能；海洋浓度差能是化学能；波浪能、海流能、潮汐能和潮流能是机械能。蕴藏量巨大，但能流密度小，品位低。法国、日本、英国、挪威、中国和韩国等都有开发海洋能成功的经验，具有良好开发前景[1]。

2. 可再生能源发电全额保障性收购制度是什么

答：根据《中华人民共和国可再生能源法》第十四条，我国实行可再生能源发电全额保障性收购制度。国务院能源主管部门会同国家电力监管机构和国务院财政部门，按照全国可再生能源开发利用规划，确定在规划期内应当达到的可再生能源发电量占全部发电量的比重，制定电网企业优先调度和全额收购可再生能源发电的具体办法，并由国务院能源主管部门会同国家电力监管机构在年度中督促落实。电网企业应当与按照可再生能

1 陈至立.辞海（第七版）[M].上海：上海辞书出版社：2020.

源开发利用规划建设，依法取得行政许可或者报送备案的可再生能源发电企业签订并网协议，全额收购其电网覆盖范围内符合并网技术标准的可再生能源并网发电项目的上网电量。发电企业有义务配合电网企业保障电网安全。电网企业应当加强电网建设，扩大可再生能源电力配置范围，发展和应用智能电网、储能等技术，完善电网运行管理，提高吸纳可再生能源电力的能力，为可再生能源发电提供上网服务。

近年来，我国"三北"等地区因可再生能源发电规模大、占比高而面临消纳问题，存在一定程度的弃风弃光。为保障风电、光伏发电持续健康发展，国家发展改革委、国家能源局出台了可再生能源发电全额保障性收购相关文件，积极促进可再生能源消纳。2016年，国家发展改革委、国家能源局联合印发《可再生能源发电全额保障性收购管理办法》（发改能源〔2016〕625号）和《关于做好风电、光伏发电全额保障性收购管理工作的通知》（发改能源〔2016〕1150号），对内蒙古、新疆等9个省份的风电、光伏发电核定了最低保障性收购年利用小时数，超出最低保障性收购年利用小时数的部分应通过市场交易方式消纳，并按可再生能源标杆上网电价与当地燃煤基准价的差额享受补贴。

根据《可再生能源发电全额保障性收购管理办法》（发改能源〔2016〕625号），可再生能源发电全额保障性收购是指电网企业（含电力调度机构）根据国家确定的上网标杆电价和保障性收购利用小时数，结合市场竞争机制，通过落实优先发电制度，在确保供电安全的前提下，全额收购规划范围内的可再生能源发电项目的上网电量。可再生能源发电全额保障性收购适用于风力发电、太阳能发电、生物质能发电、地热能发电、海洋能发电等非水可再生能源。

水力发电根据国家确定的上网标杆电价（或核定的电站上网电价）和设计平均利用小时数，通过落实长期购售电协议、优先安排年度发电计划

和参与现货市场交易等多种形式，落实优先发电制度和全额保障性收购。根据水电特点，为促进新能源消纳和优化系统运行，水力发电中的调峰机组和大型机组享有靠前优先顺序。

各电网企业和其他供电主体（以下简称"电网企业"）承担其电网覆盖范围内，按照可再生能源开发利用规划建设、依法取得行政许可或者报送备案、符合并网技术标准的可再生能源发电项目全额保障性收购的实施责任。

可再生能源并网发电项目年发电量分为保障性收购电量部分和市场交易电量部分。其中，保障性收购电量部分通过优先安排年度发电计划、与电网公司签订优先发电合同（实物合同或差价合同）保障全额按标杆上网电价收购；市场交易电量部分由可再生能源发电企业通过参与市场竞争方式获得发电合同，电网企业按照优先调度原则执行发电合同。

国务院能源主管部门会同经济运行主管部门对可再生能源发电受限地区，根据电网输送和系统消纳能力，按照各类标杆电价覆盖区域，参考准许成本加合理收益，核定各类可再生能源并网发电项目保障性收购年利用小时数并予以公布，并根据产业发展情况和可再生能源装机投产情况对各地区各类可再生能源发电保障性收购年利用小时数适时进行调整。地方有关主管部门负责在具体工作中落实该小时数，可再生能源并网发电项目根据该小时数和装机容量确定保障性收购年上网电量。

不存在限制可再生能源发电情况的地区，电网企业应根据其资源条件保障可再生能源并网发电项目发电量全额收购。

3. 风电行业发展现状是怎样的

答：风力发电是当前广泛运用的清洁能源发电方式之一，主要是利用风力发电机组直接将风能转化为电能。在目前各种风能利用形式中，风力发电是风能利用的主要形式，也是当前可再生能源中技术最成熟、最具有规划化开发条件和商业化发展前景的发电方式之一。近年来，我国风电行业实现跨越式发展，取得了举世瞩目的成就，为我国能源绿色低碳转型提供了重要支撑，我国风电装机容量多年位居世界首位。2022年，全国风电新增并网装机容量3763万千瓦，同比减少21%。截至2022年年底，全国风电累计装机容量3.65亿千瓦，同比增长11.2%，占全国总发电装机容量的14.3%；发电量7626.7亿千瓦时，同比增长16.2%，占全国总发电量的8.6%。2022年，全国风电平均利用率为96.8%，与上年同期基本持平。

我国风力发电主要以陆上风电为主，截至2022年年底，陆上风电累计装机容量3.6亿千瓦，同比增长19.21%；在"双碳"目标和能源低碳转型背景下，海上风电成本下降、风机大型化因素驱动装机容量持续提升，海上风电迎来快速增长期，累计装机容量达3051万千瓦，同比增长15.61%。

（数据来源：国家能源局2月例行新闻发布会、国家统计局《中华人民共和国2022年国民经济和社会发展统计公报》）

4. 光伏行业发展现状是怎样的

答：光伏产业是我国战略性新兴产业之一，其发展对于调整能源结构、推进能源生产和消费革命、促进生态文明建设具有重要意义。近年来，我国光伏产业规模持续扩大，技术迭代更新不断，目前已在全球市场取得领先优势。2022年，全国光伏发电新增并网装机容量8741万千瓦，同比增长60%；分布式光伏新增装机容量5111万千瓦，占当年光伏新增装机容量的58%以上，其中户用分布式装机容量2524.6万千瓦。截至2022年年底，全国光伏发电累计装机容量3.93亿千瓦，同比增长28.1%，占全国总发电装机容量的15.3%；发电量4272.7亿千瓦时，同比增长31.2%，占全国总发电量的4.8%。2022年，全国光伏平均利用率为98.3%，同比提升0.3个百分点。2022年，光伏总装机容量首次超过风电装机容量，仅次于火电、水电，成为装机规模第三大电源。

（数据来源：国家能源局2月例行新闻发布会、国家统计局《中华人民共和国2022年国民经济和社会发展统计公报》）

5. 生物质发电行业发展现状是怎样的？

答：生物质能是人类能源消费中的重要组成部分，是地球上唯一可再生碳源，主要包括森林能源、农作物秸秆、禽畜便、生活垃圾、沼气等，具有可再生、原料丰富、分布广泛、清洁低碳等优势，且环保性能更加突出。生物质发电是利用生物质所具有的生物质能进行的发电。生物质发电主要分为农林生物质发电、垃圾焚烧发电和沼气发电等。2022年，全国生物质发电新增并网装机容量334万千瓦。截至2022年年底，全国生物质发电累计装机容量4132万千瓦，同比增长8%，占全国可再生能源总装机容量的3.4%；发电量1824亿千瓦时，同比增长11.4%，占全国可再生能源总发电量的6.8%。其中，生活垃圾焚烧发电新增装机容量257万千瓦，累计装机容量达到2386万千瓦，同比增长11%，年发电量1268万千瓦时，同比增长17%；农林生物质发电新增装机容量65万千瓦，累计装机容量达到1623万千瓦，同比增长4%，年发电量517万千瓦时，同比增长0.2%；沼气发电新增装机容量12万千瓦，累计装机容量达到122万千瓦，同比增长11%，年发电量39万千瓦时，同比增长5%。

（数据来源：国家能源局2月例行新闻发布会、中电联《可再生能源统

计报表》）

6. 风电行业的管理模式是怎样的

答： 我国的风电主要分为集中式陆上风电、分散式陆上风电、海上风电以及风电基地项目。管理模式可以从开发核准管理、项目建设管理、并网运行管理这三个方面来总结。

（1）**开发核准管理**主要以风电年度开发方案为指导，该方案是指根据全国风电发展规划要求，按年度编制的滚动实施方案［《国家能源局关于进一步完善风电年度开发方案管理工作的通知》（国能新能〔2015〕163号）］。全国年度开发方案包括各省（自治区、直辖市）年度建设规模、布局、运行指标和有关管理要求。各省（自治区、直辖市）年度开发方案根据本省（自治区、直辖市）风电发展规划和全国年度开发方案的要求编制，包括项目清单、预计项目核准时间、预计项目投产时间、风电运行指标和对本地电网企业的管理要求。其中分散式风电由各省（自治区、直辖市）自行按照有关技术要求组织建设，纳入年度开发方案；海上风电发展规划应当与可再生能源发展规划、海洋主体功能区规划、海洋功能区划、海岛保护规划、海洋经济发展规划相协调［《国家能源局 国家海洋局关于印发〈海上风电开发建设管理办法〉的通知》（国能新能〔2016〕394号）］；跨省或跨区输送的大型风电基地开发方案由国家能源局会同项目所在地省级能源主管部门制定，明确风电基地建设总规模、年度规模、风电占外送电量的比例和运行调度要求，由各省（自治区、直辖市）按年度落实具体项目建设单位后，纳入本省（自治区、直辖市）年度开发方案。

（2）**项目建设管理**主要以建设规模为指导［《国家能源局关于可再生能源发展"十三五"规划实施的指导意见》（国能发新能〔2017〕31号）］。各省（自治区、直辖市）能源主管部门应根据**风电产业预警信息**

合理布局风电项目。预警结果为绿色地区的省（自治区、直辖市）能源主管部门，根据相关规划在落实电力送出和市场消纳的前提下，自主确定风电年度建设实施方案，严格核实纳入年度建设方案各项目的风资源勘查评价、电力送出及消纳市场等建设条件，并指导开发企业与电网企业做好衔接，将年度建设实施方案报送国家能源局。其中分散式风电严格按照有关技术规定和规划执行，不受年度建设规模限制；海上风电设计方案、建设施工、验收及运行等必须严格遵守国家、地方、行业相关标准、规程规范，国家能源局组织相关机构进行工程质量监督检查工作，行成海上风电项目质量监督检查评价工作报告，并向全社会予以发布［《国家能源局国家海洋局关于印发〈海上风电开发建设管理办法〉的通知》（国能新能〔2016〕394号）］；风电基地项目［能源局会同各省（自治区、直辖市）统筹规划的省（自治区）内消纳和跨省跨区输电通道配套］的管理模式，由各省（自治区、直辖市）根据建设方案有序核准建设，不受年度开发方案的规模建设限制。［《国家能源局关于下达2016年全国风电开发建设方案的通知》（国能新能〔2016〕84号）］。

对于风电开发投资监测预警结果为红色的区域，暂停风电开发建设。已核准的风电项目暂缓建设，已纳入规划且列入各年度实施方案未核准的风电项目暂停核准，电网企业停止受理缓建和暂停核准项目的并网申请。暂不安排新的本地消纳的平价上网项目和低价上网项目。红色预警区域已投入运行或在建输电通道优先消纳存量风电项目。橙色区域暂停新增风电项目，除符合规划且列入以前年度实施方案的风电项目、分散式风电项目以及利用跨省跨区输电通道外送项目外，不再新增建设项目［《国家能源局关于发布2019年度风电投资监测预警结果的通知》（国能发新能〔2019〕13号）］。

（3）并网运行管理主要按照国家能源局发布的《电力并网运行管理规

定》(国能发监管规〔2021〕60号)的要求执行。其中对发电侧并网主体的管理要求为：发电侧并网主体中涉及电网安全稳定运行的各类设备和参数等，规划、设计、建设和运行管理应满足国家法律法规、行业标准及电网稳定性要求；并网主体应确保涉网一、二次设备满足电力系统安全稳定运行及有关标准的要求；并网主体应与电网企业根据平等互利、协商一致和确保电力系统安全运行的原则，参照国家有关部门制定的《并网调度协议》《购售电合同》等示范文本及时签订并网调度协议和购售电合同，无协议（合同）不得并网运行；并网主体按照所在电网防止大面积停电预案的统一部署，落实相应措施，编制停电事故处理预案及其他反事故预案，参加反事故演练；并网主体应严格执行电力调度机构制定或市场出清的运行方式和发电调度计划曲线；并网主体应在电力调度机构的统一调度下，考虑机组运行特点，落实调频、调压有关措施，保证电能质量符合国家标准；发电侧并网主体调峰能力应达到国家能源局派出机构有关规定要求，达不到要求的按照其调峰能力的缺额进行考核；发电侧并网主体应根据有关设备检修规定、规程和设备实际状况，提出设备检修计划申请，并按电力调度机构要求提交。[《电力并网运行管理规定》(国能发监管规〔2021〕60号)]

7. 光伏行业的管理模式是怎样的

答：我国的光伏主要分为集中式光伏、分布式光伏、村级光伏扶贫电站以及光伏基地项目。管理模式可以从开发核准管理、项目建设管理、并网运行管理这三个方面来总结。

（1）**开发核准管理**主要以全国太阳能发电发展规划为指导。国务院能源主管部门负责编制全国太阳能发电发展规划。根据国家能源发展规划、

可再生能源发展规划，在论证各地区太阳能资源、光伏电站技术经济性、电力需求、电网条件的基础上，确定全国光伏电站建设规模、布局和各省（自治区、直辖市）年度开发规模。省级能源主管部门根据全国太阳能发电发展规划，以及国务院能源主管部门下达的本地区年度指导性规模指标和开发布局意见，按照"统筹规划、合理布局、就近接入、当地消纳"的原则，编制本地区光伏电站建设年度实施方案建议〔《国家能源局关于印发〈光伏电站项目管理暂行办法〉的通知》（国能新能〔2013〕329号）〕。

（2）**项目建设管理**主要按照市场自主和竞争配置并举的方式管理光伏发电项目建设。对集中式光伏电站，以不发生限电为前提，设定技术进步、市场消纳、降低补贴等条件，通过竞争配置方式组织建设；对屋顶光伏以及建立市场化交易机制就近消纳的2万千瓦以下光伏电站等分布式项目，市场主体在符合技术条件和市场规则的情况下自主建设；光伏扶贫根据有关地区扶贫任务的需要，有关省（自治区、直辖市）能源主管部门会同扶贫部门组织地方政府编制光伏扶贫计划；对于光伏基地项目，国家能源局统一组织光伏发电先进技术应用基地建设，基地及基地内项目业主均按照有关规定通过竞争方式选择〔《国家能源局关于可再生能源发展"十三五"规划实施的指导意见》（国能发新能〔2017〕31号）〕。

同时充分发挥光伏发电市场环境监测评价引导作用。各省级能源主管部门应与当地省级电网企业充分沟通，对所在省级区域光伏发电新增装机容量的接网和消纳条件进行测算论证，有序组织项目建设。监测评价结果为红色的地区，除已安排建设的平价上网示范项目及通过跨省跨区输电通道外送消纳项目外，原则上不安排新建项目。监测评价结果为橙色的地区，在提出有效措施保障改善市场环境的前提下合理控制新建项目。监测评价结果为绿色的地区，可在落实接网消纳条件的基础上有序推进项目建设。西藏新建光伏发电项目，由自治区按照全部电力电量在区内消纳及监测预警等管理要求自行管理〔《国家能源局关于发布〈2020年度风电投资监测预警结果〉和〈2019年度光伏发电市场环境监测评价结果〉的通知》（国能发新能〔2020〕24号）〕。

（3）**并网运行管理**和风电行业管理模式类似。其中对于村级光伏扶贫电站，电网企业要加大贫困地区农村电网改造工作力度，为光伏扶贫项目和并网运行提供技术保障，将村级光伏扶贫项目的接网工程优先纳入农村电网改造升级计划；对集中式光伏电站扶贫项目，电网企业应将其接网工程纳入绿色通道办理，确保配套电网工程与项目同时投入运行。电网企业要制定合理的光伏扶贫项目并网运行和电量消纳方案，确保项目优先上网和全额收购〔《国家发展和改革委员会 国务院扶贫开发领导小组办公室 国家能源局 国家开发银行 中国农业发展银行关于实施光伏发电扶贫工作的意见》（发改能源〔2016〕621号）〕。对于分布式光伏，在市（县、区）电网企业设立分布式光伏发电"一站式"并网服务窗口，明确办理并网手续的申请条件、工作流程、办理时限，并在电网企业相关网站公布〔《国家能源局关于进一步落实分布式光伏发电有关政策的通知》（国能新能〔2014〕406号）〕。

8. 生物质发电行业的管理模式是怎样的

答：我国的生物质发电主要分为农林生物质发电、垃圾焚烧发电以及沼气发电等。管理模式可以从开发核准管理、项目建设管理、并网运行管理这三个方面来总结。

（1）**开发核准管理**以专项规划为指导。生物质发电项目（沼气发电项目除外）须纳入国家、省级专项规划。各地要以规划为依据，严格按照规划核准（审批、备案）建设项目，未纳入规划的不得核准（审批、备案）。鼓励地方结合本地经济社会发展实际，组织建设不需要中央补贴的生物

质发电项目［《2021年生物质发电项目建设工作方案》（发改能源〔2021〕1190号）］。同时将禁止掺烧煤炭作为农林生物质发电项目核准审查的重要内容［《国家能源局综合司关于印发〈农林生物质发电项目防治掺煤监督管理指导意见〉的通知》（国能综新能〔2016〕623号）］。

（2）**项目建设管理**以项目建设年度预警为指导。项目建设年度预警是依据各省农林生物质资源总量等条件，科学测算各地农林生物质发电合理发展规模，根据各省农林生物质发电发展情况发布项目建设年度预警，已建装机和核准在建、待建装机规模接近合理规模的，给予黄色预警；已建装机和核准在建、待建装机达到或超过合理规模的，给予红色预警［《完善生物质发电项目建设运行的实施方案》（发改能源〔2020〕1421号）］。同时加强生物质发电项目信息统计监测，按月监测生物质发电项目投产并网信息，补贴额度累计达到中央补贴资金总额后，地方当年不再新核准需中央补贴的项目，企业据此合理安排项目建设时序。各省（自治区、直辖市）组织项目单位于每月10日前及时在信息管理系统填报或更新核准、在建、新开工项目信息［《2021年生物质发电项目建设工作方案》（发改能源〔2021〕1190号）］。

并网运行管理和风电行业管理模式类似。生物质发电重点以强化运行监管为主。落实地方管理主体责任，国家能源局各派出机构会同地方有关部门依法履行监管职责，按照投诉举报有关规定依法受理有关投诉举报，加强生物质发电项目建设、运行等方面的监管，对存在违规掺烧化石燃料、骗取补贴等违法违规行为，严格按照国家有关法律法规和政策要求，暂停、核减或取消补贴。强化项目建设运行管理，生物质发电企业要高度重视项目建设和工程质量，严格执行工程基本建设程序和管理制度，确保项目安全有序建设运行［《2021年生物质发电项目建设工作方案》（发改能源〔2021〕1190号）］。

9. 可再生能源价格形成分为哪几个阶段

答： 可再生能源电价补贴，指国家为鼓励可再生能源发电行业发展，专门设立可再生能源电价附加，以补足可再生能源上网电价与当地燃煤机组标杆电价的差值。可再生能源电价补贴政策最早可追溯至2006年实施的《中华人民共和国可再生能源法》，法律规定可再生能源发电项目的上网电价高于常规能源发电平均上网电价之间的差额，由在全国范围对销售电量征收可再生能源电价附加补偿。

自2006年《中华人民共和国可再生能源法》实施以来，我国逐步出台了对可再生能源开发利用的价格、财税、金融等方面的一系列支持政策。2006年1月，国家发展改革委印发《可再生能源发电价格和费用分摊管理试行办法》（发展改革价格〔2006〕7号），规定了可再生能源发电价格制定、费用支付和分摊方法。2007年1月，国家发展改革委印发《可再生能源电价附加收入调配暂行办法》（发改价格〔2007〕44号），进一步规定了可再生能源电价附加征收标准、征收范围，并下达可再生能源附加收入分配和平衡的方案，该工作模式一直持续至2011年年底。

2011年11月29日，财政部、国家发展改革委、国家能源局联合印发《可再生能源发展基金征收使用管理暂行办法》（财综〔2011〕115号），明确可再生能源发展基金主要包括两部分，一是国家财政公共预算安排的专项资金，二是依法向电力用户征收的可再生能源电价附加收入。

近年来，为满足可再生能源发电项目补贴需求，国家从多个方面着手解决补贴缺口问题。

（一）可再生能源电价附加征收标准多次上调

2011年11月底，财综〔2011〕115号文（发文名称已在前文出现，此处略去，下同）规定可再生能源电价附加征收标准为0.8分／千瓦时；

2013年8月底，国家发展改革委印发《关于调整可再生能源电价附加标准与环保电价有关事项的通知》（发改价格〔2013〕1651号），将向除居民生活和农业生产以外其他用电征收的可再生能源电价附加标准由每千瓦时0.8分提高至1.5分；2016年1月，财政部印发《关于提高可再生能源发展基金征收标准等有关问题的通知》（财税〔2016〕4号），明确自2016年1月1日起，将各省（自治区、直辖市，不含新疆维吾尔自治区、西藏自治区）居民生活和农业生产以外全部销售电量基金征收标准，由每千瓦时1.5分提高到每千瓦时1.9分，至今再未发生变化。

（二）可再生能源电价附加补助流程不断优化

2012年3月14日，财政部印发《可再生能源电价附加补助资金管理暂行办法》（财建〔2012〕102号），对可再生能源电价附加收入的补助项目申请条件、补助标准、预算管理和资金拨付进行规范。次年，《关于分布式光伏发电实行按照电量补贴政策等有关问题的通知》（财建〔2013〕390号）完善了光伏电站、大型风力发电等补贴资金管理，以加快资金拨付。2020年1月20日，财政部、国家发展改革委、国家能源局联合印发《可再生能源电价附加资金管理办法》（财建〔2020〕5号），财建〔2012〕102号同时废止。新下发的政策文件在可再生能源发电补贴项目的管理模式、补贴顺序、补贴上限、补贴计算方法和补贴范围等方面有了新的规定。

（1）管理模式方面。2020年起，可再生能源发电补贴项目的管理模式分为三类。**一是项目清单管理模式。**财政部、国家发展改革委、国家能源局联合印发《关于促进非水可再生能源发电健康发展的若干意见》（财建〔2020〕4号）提出简化目录制管理，国家不再发布可再生能源电价附加补助目录，而由电网企业确定并定期公布符合条件的可再生能源发电补贴项目清单。在此基础上，财政部办公厅《关于开展可再生能源发电补贴项目清单审核有关工作的通知》（财办建〔2020〕6号）进一步明确，1~7批可再生能源电价附加补助目录内的可再生能源发电项目经电网企业审核后可直接纳入补贴清单。2020年11月18日，《关于加快推进可再生能源发电补贴项目清单审核有关工作的通知》（财办建〔2020〕70号）印发，提出满足2006年及以后核准（备案）、全容量并网、纳入年度规模管理及符合国家可再生能源价格政策、上网电价获价格主管部门批复等条件的项目均可申报进入补贴清单。补贴清单的公布按照项目全容量并网时间先后顺序以及"成熟一批，公布一批"的原则尽快进行。**二是备案管理模式。**根据财办建〔2020〕6号文，光伏自然人分布式发电项目继续按财政部 国家发展改革委 国家能源局《关于公布可再生能源电价附加资金补助目录（第六批）的通知》（财建〔2016〕669号）实行备案管理。**三是目录管理模式。**享受中央财政补助资金的光伏扶贫项目，仍旧由国家有关部门实行补助目录管理。

（2）补贴顺序方面。2022年6月24日，《财政部关于下达2022年可再生能源电价附加补助地方资金预算的通知》（财建〔2022〕170号）明确，在拨付补贴资金时优先足额拨付第一批至第三批国家光伏扶贫目录内项目（扶贫容量部分）、50千瓦及以下装机规模的自然人分布式项目、2019年采取竞价方式确定的光伏项目、2020年采取"以收定支"原则确定的新增项目。对于国家确定的光伏"领跑者"项目，优先保障拨付至项目应付补贴资金的50%。其他项目按照应付补贴金额等比例原则拨付。

（3）补贴上限方面。财建〔2020〕5号文和《关于〈关于促进非水可再生能源发电健康发展的若干意见〉有关事项的补充通知》（财建〔2020〕426号）提出单个项目补贴额度按项目全生命周期合理利用小时数核定，明确了可再生能源补贴的补贴上限及补贴年限。

（4）补贴计算方法方面。2019年《关于下达可再生能源电价附加补助资金预算（中央企业）的通知》（财建〔2019〕276号）中的补贴标准=

（电网企业收购价格－燃煤标杆上网电价）/（1＋适用增值税率）。财建〔2020〕426号文规定可再生能源补贴项目的补贴标准＝（可再生能源标杆上网电价－当地燃煤发电上网基准价）/（1＋适用增值税率）。两者相比，财建〔2020〕426号文除了根据《国家发展和改革委员会关于深化燃煤发电上网电价形成机制改革的指导意见》（发改价格规〔2019〕1658号）将燃煤标杆上网电价改为燃煤发电上网基准价之外，还明确了可再生能源市场化交易部分电量的补贴标准。

（5）补贴范围方面。财建〔2020〕4号文规定新增海上风电和光热项目将不再纳入中央财政补贴范围，按规定完成核准（备案）并于2021年12月31日前全部机组完成并网的存量海上风力发电和太阳能光热发电项目，按相应价格政策纳入中央财政补贴范围。

（三）国家鼓励风电、光伏发电企业出售可再生能源绿色电力证书，所获收益可替代财政补贴

绿色电力证书是国家对发电企业每兆瓦时非水可再生能源上网电量颁发的具有独特标识代码的电子证书，是非水可再生能源发电量的确认和属性证明以及消费绿色电力的唯一凭证，也是一种可交易的、能兑现为货币的凭证，可以作为独立的可再生能源发电计量工具，也可以作为一种转让可再生能源的环境效益等正外部性所有权的交易工具。

2017年1月18日，《关于试行可再生能源绿色电力证书核发及自愿认购交易制度的通知》（发改能源〔2017〕132号）提出，试行期间，国家可再生能源电价附加资金补助目录内的风电（陆上风电）和光伏发电项目（不含分布式光伏项目）可申请证书权属资格。绿色电力证书自2017年7月1日起正式开展认购工作，认购价格按照不高于证书对应电量的可再生能源电价附加资金补贴金额由买卖双方自行协商或者通过竞价确定认购价格。风电、光伏发电企业出售可再生能源绿色电力证书后，相应的电量不再享受国家可再生能源电价附加资金的补贴。

2019年1月7日，国家发展改革委、国家能源局发布了《关于积极推进风电、光伏发电无补贴平价上网有关工作的通知》（发改能源〔2019〕19号），鼓励风电、光伏平价上网项目和低价上网项目通过绿证交易获得合理收益补偿。

2019年5月10日，《关于建立健全可再生能源电力消纳保障机制的通知》（发改能源〔2019〕807号）提出对各省级行政区域设定可再生能源电力消纳责任权重，自愿认购的可再生能源绿色电力证书对应的可再生能源电量可等量记为消纳量。

2020年1月20日，财建〔2020〕4号提出全面推行绿色电力证书交易。自2021年1月1日起实行配额制下的绿色电力证书交易，同时研究将燃煤发电企业优先发电权、优先保障企业煤炭进口等与绿证挂钩，持续扩大绿证市场交易规模，并通过多种市场化方式推广绿证交易。企业通过绿证交易获得收入相应替代财政补贴。

（四）国家取消光伏发电、风电新建项目补贴，可再生能源发电步入平价上网时代

2021年6月7日，国家发展改革委发布《关于2021年新能源上网电价政策有关事项的通知》（发改价格〔2021〕833号），提出自2021年起，对新备案集中式光伏电站、工商业分布式光伏项目和新核准陆上风电项目，中央财政不再补贴，实行平价上网[1]。

10. 国内可再生能源补贴相关政策规定是什么

答： 国内可再生能源补贴相关政策规定见表1-1。

1 韩雅儒、柯美锋、林诗媛、叶颖津，可再生能源电价附加及补贴政策综述[OL].电价研究前沿，2020。

▼ 表1-1 可再生能源补贴相关政策规定

政策名称	文号	主要规定
关于印发《可再生能源发展基金征收使用管理暂行办法》的通知	财综〔2011〕115号	明确可再生能源发展基金征收使用规则;可再生能源电价附加征收标准为0.8分/千瓦时
关于印发《可再生能源电价附加补助资金管理暂行办法》的通知	财建〔2012〕102号	规范补助项目申请条件、补助标准、预算管理和资金拨付
关于分布式光伏发电实行按照电量补贴政策等有关问题的通知	财建〔2013〕390号	完善补贴资金管理规则
国家发展改革委关于调整可再生能源电价附加标准与环保电价有关事项的通知	发改价格〔2013〕1651号	可再生能源电价附加标准提高至1.5分/千瓦时
关于提高可再生能源发展基金征收标准等有关问题的通知	财税〔2016〕4号	可再生能源电价附加标准提高至1.9分/千瓦时
国家发展改革委 财政部 国家能源局关于试行可再生能源绿色电力证书核发及自愿认购交易制度的通知	发改能源〔2017〕132号	目录内的项目(陆上风电、不含分布式光伏)可申请绿证权属资格
国家发展改革委 国家能源局关于积极推进风电、光伏发电无补贴平价上网有关工作的通知	发改能源〔2019〕19号	鼓励平价和低价上网项目通过绿证交易获得合理收益补偿
国家发展改革委 国家能源局关于建立健全可再生能源电力消纳保障机制的通知	发改能源〔2019〕807号	设定可再生能源电力消纳责任权重,认购绿证可记为消纳量
关于促进非水可再生能源发电健康发展的若干意见	财建〔2020〕4号	目录制改为清单制;新增海上风电和光热项目不再纳入补贴范围;全面推行绿色电力证书交易
可再生能源电价附加资金管理办法	财建〔2020〕5号	完善可再生能源补贴管理模式、补贴顺序、补贴上限、补贴计算方法和补贴范围
关于开展可再生能源发电补贴项目清单审核有关工作的通知	财办建〔2020〕6号	明确1~7批补助目录内项目经电网企业审核后可直接纳入补贴清单;光伏自然人分布式发电项目继续实行备案

续表

政策名称	文号	主要规定
财政部关于下达2022年可再生能源电价附加补助对方资金预算的通知	财建〔2022〕170号	明确优先拨付补贴资金原则
关于《关于促进非水可再生能源发电健康发展的若干意见》有关事项的补充通知	财建〔2020〕426号	明确补贴上限及补贴年限
关于加快推进可再生能源发电补贴项目清单审核有关工作的通知	财办建〔2020〕70号	明确满足2006年及以后核准（备案）、全容量并网等条件的项目均可申报进入清单
国家发展改革委关于2021年新能源上网电价政策有关事项的通知	发改价格〔2021〕833号	明确新备案集中式光伏电站、工商业分布式光伏项目和新核准陆上风电项目不再补贴，实行平价上网

注：本表格内容参考韩雅儒、柯美锋、林诗媛、叶颖津，可再生能源电价附加及补贴政策综述[OL]，电价研究前沿，2020。

第二章 可再生能源项目全生命周期管理

11. 核准和备案的区别是什么？

答： 一、核准和备案的性质不同

（1）核准是根据《企业投资项目核准和备案管理条例》（中华人民共和国国务院令第673号）有关规定，企业投资关系国家安全、涉及全国重大生产力布局、战略性资源开发和重大公共利益等项目，实行核准管理。具体项目范围以及核准机关、核准权限依照《政府核准的投资项目目录》执行。

2016年12月12日国务院发布了《国务院关于发布政府核准的投资项目目录（2016年本）的通知》（国发〔2016〕72号），文件中规定：风电站由地方政府在国家依据总量控制制定的建设规划及年度开发指导规模内核准；农林生物质发电项目，由省级政府投资主管部门在国家和省制定的规划、计划内核准。

目前，全国各省、自治区、直辖市和特别行政区的地方政府对风电站的核准机关要求各有不同。

1）风电站需由省级政府投资主管部门核准的包括黑龙江省、吉林省、云南省、贵州省、四川省、湖南省、广西壮族自治区等。

2）风电站需由地级市级政府投资主管部门核准的包括辽宁省、河北省、内蒙古自治区、山东省、浙江省、江西省、广东省等。

（2）企业投资项目除实行核准制的以外，实行备案制管理。除国务院另有规定的，实行备案管理的项目按照属地原则备案，备案机关及其权限由省、自治区、直辖市和计划单列市人民政府规定。

二、核准和备案的审核要点不同

1.核准制的审核要点

依据《企业投资项目核准和备案管理办法》（中华人民共和国国家发展和改革委员会令第2号）的规定：

第三十五条　项目核准机关应当从以下方面对项目进行审查：

（1）是否危害经济安全、社会安全、生态安全等国家安全。

（2）是否符合相关发展建设规划、产业政策和技术标准。

（3）是否合理开发并有效利用资源。

（4）是否对重大公共利益产生不利影响。

2.备案制的审核要点

依据《企业投资项目核准和备案管理办法》（中华人民共和国国家发展和改革委员会令第2号）的规定：

第四十一条　项目备案机关发现项目属产业政策禁止投资建设或者依法应实行核准管理，以及不属于固定资产投资项目、依法应实施审批管理、不属于本备案机关权限等情形的，应当通过在线平台及时告知企业予以纠正或者依法申请办理相关手续。

三、核准和备案的申报程序不同

1.核准制的申报程序

依据《企业投资项目核准和备案管理办法》（中华人民共和国国家发展和改革委员会令第2号）第二十二条　项目单位在报送项目申请报告时，应当根据国家法律法规的规定附具以下文件：

（1）城乡规划行政主管部门出具的选址意见书（仅指以划拨方式提供国有土地使用权的项目）。

（2）国土资源（海洋）行政主管部门出具的用地（用海）预审意见

（国土资源主管部门明确可以不进行用地预审的情形除外）。

（3）法律、行政法规规定需要办理的其他相关手续。

2.备案制的申报程序

依据《企业投资项目核准和备案管理办法》（中华人民共和国国家发展和改革委员会令第2号）的规定：

第四十条　项目备案机关应当制定项目备案基本信息格式文本，具体包括以下内容：

（1）项目单位基本情况。

（2）项目名称、建设地点、建设规模、建设内容。

（3）项目总投资额。

（4）项目符合产业政策声明。

项目单位应当对备案项目信息的真实性、合法性和完整性负责。

第四十一条　项目备案机关收到本办法第四十条规定的全部信息即为备案。项目备案信息不完整的，备案机关应当及时以适当方式提醒和指导项目单位补正。

12. 可再生能源项目开始施工前需要完成哪些流程

答：1.核准制的可再生能源项目开始施工前需要完成的流程

核准制的可再生能源项目开始施工前主要包括三个阶段：规划阶段、核准阶段、开工前阶段。

（1）规划阶段主要需完成宏观选址、签订开发协议、颠覆性影响因素调查、资源评估、预可研等流程。

（2）核准阶段主要需完成项目立项申请及获取批复、获取电网消纳意见、项目可研、规划选址、用地预审、社稳评价、项目核准申请及获取批复等流程。

（3）开工前阶段主要需完成接入系统批复、环评批复、电能质量批复、地质灾害评估、节能评估、林地指标获取、土地划拨、银行贷款、四证办理、消防报建、防雷报建、安监和质监备案、项目招标等流程。

2.备案制的可再生能源项目开始施工前需要完成的流程

依据《企业投资项目核准和备案管理办法》（中华人民共和国国家发展和改革委员会令第2号）的规定：

第三十九条　实行备案管理的项目，项目单位应当在开工建设前通过在线平台将相关信息告知项目备案机关，依法履行投资项目信息告知义务，并遵循诚信和规范原则。

第四十四条　实行备案管理的项目，项目单位在开工建设前还应当根据相关法律法规规定办理其他相关手续。

（1）集中式光伏项目属于备案类手续办理项目，因建设区域涉及自然资源，集中式光伏项目在开始施工前要完成的流程和核准制可再生能源项目在开工施工前需要完成的流程基本一致，其主要需完成的流程包括项目备案完成、纳入省发改委公布的项目清单、项目可研、规划选址、用地预审、未压覆重要矿产资源、社稳评价、接入系统批复、环评批复、电能质量批复、地质灾害评估、节能评估、林地指标获取、土地划拨、银行贷款、四证办理、消防报建、防雷报建、安监和质监备案、项目招标等。

（2）分布式光伏项目自取得项目备案证后由企业自行组织施工。

13. 可再生能源项目并网前需要完成哪些流程

答：（1）核准制的可再生能源项目和备案制的集中式光伏项目并网前需要完成的流程如下：

1）向省电力公司申请，提交反送电文件。

2）按接入系统要求，向交易中心上报接网技术条件。

3）与电网签订《并网协议》。

4）省调下达的调度设备命名、编号及范围划分。

5）与省调、各地调分别签订《并网调度协议》。

6）与电力公司签订《供用电合同》《购售电合同》。

7）自建线路签订《线路运维协议》。

8）具有资质的质监站出具的《工程质检报告》。

9）省电力科学研究院出具《并网安全性评价报告》《技术监督报告》，同时上报针对报告中提出的影响送电的缺陷整改完毕，对不影响送电的列出整改计划。

10）省电力公司交易中心将委托地区电力公司，现场验收涉网设备是否按照接入系统文件要求建设和完善设备、装置、满足并网条件，落实"安评、技术监督"等报告提出问题的整改。验收后，向省电力公司交易中心上报具备反送电的验收报告。

11）安装计量装置。

12）省电力公司交易中心根据上述工作完成情况，及时组织反向送电协调会，组织各相关部门会签后，下达同意反送电文件。

13）召开启委会，上报会议决议中提出问题的整改。

14）下达同意并网文件，安排项目并网。

15）向省级电力公司申请，确认满足电网要求。

16）移交生产验收交接书。

17）涉网试验完成并满足电网要求。

18）正式并网发电，试运行。

（2）备案制的分布式光伏项目并网前需要完成的流程包括并网验收

申请，并网验收，签订并网协议、调度协议和购售电合同，安装计量装置等。

14. 可再生能源项目并网流程是什么

答：（1）核准制的可再生能源项目和备案制的集中式光伏项目并网前需要完成的流程如下。

1）文件资料提供：工程质检报告、并网安全性评价报告、技术监督报告、电力公司验收报告、针对各检查报告提出问题的整改报告，以及《供用电合同》《并网协议》《购售电合同》《调度协议》。

2）召开启委会，上报会议决议中提出问题的整改。

3）下达同意并网文件，安排项目并网。

4）向省级电力公司申请，确认满足电网要求。

5）移交生产验收交接书。

6）涉网试验完成并满足电网要求。

7）电价批复文件（如有）。

（2）备案制的分布式光伏项目并网流程：并网验收申请→并网验收→签订并网协议→购售电合同、并网调度协议→安装计量装置→并网调试、运行。

15. 可再生能源项目全容量并网时间的认定是什么（技术手段无法认定的情况）

答：依据2020年11月18日印发的《关于加快推进可再生能源发电补贴项目清单审核有关工作的通知》（财办建〔2020〕70号）规定了可再生能源发电补贴项目全容量并网时间的认定办法：

（1）可再生能源补贴项目承诺的全容量并网时间、电力业务许可证明确的并网时间、并网调度协议明确的并网时间相一致的，项目按此时间列入补贴清单，享受对应的电价政策。

（2）可再生能源补贴项目承诺的全容量并网时间、电力业务许可证明确的并网时间、并网调度协议明确的并网时间不一致，但不影响项目享受的电价政策，项目按企业承诺全容量并网时间列入补贴清单，享受对应的电价政策。

（3）可再生能源补贴项目承诺的全容量并网时间、电力业务许可证明确的并网时间、并网调度协议明确的并网时间不一致，且影响电价政策的，按照三个并网时间中的最后时点确认全容量并网时间，列入补贴清单，享受对应的电价政策。

（4）项目对认定的全容量并网时间若有不同意见，可申请复核，并提交以下材料：

1）国家认可的机构出具的质量监督报告。

2）总承包合同、所有发电设备的采购合同、所有发电设备采购合同的付款银行流水记录。

3）购售电合同及全容量并网后逐月销售电量、售电收入银行流水记录。

4）其他可证明项目承诺全容量并网时间的材料。

16. 可再生能源项目在什么情况下需要变更备案或核准

答：依据《企业投资项目核准和备案管理办法》（中华人民共和国国家发展和改革委员会令第2号）的规定：

第三十七条　取得项目核准文件的项目，有下列情形之一的，项目单位应当及时以书面形式向原项目核准机关提出变更申请。原项目核准机关应当自受理申请之日起20个工作日内作出是否同意变更的书面决定：

（一）建设地点发生变更的。

（二）投资规模、建设规模、建设内容发生较大变化的。

（三）项目变更可能对经济、社会、环境等产生重大不利影响的。

（四）需要对项目核准文件所规定的内容进行调整的其他重大情形。

第四十三条　项目备案后，项目法人发生变化，项目建设地点、规模、内容发生重大变更，或者放弃项目建设的，项目单位应当通过在线平台及时告知项目备案机关，并修改相关信息。

17. 光伏项目的运行管理工作主要有哪些

答： 光伏项目的运行管理工作主要包括安全生产管理，运行维护管理，设备运行状态管控，光伏组件清洁，定期预试定检，技术改造、大型修理，应急管理及抢修管理等。

1. 安全生产管理

（1）按照《中华人民共和国安全生产法（2021年修正）》，光伏项目投资建设运营单位必须按照法律规定落实全员安全生产责任制、落实安全生产风险分级管控和隐患排查治理双重预防机制，确保光伏项目投资、建设、运营全生命周期安全、可靠，不造成任何事故事件；此外，按照国家《中华人民共和国网络安全法》《中华人民共和国数据安全法》及电力监控系统安全防护规范，全员层层落实网络安全、数据安全、电力监控安全责任制。

（2）严格落实安全生产责任制，层层压实安全生产责任，做好安全责任书或安全协议签署，完成安全技术交底（及相关合同交底），审核人员

资质，督促班组建立安全生产体系，督促班组修编及执行安全操作规程、运行维护规程、检修试验规程，确保项目现场安全工器具及劳保用品正常投入使用。

（3）严格开展安全生产风险分级管控和隐患排查治理双重预防，采用线上及线下相结合的方式监督各班组对电站风险识别及分级管控，常态化开展隐患缺陷排查及闭环治理，建立完善的风险识别及控制处置、安全隐患排查发现及闭环治理流程。

（4）按照法律开展定期安全生产学习教育、培训及考试（至少包含"两票"、电气操作、安全生产法、安全生产令、安全生产禁令、各类型光伏领域事故事件案例等），安全技术交底，重大安全生产事件回顾并反思，提高人员安全风险辨识能力，提高人员的本质安全意识。

（5）结合光伏项目所在地区、季节性特点及项目本体实际情况，及时做好迎峰度夏、防人身伤害、防触电、防风防台、防汛给排水、防雷接地、防潮防湿除湿、防火防爆消防、防小动物、防高空坠物、防倒塌、防锈除锈、防脱落紧固、防雪除雪等各项排查及治理，对各类专项问题或专业排查问题应制定相关的现场应急处置方案并定期开展应急演练。对于涉及光伏项目运营中设备选型、材质选择、设计、施工、安装及更新改造等技术性预防事故措施相关问题应开展反事故措施专项排查、管理及治理。

（6）保障安全生产资金投入及专业人员投入，建立边缘系统与集中管理主站融合的数字化光伏项目安全生产管理平台，对光伏项目的主要设备在完成站内自动化系统建设的基础上，同步开展向电网调度主站、本部级管理主站的数据采集、通信、治理体系建设，完善本部级管理主站的运行大数据分析、设备预测性诊断、问题大数据预警等功能，确保班组、本部开展互相融合、互为补充的分布式边缘管理与集中式统筹管理的运营运检管理体系。

（7）保障安全生产资金投入及专业人员投入，建立安全风险清单及预防督办机制，建立隐患缺陷清单及治理督办机制，周期性开展现场安全督促、"四不两直"现场安全监督检查，建立并督促班组按期按规程开展设备的定期巡检监控、定期维护保养、定期检修、定期预防性试验、必要的修理技改项目等生产技术管理及履责治理体系流程，完善并落实不履责、违章违规、上级督查、群众举报等重奖重罚考核奖励操作机制及相关流程。

2.运检维护管理

（1）制度体系管理：建立定期运检维护管理的制度体系及标准体系（如项目交接管理规范、安全风险识别及分级管控规范、隐患排查及闭环治理规范、项目运行维护规程、项目检修试验规程、项目大小修技术标准、项目技术改造标准等），建立管理要求的动态台账，适时根据管理实际情况开展动态修编。

（2）班组人员管理：业主方负责人、运检维护单位组织架构、安全第一责任人、人员配置及资质审查、人员变更管理及外来人员参观管理，确保项目干系人明确、项目全体班组履职尽责。

（3）生产目标管理：对各运检维护单位所辖电站的发电小时数、安全指标、设备运行可靠性及在线率、综合站用电率、项目清洗等目标进行常态化盘点、统计、分析、治理、考核，确保项目达到项目投资预期。

（4）运行维护管理：按照制度规程规范要求，开展日常运行、巡检巡视巡查、计量系统、电力自动化系统、视频安防系统、消防及火灾告警系统、功率预测系统、功率控制系统、远动系统、通信系统等运行监视、维护管理，开展日常的光伏组件清洁，提高光伏项目运行效率，开展定期工作记录及定期工作报告，光伏项目运检维护第一负责人应及时向上级部门或单位汇总并书面报告本阶段安全生产工作各项目标进展、本阶

段安全生产工作存在的各类问题及处置进度、下阶段安全生产工作目标和计划等。

（5）检修试验管理：按照制度规程规范要求，开展定期检修，对送出线路、并网开关柜、主变压器、集电线路开关柜、站内汇流开关站、SVG本体及开关系统、计量柜、站用电柜、交流线缆、直流屏及直流配电系统、集中式或组串式光伏逆变器、电力自动化系统、视频安防系统、消防及火灾告警系统、功率预测系统、功率控制系统、远动系统、通信系统等开展定期小修、必要大修，确保设备安全风险可控、运行正常、隐患缺陷消除、参数设置合理、通信数据正常、运行经济高效。

（6）生产技术管理：项目生产运行分析及可靠性评估、项目继电保护控制及设备停电跳闸分析治理、项目定期检修及预防性试验实施分析和治理、项目反事故措施排查治理等保障电站安全运行。

（7）设备资产管理：主设备管理、安全工器具管理、资产管理、安健环管理、备品备件管理等。

（8）项目关系管理：对于光伏项目，需开展常态化的调度关系沟通、客户关系维护（签署合同能源管理的分布式光伏"自发自用，余电上网"项目）、电网关系沟通、交易机构沟通（参与市场化交易的集中式光伏项目）、厂商关系维护、消防关系沟通、抢修关系沟通等，完成项目规范化、可控化运检维护，完成电量电价电费结算、款项跟进处理等项目的相关对外管理工作。

（9）项目监督管理：监督管理各班组完成日常巡检维护、定期检修、定期预防性试验、集中式逆变器项目直流系统专项检查检测检修、组件清洗、电费结算及其他维护修理技改工作，并及时完成相关口头汇报或书面报告，本部通过集中管理平台开展运行状态、运检维护、电费结算等集中监督监视管理。

3.设备运行状态监控

（1）对于有人值守或少人值守的光伏项目，运检维护班组应充分利用现场电力自动化监控系统、现场视频安防系统、现场光伏区逆变器站内监控系统、现场消防及火灾告警系统、现场光伏功率预测系统、现场AGC/AVC系统等站内系统对全项目的站内设备运行状态进行实时监控、分析、及时处置异常及报警。

（2）对于无人值守的光伏项目以及有人值守的管理总部（区域总部），运检维护班组或总部（区域）管理人员应充分利用好区域化集中或者总部级集中的各类系统（主站级电力自动化监控系统、主站级视频安防系统、主站级光伏生产管理系统、主站级消防及火灾告警系统等）对各个项目的站内设备运行状态进行监控、分析、及时处置异常及报警，并需开展现场化的定期巡视巡查巡检，确保各个项目的站内各级设备运行状态、在线状态等无隐患、缺陷。

（3）应充分利用各级系统开展运行状态监控，对项目交流开关跳闸、设备停机或跳闸、设备离线或数据异常、电站或设备通信异常、电站或设备发电量偏低、组串支路发电量或电流异常、光伏逆变器或直流系统绝缘异常、各类设备安全预警、各类设备温度异常等进行报警辨识、状态监测、预测性诊断预警，及时督促各级人员、各级班组进行风险识别及分级管控、隐患排查及闭环治理。此外，应充分利用视频监控系统全程跟踪并监督班组的运检维护工作、清洗工作、技改修理工作等。

4.光伏组件清洁

（1）根据光伏项目组件实际清洁情况及各级管理系统的发电数据、天气预报等综合判断开展组件清洗清洁工作，保障光伏项目发电量及系统效率正常高效，清洗方式分为常规人工清洗方式、非人工清洗方式（半自动机器人清洗方式、全自动机器人清洗方式、其他清洗方式等）。

（2）光伏项目采用常规人工清洗方式的，组件清洗团队的作业资质、作业工器具、安全工器具等均应合规合法，并应经过安全主体责任单位审查通过。

（3）光伏项目采用常规人工清洗方式的，组件清洗前，需签署好安全责任书或协议、安全技术交底、合同交底、相关工作票，对重点要求事项明确做好各项交代，重点防止人员踩踏组件、防止违规作业、防止发生触电等人身伤害或设备损坏等事故事件。

（4）光伏项目采用常规人工清洗方式的，组件清洗过程务必禁止踩踏光伏组件、禁止野蛮作业及破坏性作业，全项目组件清洗过程应由光伏项目现场运检维护班组按职责做好现场全过程监管、监督和验收，掌握清洗队伍的作业动态，确保清洗工作全覆盖、清洗质量达到清洗工作目标。

（5）光伏项目采用非人工清洗方式的，应确保机器人或设备满足光伏组件的表面压强要求，杜绝发生超重设备清洗，同时应确保清洗机器人或设备的安全作业，确保不发生高空坠落等事故事件。

（6）光伏项目组件清洁应探索合规安全的半自动机器人、全自动机器人、无伤害化学试剂、全自动清洁水系统、水回收系统等高效环保的清洗方式以及重污染区域专项清洗技术。

（7）光伏项目组件运行环境改变造成污染或遮挡时，应结合光伏项目污染情况增加局部清洗频次，或通过迁移组件等方式保障全运营周期的发电量。

5. 定期预试定检

（1）光伏项目开展预试定检应参照国家规程〔如《电力设备预防性试验规程》（DL/T 596—2021）〕或相关所在区域电网的规程〔如《电力设备检修试验规程》（Q/CSG 1206007—2017）〕或企业相关的预试定检规程合集之较严格要求开展，特别应对集中式逆变器类型的光伏项目重点开展直流系统的专项检查检测检修。

（2）光伏项目应建立项目预防性试验管理台账，明确本次及下次预防性试验计划完成时间，记录试验结果。新投运项目并网后应在预防性试验管理台账中更新信息。

（3）光伏项目开展定期预防性试验及定期检修的，预试或定检团队的作业资质、作业工器具、安全工器具等均应合规合法，并应经过安全主体责任单位审查通过。

（4）光伏项目预试、定检工作开展时间应尽量按照定期工作计划及电网或客户的计划性停电检修安排同步开展，或应于项目偶发性非计划离网时开展，以减少因预试定检发生的大规模电量损失，如部分预试、定检确需白天开展的，应当尽量选择辐射水平较低的时间开展。

（5）光伏项目开展定期预防性试验及定期检修的，工作开展前，需签署好安全责任书或协议、安全技术交底、合同交底、相关工作票或操作票，对重点要求事项明确做好各项交代，重点防止人员违规操作、违规作业、防止发生触电等人身伤害或设备损坏等事故事件。

（6）光伏项目开展定期预防性试验及定期检修的，光伏项目运检维护负责人应和班组成员现场监督工作过程，对现场预试定检团队工作发现的不合格内容或隐患缺陷等（参数、设备、工程等）应现场立行立改，完成闭环治理，无法立行立改的，应在明确的限定时间内加快完成组织整改，形成整改报告，完成闭环管理。

（7）光伏项目开展定期预防性试验及定期检修工作完成后，光伏项目运检维护负责人及班组成员应及时督促预试定检团队按规定时间出具有资质机构盖章的预防性试验报告、定期检修报告，书面版本及电子版本汇报给光伏项目运检维护团队及安全生产第一负责人团队，及时开展审核审查，对结果质疑的应适时开展复验、复检，对结果中存在的问题应按第

（6）条及时确认、加快对遗留问题完成闭环整改治理，并将相关问题举一反三至其他有关光伏项目，形成相关异常或故障分析报告、经验反馈报告，促进本质安全型企业建设。

6.技术改造、大型修理

随着光伏项目运行时间的增长，项目所属设备或系统或工程等持续老化，光伏项目应及时评估并立项开展技术改造、大型修理等工作，主要建议按如下步骤开展：

（1）建立企业级评估体系及制度，对于技改、大修建立合理的汇报、评估体系、组织、制度。

（2）建立企业级设备资产管理台账，对拟开展技术改造、大型修理的设备或系统或工程予以综合评估、现场据实确认，并由技术、经济等专业人员明确技改大修事由及技改大修的工程量、预算、技术经济性、相关影响。

（3）完成企业级技改大修立项流程，对拟开展技术改造、大型修理的设备或系统或工程开展立项流程及审查审批。

（4）对完成审批的技改大修立项，开展合规采购招标等，确定有资质的单位开展相关技改工程、大修工程，并签署合同及安全协议，做好安全技术交底及落实全员安全生产责任制。

（5）开展技术改造、大型修理工程实施，对存在问题的设备或系统或工程开展技术改造、大型修理，光伏项目运检维护负责人及班组成员开展全过程现场监督。

（6）对完成的技改大修工程，组织开展竣工验收及消缺工作，由商务部门完成相关竣工结算等工作。

（7）对完成的技改大修工程开展后评价及质保管理工作，确保技改及大修工作达到预期目标，有效提升光伏项目安全性、可靠性、高效性。

7.应急管理及抢修管理

（1）光伏项目所属单位应按照安全生产法建立健全应急管理制度、应急预案体系、现场应急处置方案体系，并应开展相关培训、考核，预留充分的安全应急经费，建立应急指挥中心并配置相关应急抢修物资库或共设备品备件库，确保光伏项目应急管理和抢修管理可有效保障光伏项目人员、财产等各项安全。

（2）光伏项目运检维护负责人及班组成员应基于电站所属单位的应急管理办法及相关抢修管理要求，建立适配现场的应急预案及现场应急处置方案，充分投入应急物资，准备充足的应急工具，并定期开展应急演练。

（3）光伏项目运检维护负责人及班组成员应根据应急管理要求配置采购相关有资质、就近化、有组织、有人员的应急抢修单位备用，以应对各类型应急处置、应急抢修事项。

18. 风电项目主要有哪些管理工作

答： 风电项目的管理工作主要包括运行管理、风电场检修管理和安全管理。

1.运行管理

（1）风电场运行工作主要包括如下内容。

1）风电场系统运行状态的监视、调节、巡视检查。

2）风电场生产设备操作、参数调整。

3）风电场生产运行记录。

4）风电场运行数据备份、统计、分析和上报。

5）工作票、操作票、交接班、巡视检查、设备定期试验与轮换制度的执行。

6）风电场内生产设备的原始记录、图纸及资料管理。

7）风电场内房屋建筑、生活辅助设施的检查、维护和管理。

8）开展关于风电场安全运行的事故预想，并制定对策。

（2）运行记录内容如下。

1）风电场的运行数据包括发电功率、风速、有功电量、无功电量、场用电量及设备的运行状态等。

2）运行记录包括运行日志、运行日月年报表、气象记录（风向、风速、气温、气压等）、缺陷记录、故障记录、设备定期试验记录等。

3）其他记录还包括交接班记录、设备检修记录、巡视及特巡记录、工作票及操作票记录、培训工作记录、安全活动记录、反事故演习记录、事故预想记录、安全工器具台账及试验记录等。

（3）风电机组的巡视。

风电机组的巡视分为定期巡视和特殊巡视。

定期巡视是指定期对风机设备进行检查，及时发现设备缺陷和危及机组安全运行的隐患。一般每季度一次，可根据具体情况做调整，也可与设备维护工作配合完成。

特殊巡视是指在气候剧烈变化、自然灾害、外力影响和其他特殊情况时，对运行中的风电机组运行情况进行检查，及时发现设备异常和危及机组安全运行的情况。特殊巡视根据需要及时进行。

2.风电场检修管理

风力发电场检修应遵循"预防为主，定期维护和状态检修相结合"的原则。

（1）故障检修。

1）日常检修，用于临时故障的排除，包括过程中的检查、清理、调整、注油及配件更换等，没有固定的时间周期。

2）大型部件检修，应根据设备的具体情况及时实施。

（2）定期维护。

1）风力发电场应制定定期维护项目并逐步完善；定期维护项目应逐项进行，对所完成的维护检修项目应记入维护记录中，并管理存档；定期维护必须进行较全面的检查、清扫、试验、测量、检验、注油润滑、修理和易耗品更换，消除设备和系统的缺陷。

2）定期维护周期可为半年、一年，特殊项目的维护周期结合设备技术要求确定。

（3）状态检修。

1）状态监测。对风电机组振动状态、数据采集与监控系统（SCADA）数据等进行监测，分析判定设备运行状态、故障部位、故障类型及严重程度，提出检修决策。风力发电场应根据自身情况定期出具状态监测报告。

2）油品检测。对风电机组齿轮箱润滑油、液压系统油等进行油品监测，分析判定设备的润滑状态及磨损状况，预测和诊断设备的运行状况，提出管理措施和检修决策。增速齿轮箱润滑油每年至少出具一次油液检。

3.安全管理

应根据风电场安全运行需要，制定风电场各类突发事件应急预案。风电场根据工作内容和风险类别建立相应的应急预案，预案的类别应该包括触电、高空坠落、火灾、中毒、中暑、交通事故、大型机械设备倒塌、物体打击、地震、台风、低温、淹溺、高原反应、暴恐等。

19. 生物质发电项目主要有哪些运行管理工作

答：生物质发电项目主要运行管理工作包括安全生产管理，设备维护

管理、机组点检定修管理、定期预试定检管理、应急管理及抢修管理。

1.安全生产管理

（1）建立公司安全生产管理机构，建立健全安全生产管理制度、规程、标准，落实国家、上级公司安全生产规章管理制度，规范"两票三制"、检修消缺、运行调整、安全隐患排查治理等日常管理工作。

（2）成立安全生产管理中心，对电厂生产、技术、设备、安全、经营实行全过程控制与管理。

（3）落实公司下达的年度生产计划，发现异常状况及时纠偏，组织查找差距原因，提出改进、调整、优化等措施方案。

（4）定期召开安委会、生产协调会，对相关生产工作协调、指导，解决生产过程中的疑难问题。

（5）做好培训管理工作，通过技术问答、考问讲解、事故预想、事故演习、知识竞赛、规程考试等手段有计划地开展现场培训工作，提高员工专业技能水平。

2.设备维护管理

（1）建立好设备台账，组织完成设备维护、消缺、检修、技改等工作。

（2）监督、督促运行单位做好运行设备的日常清洁、巡视、保养、轮换工作，检修人员负责设备维护消缺工作。

（3）做好机组（A、B、C、D）级检修，设备技改项目的有计划实施，对费用、工期、进度、质量、安全进行全过程把控。

（4）对设备物资、备品备件、消耗材料等的采购计划、入库、调拨、使用、报废等实行规范化管理。

（5）定期召开设备各专业专题会议，分析存在的设备重大问题，制定整改措施和施工方案，并监督实施。

3.机组点检定修管理

点检管理按点检目的分为良否点检、倾向点检；按周期和业务范围分为日常点检、定期点检、精密点检。设备定修按检修时间的长短可分为年度检修、点检基础上的检修、平日小修理；按检修性质可分为定期检修（TBM）、改进性检修（PAM）、状态检修（CBM）、故障检修（RTF）、节日检修。

4.定期预试定检管理

（1）根据检修、预试周期及运行设备具体情况编制预试定检工作计划。

（2）建立完整的设备预试定检台账和详细的试验、校验、检修等有关记录。

（3）定期组织召开专题会议，对预试定检工作过程中发现的异常进行专题分析和改进。

（4）定期监督检查预试定检执行情况，及时总结和纠偏。

5.应急管理

（1）贯彻落实国家、地方、行业各项法律法规、规程制度等有关突发事件应急救援和处置的规定。

（2）制定应急管理工作规章制度，建立完善各类突发事件应急预案，开展预案的培训和演练。

（3）组织开展突发事件的应急救援工作。

（4）开展生产安全事故应急能力建设，建立应急救援队伍或兼职应急抢险队，配备必需的应急救援装备和物资。

（5）定期对应急管理工作进行总结、检查和考核。

6.抢修管理

（1）组织相关人员制定设备抢修方案，安排好抢修工序、项目、时

间、负责人和单位。

（2）做好抢修前的安全、技术交底工作，明确各自的承担的任务。

（3）做好抢修过程的安全管理工作，严格遵守安全工作规程。

（4）抢修工作完成后做好事件分析总结，总结抢修工作经验，提高工作成效。

第三章　可再生能源补贴管理原则

第一节　可再生能源电价附加收入与补助资金

20. 什么是可再生能源电价附加收入？

答： 可再生能源电价附加依据《中华人民共和国可再生能源法》设立，其中第二十条规定，电网企业依照本法第十九条规定确定的上网电价收购可再生能源电量所发生的费用，高于按照常规能源发电平均上网电价计算所发生费用之间的差额，由在全国范围对销售电量征收可再生能源电价附加补偿。可再生能源电价附加设立的主要目的是促进可再生能源产业发展，满足能源供给需求，推动能源绿色转型，提升国家能源安全保障能力。2011年财政部会同国家发展改革委、国家能源局印发了《可再生能源发展基金征收使用管理暂行办法》（财综〔2011〕115号），明确自2012年1月1日起，对除西藏自治区以外的各省（自治区、直辖市）扣除农业生产用电后的销售电量征收电价附加。

21. 可再生能源电价附加收入的征收方式是什么？

答： 根据《可再生能源发展基金征收使用管理暂行办法》（财综〔2011〕115号），可再生能源电价附加由财政部驻各省、自治区、直辖市财政监察专员办事处（以下简称"专员办"）按月向电网企业征收，实行直接缴库，收入全额上缴中央国库。2019年1月1日起，非税收入征管体制改革启动，可再生能源电价附加从财政部专员办征收改由税务部门征收，征收范围、对象、标准等仍按原规定执行。

电力用户应缴纳的可再生能源电价附加，按照下列方式由电网企业代征：

（1）大用户与发电企业直接交易电量的可再生能源电价附加，由代为输送电量的电网企业代征。

（2）地方独立电网销售电量的可再生能源电价附加，由地方电网企业在向电力用户收取电费时一并代征。

（3）企业自备电厂自发自用电量应缴纳的可再生能源电价附加，由所在地电网企业代征（自2019年起，广东、内蒙古、山西等省份的企业自备电厂自发自用电量应缴纳的可再生能源电价附加逐步转为电税务部门直接征收）。

（4）其他社会销售电量的可再生能源电价附加，由省级电网企业在向电力用户收取电费时一并代征。

22. 可再生能源电价附加收入的征收标准是什么

答： 2006年，《可再生能源发电价格和费用分摊管理试行办法》（发改价格〔2006〕7号）确定了征收可再生能源电价附加的机制。2006年6月30日正式开始征收电价附加，征收标准为0.1分/千瓦时。随着可再生能源快速发展，风电、光伏等可再生能源发电补贴总量不断增加，资金缺口不断扩大。为解决资金缺口问题，保持可再生能源补贴强度，促进行业健康发展，可再生能源电价附加征收标准多次调高。在2008年7月、2009年11月、2011年12月、2013年9月、2015年12月，国家共5次提高补贴征收标准，各次征收标准分别为每千瓦时0.2分、0.4分、0.8分、1.5分、1.9分（如图3-1所示），2015年12月1.9分每千瓦时的补贴征收标准一直延续至今。

● 图 3-1　2006—2016 年可再生能源电价附加征收标准调整

23. 什么是可再生能源电价附加补助资金

答：根据《可再生能源电价附加补助资金管理办法》（财建〔2020〕5号），可再生能源电价附加补助资金属于可再生能源发展基金，是国家为支持可再生能源发电、促进可再生能源发电行业稳定发展而设立的政府性基金。可再生能源电价附加补助资金由可再生能源电价附加收入筹集。

24. "以收定支"原则是什么

答：根据《可再生能源电价附加资金管理办法》（财建〔2020〕5号）规定，财政部按照以收定支的原则向电网企业和省级财政部门拨付可再生能源发电项目补助资金。"以收定支"指需补贴的新增可再生能源发电项目，由财政部根据补助资金年度增收水平、技术进步和行业发展等情况，合理确定补助资金当年支持的新增可再生能源发电项目补贴总额，国家发展改革委、国家能源局根据可再生能源发展规划、技术进步等情况，在不超过财政部确定的年度新增补贴总额内，合理确定各类需补贴的可再生能

源发电项目新增装机规模。

国家发展改革委、国家能源局按照"以收定支"原则，制定可再生能源发电项目分类型的管理办法，需补贴的存量可再生能源发电项目，需符合国家能源主管部门要求，按照规模管理的需纳入年度建设规模管理范围，并按流程经电网企业审核后纳入补助项目清单。每年3月30日前，由电网企业或省级相关部门提出补助资金申请。财政部根据电网企业和省级相关部门申请以及本年度可再生能源电价附加收入情况，按照"以收定支"的原则向电网企业和省级财政部门拨付补助资金。

第二节　可再生能源发电项目补助资格

25. 可以享受可再生能源补助资金的项目有哪些

答：根据《可再生能源电价附加补助资金管理办法》（财建〔2020〕5号），目前，可以享受可再生能源补助资金的项目主要包括光伏发电项目、风电项目、生物质发电项目以及公共可再生能源独立电力系统项目。

光伏发电项目可分为集中式光伏发电项目、光伏竞价项目、工商业分布式光伏发电项目、自然人分布式光伏发电项目、光伏扶贫项目。集中式光伏发电项目，指除扶贫、试点示范项目、竞价项目、特高压基地项目外，在地面连片建设、连接到公用电网，所发电力电量接入较高电压等级的大型光伏发电项目；装机容量6兆瓦及以上的光伏电站称为普通光伏电站。光伏竞价项目，指根据国家政策文件要求开展的，通过竞争配置确定的光伏发电项目。工商业分布式光伏发电项目，指就地开发、就近利用且单点并网，装机容量小于6兆瓦的户用光伏以外的各类分布式光伏发电项目。自然人分布式光伏发电项目，指业主自建的户用自然人分布式光伏项目。光伏扶贫项目，根据《光伏扶贫电站管理办法》（国能发新能〔2018〕29号），是指以扶贫为目的，在具备光伏扶贫实施条件的地区，利用政府性资金投资建设的光伏项目，包括已列入国家光伏扶贫目录和国家下达计划的光伏扶贫项目。

风电项目可分为陆上风电项目和海上风电项目。陆上风电项目，指在平原、丘陵、山区及滨海狭窄陆地地带、位于平均大潮高潮线以上的风力发电项目。海上风电项目，指在沿海多年平均大潮高潮线以下海域的风力发电场，包括在相应开发海域内无居民的海岛上开发建设的风力发电场。

生物质发电项目可分为农林生物质发电项目、垃圾焚烧发电项目以及沼气发电项目。农林生物质发电项目，指以农作物秸秆、农产品加工剩余物、林业"三剩物"为原料，直接燃烧后或气化后发电的项目。垃圾焚烧发电项目，指以城市生活垃圾为主要原料，在专用垃圾焚烧炉中直接燃烧后发电的项目。沼气发电项目，指利用农作物秸秆、禽畜粪便、城乡生活垃圾、工业有机废水、污泥等有机物质在厌氧条件下经过微生物发酵作用生成沼气（含填埋气）后燃烧发电的项目。

公共可再生能源独立电力系统项目，指不与电网连接的单独运行的可再生能源电力系统。

26. 可再生能源电价附加资金补助目录是什么？

答：根据《财政部 国家发展改革委 国家能源局关于印发〈可再生能源电价附加补助资金管理暂行办法〉的通知》（财建〔2012〕102号）和《财政部关于分布式光伏发电实行按照电量补贴政策等有关问题的通知》（财建〔2013〕390号）要求，财政部、国家发展改革委、国家能源局将符合条件的项目列入可再生能源电价附加资金补助目录，并在财政部网站上予以公布。2012年到2018年公布了37批可再生能源电价附加资金补助目录。

27. 可再生能源发电补贴项目清单是什么

答：简单来说，我国对可再生能源项目的电价补贴一直由三部委发布目录来确权。补贴新政文件作出了"新老划断"的制度安排，国家不再发布可再生能源电价附加目录，补贴新政文件印发前需补贴的存量项目，按规定经电网企业初审、省级主管部门确认、国家可再生能源信息管理中心复核、电网企业公示公布后纳入补贴项目清单。

28. 可再生能源发电项目申请纳入补贴清单需要哪些程序

答：根据《关于加快推进可再生能源发电补贴项目清单审核有关工作的通知》（财办建〔2020〕70号）有关要求具体如下：

（1）项目初审。南方电网和地方独立电网企业组织经营范围内的可再生能源发电企业按要求申报补贴清单，并对申报项目材料的真实性进行初审。具体申报要求见国家可再生能源信息平台（以下简称"信息平台"）公告。

（2）省级主管部门确认。电网企业将符合要求的可再生能源发电项目汇总后，向各省（自治区、直辖市）能源主管部门申报审核。各省（自治区、直辖市）能源主管部门对项目是否按规定完成核准（备案）、是否纳入年度建设规模管理范围等条件进行确认，并将结果反馈给电网企业。

（3）项目复核。电网企业将经过确认的可再生能源发电项目相关申报材料按要求通过信息平台提交国家可再生能源信息管理中心，由国家可再生能源信息管理中心对申报项目资料的完整性、支持性文件的有效性和项目情况的真实性进行复核，包括规模管理和电价政策等方面内容，并将复核结果反馈给电网企业。

（4）补贴清单公示和公布。电网企业将复核后符合条件的项目形成补贴项目清单，并在网站上进行公示。公示期满后，国家电网、南方电网正式对外公布各自经营范围内的补贴清单，并将公布结果报送财政部、国家发展改革委和国家能源局。地方独立电网需报送所在地省级财政、价格、能源主管部门确认后，再公布经营范围内的补贴清单。

补贴清单内容需包括项目类别、名称、场址、业主、并网容量、全容量并网时间、上网电价、列入规模管理年份等基本信息，以及其他必要信息。此前已公布的补贴清单如信息不全，应予以补充公布。

29. 光伏扶贫项目如何申请享受可再生能源电价附加补助资金

答： 根据《可再生能源电价附加补助资金管理办法》（财建〔2020〕5号），纳入国家光伏规模管理且纳入国家扶贫目录的光伏扶贫项目，由所在地省级扶贫、能源主管部门提出申请，国务院扶贫办、国家能源局审核后报财政部、国家发展改革委确认，符合条件的项目列入光伏扶贫项目补助目录。

30. 公共可再生能源独立电力系统项目如何申请享受可再生能源电价附加补助资金

答： 根据《可再生能源电价附加补助资金管理办法》（财建〔2020〕5号），国家投资建设或国家组织企业投资建设的公共可再生能源独立电力系统，由项目所在地省级财政、价格、能源主管部门提出申请，财政部、国家发展改革委、国家能源局审核后纳入公共独立系统补助目录。

31. 自然人分布式光伏项目如何申请享受可再生能源电价附加补助资金

答： 根据《财政部 国家发展改革委 国家能源局关于公布可再生能源电价附加资金补助目录（第六批）的通知》（财建〔2016〕669号）有关要求：自然人分布式项目不再按目录制管理，项目完成并网发电即可按电量享受补贴。国家电网有限公司、南方电网有限责任公司定期汇总经营范围内的自然人分布式项目信息，并报财政部、国家发展改革委、国家能源局备案。地方独立电网企业经营范围内的自然人分布式项目，由省级财政、价格、能源主管部门定期汇总后报财政部、国家发展改革委、国家能源局备案。

32. 可再生能源项目申请纳入补贴清单需提交哪些材料

答： 可再生能源项目申请纳入补贴清单需提交以下材料。

（1）基本信息，包括经纬度、所属最高集团公司名、联系人等。

（2）指标信息，包括项目指标名称、项目属性、指标文件、发布单位等。

（3）核准/备案信息，包括项目核准/备案名称、核准/备案规模、核准/备案文件、印发单位等。

（4）接入系统信息，包括接入系统方案文件、印发时间等。

（5）并网信息，包括首台机组并网时间、全部机组并网时间、实际已并网规模及证明材料等。

（6）电价信息，包括价格主管部门批复电价及文件，并网时本地燃煤标杆电价等。

（7）申报承诺书。新能源发电企业应对填报信息真实性、有效性进行承诺，并承担相应法律责任。

33. 电网企业进行补贴清单初审时重点关注哪些内容

答：电网企业进行补贴清单初审时需核对并完善项目基本信息、指标信息、核准/备案信息、接入系统信息、并网信息、电价信息和申报承诺书对申报项目材料的真实性进行初审。需要注意的是，第一批至第七批可再生能源发电项目、光伏扶贫项目、户用光伏项目和去补贴平价光伏项目不需要申报。

34. 省级能源主管部门确认补贴清单申报资料时重点关注哪些内容

答：省级能源主管部门对项目核准（备案）文件的真实性和合规性、项目是否符合规模管理进行审核确认。

35. 国家可再生信息管理中心复核补贴清单申报资料时重点关注哪些内容

答：电网企业将申报项目名单、项目相关资料和确认成果按照《关于可再生能源发电补贴项目清单申报与审核工作有关要求的公告》公告要求进行汇总，通过信息平台在线提交至信息中心。信息中心依据《关于开展可再生能源发电补贴项目清单审核有关工作的通知》（财办建〔2020〕6号）文要求进行复核，并将复核结果反馈电网企业。信息中心将复核通过的补贴清单通过信息平台在线反馈给电网企业，并上传复核结果盖章扫描件供下载。电网企业确认无误后，及时通过信息平台和电网企业相关网站进行公示。补贴清单主要包括项目代码、项目名称、项目业主、项目类别、装机容量等基本信息。公示期为7天。公示期满后，对无异议的补贴项目，由电网企业正式对外发布补贴清单，并报财政部、国家发展改革委和国家能源局备案。对于存在异议的补贴项目，发电企业应在公示期内向电网企业提交书面复核申请，电网企业按照审核流程组织对相应项目进行复核后，将复核结果及时反馈给相关企业，对其中符合补贴条件的项目及时通过信息平台和各省级电网企业网站予以发布。

36. 纳入补贴清单的可再生能源发电项目，如项目名称、业主信息发生变更，是否需重新申报纳入补贴清单

答： 根据《关于加快推进可再生能源发电补贴项目清单审核有关工作的通知》（财办建〔2020〕70号）有关要求，纳入补贴清单的可再生能源发电项目，如项目名称、业主信息发生变更，由可再生能源发电企业向电网企业申请更变，电网企业应在接到申请后15日内完成变更并对外公布。

37. 纳入补贴清单的可再生能源发电项目，如并网容量、场址发生变更，是否需重新申报纳入补贴清单

答： 纳入补贴清单的可再生能源发电项目，如并网容量，场址发生变更，需要重新申报纳入补贴清单。根据《关于加快推进可再生能源发电补贴项目清单审核有关工作的通知》（财办建〔2020〕70号）有关要求，纳入补贴清单的可再生能源发电项目，如并网容量、场址发生变更，需按本通知要求重新申报纳入补贴清单。

第三节　可再生能源发电项目补助标准

38. 可再生能源发电项目的补助标准是什么

答： 根据《财政部 国家发展改革委 国家能源局关于印发〈可再生能源电价附加资金管理办法〉的通知》（财建〔2020〕5号），电网企业收购补助项目清单内项目的可再生能源发电量，按照上网电价（含通过招标等竞争方式确定的上网电价）给予补助的，补助标准=（电网企业收购价格－燃煤发电上网基准价）/（1+适用增值税率）；电网企业收购补助项目清单内项目的可再生能源发电量，按照定额补助的，补助标准=定额补助标准/（1+适用增值税率）；纳入补助目录的公共可再生能源独立电力系统，合理的运行和管理费用超出销售电价的部分，经省级相关部门审核后，据实测算补助资金，补助上限不超过2元/（瓦·年）。财政部将每两年委托第三方机构对运行和管理费用进行核实并适时调整补助上限。

39. 风电项目的补助标准如何确定

答： 风电项目根据上网电价确定补助标准，补助标准=（电网企业收购价格－燃煤发电上网基准价）/（1+适用增值税率）。

风电项目上网电价可分为陆上风电和海上风电两类。**对于陆上风电项目**，国家发展改革委于2009年制定了四类风能资源区的陆上风电标杆上网电价制度；随着技术进步和发电成本的下降，分别于2014年年底、2015年年底、2016年年底、2019年年中四次下调陆上风电标杆电价（指导价）水平，以Ⅳ类资源区为例，陆上风电项目上网电价从0.61元/千瓦时逐步下调至平价上网（如图3-2所示）。**对于海上风电项目**，国家发展

改革委在2014年明确海上风电按项目类型执行对应标杆电价；随着技术进步和发电成本的下降，分别于2016年年底、2019年年中两次下调海上风电标杆电价（指导价）水平（如图3-3所示）。

●图3-2　Ⅳ类资源区陆上风电项目上网电价变动趋势简图

●图3-3　海上风电项目上网电价变动趋势简图

（1）陆上风电项目历年上网电价政策见表3-1。具体如下：

1）根据《国家发展改革委关于完善风力发电上网电价政策的通知》（发改价格〔2009〕1906号），全国分为四类风能资源区，相应制定陆上风电标杆上网电价，Ⅰ类资源区、Ⅱ类资源区、Ⅲ类资源区、Ⅳ类资源区标杆上网电价分别为0.51元/千瓦时、0.54元/千瓦时、0.58元/千瓦时、0.61元/千瓦时。

2）根据《国家发展改革委关于适当调整陆上风电标杆上网电价的通知》（发改价格〔2014〕3008号），Ⅰ类资源区、Ⅱ类资源区、Ⅲ类资源区、Ⅳ类资源区标杆上网电价分别为0.49元/千瓦时、0.52元/千瓦时、0.56元/千瓦时、0.61元/千瓦时。

3）根据《国家发展改革委关于完善陆上风电光伏发电上网标杆电价政策的通知》（发改价格〔2015〕3044号），一并确定2016年和2018年陆上风电标杆电价。2016年Ⅰ类资源区、Ⅱ类资源区、Ⅲ类资源区、Ⅳ类资源区标杆上网电价分别为0.47元/千瓦时、0.50元/千瓦时、0.54元/千瓦时、0.60元/千瓦时；2018年Ⅰ类资源区、Ⅱ类资源区、Ⅲ类资源区、Ⅳ类资源区标杆上网电价分别为0.44元/千瓦时、0.47元/千瓦时、0.51元/千瓦时、0.58元/千瓦时。

4）根据《国家发展改革委关于调整光伏发电陆上风电标杆上网电价的通知》（发改价格〔2016〕2729号），降低2018年1月1日之后新核准建设的陆上风电标杆上网电价，2018年Ⅰ类资源区、Ⅱ类资源区、Ⅲ类资源区、Ⅳ类资源区标杆上网电价分别为0.40元/千瓦时、0.45元/千瓦时、0.49元/千瓦时、0.57元/千瓦时。

5）根据《国家发展改革委关于完善风电上网电价政策的通知》（发改价格〔2019〕882号），陆上风电项目标杆上网电价改为指导价，新核准的集中式陆上风电项目上网电价全部通过竞争方式确定，不得高于项目所在资源区指导价。2019年Ⅰ类资源区、Ⅱ类资源区、Ⅲ类资源区、Ⅳ类资源区陆上风电指导价分别为0.34元/千瓦时、0.39元/千瓦时、0.43元/千瓦时、0.52元/千瓦时，2020年Ⅰ类资源区、Ⅱ类资源区、Ⅲ类资源区、Ⅳ类资源区陆上风电指导价分别为0.29元/千瓦时、0.34元/千瓦时、0.38元/千瓦时、0.47元/千瓦时。2018年年底之前核准的陆上风电项目，2020年底前仍未完成并网的，国家不再补贴；2019年1月1日至2020年底前核准的陆上风电项目，2021年底前仍未完成并网的，国家不再补贴。

6）根据《国家发展改革委 关于2021年新能源上网电价政策有关事项的通知》（发改价格〔2021〕833号），2021年起，新核准陆上风电项目中央财政不再补贴，实行平价上网。

▼ 表 3-1　陆上风电项目历年上网电价政策

年份	政策依据	适用范围	上网电价（元／千瓦时）			
			I类	II类	III类	IV类
2009年—2014年	《国家发展改革委关于完善风力发电上网电价政策的通知》（发改价格〔2009〕1906号）	（1）2009年8月1日以后核准的风电项目；（2）2009年8月1日之前核准的风电项目，上网电价仍按原有规定执行	0.51	0.54	0.58	0.61
2015年	《国家发展改革委关于适当调整陆上风电标杆上网电价的通知》（发改价格〔2014〕3008号）	（1）2015年1月1日以后核准的陆上风电项目；（2）2015年1月1日前核准但于2016年1月1日以后投运的陆上风电项目	0.49	0.52	0.56	0.61
2016年 2017年	《国家发展改革委关于完善陆上风电光伏发电上网标杆电价政策的通知》（发改价格〔2015〕3044号）	（1）2016年1月1日以后核准的陆上风电项目。2年核准期内未开工建设的项目不得执行该核准期对应的标杆电价；（2）2016年前核准的陆上风电项目但于2017年年底前仍未开工建设的	0.47	0.5	0.54	0.6
2018年	《国家发展改革委关于调整光伏发电陆上风电标杆上网电价的通知》（发改价格〔2016〕2729号）	（1）2018年1月1日以后核准并纳入财政补贴年度规模管理的陆上风电项目执行2018年的标杆上网电价。2年核准期内未开工建设的项目不得执行该核准期对应的标杆电价；（2）2018年以前核准并纳入以前年份财政补贴规模管理的陆上风电项目但于2019年年底前仍未开工建设的，执行2018年标杆上网电价；（3）2018年以前核准但纳入2018年1月1日之后财政补贴年度规模管理的陆上风电项目，执行2018年标杆上网电价	0.4	0.45	0.49	0.57

续表

年份	政策依据	适用范围	上网电价（元/千瓦时）			
			I 类	II 类	III 类	IV 类
2019年	《国家发展改革委关于完善风电上网电价政策的通知》（发改价格〔2019〕882号）	陆上风电项目标杆上网电价改为指导价，新核准的集中式陆上风电项目上网电价全部通过竞争方式确定，不得高于项目所在资源区指导价。 2019年符合规划、纳入财政补贴年度规模管理的新核准的陆上风电项目。 注： （1）2018年年底之前核准的陆上风电项目，2020年底前仍未完成并网的，国家不再补贴； （2）2019年1月1日至2020年底前核准的陆上风电项目，2021年底前仍未完成并网的，国家不再补贴	0.34	0.39	0.43	0.52
2020年	《国家发展改革委关于完善风电上网电价政策的通知》（发改价格〔2019〕882号）	陆上风电项目标杆上网电价改为指导价，新核准的集中式陆上风电项目上网电价全部通过竞争方式确定，不得高于项目所在资源区指导价。 2020年符合规划、纳入财政补贴年度规模管理的新核准的陆上风电项目。 注： （1）2018年年底之前核准的陆上风电项目，2020年底前仍未完成并网的，国家不再补贴； （2）2019年1月1日至2020年底前核准的陆上风电项目，2021年底前仍未完成并网的，国家不再补贴	0.29	0.34	0.38	0.47

年份	政策依据	适用范围	上网电价（元／千瓦时）			
			I 类	II 类	III 类	IV 类
2021年	《国家发展改革委关于2021年新能源上网电价政策有关事项的通知》（发改价格〔2021〕833号）	2021年起新核准陆上风电项目	平价上网			
2022年	《国家发展改革委关于2022年新建风电、光伏发电项目延续平价上网政策的函》	2022年新核准陆上风电项目	平价上网			

（2）海上风电项目历年上网电价政策见表3-2。具体如下：

1）根据《国家发展改革委关于海上风电上网电价政策的通知》（发改价格〔2014〕1216号）、《国家发展改革委关于调整光伏发电陆上风电标杆上网电价的通知》（发改价格〔2016〕2729号），对于非招标的海上风电项目，区分为潮间带风电和近海风电两种类型确定上网电价。近海风电项目上网电价为0.85元/千瓦时，潮间带风电项目上网电价为0.75元/千瓦时。

2）根据《国家发展改革委关于完善风电上网电价政策的通知》（发改价格〔2019〕882号），海上风电标杆上网电价改为指导价，新核准海上风电项目全部通过竞争方式确定上网电价，2019年符合规划、纳入财政补贴年度规模管理的新核准近海风电项目指导价调整为0.80元/千瓦时,2020年符合规划、纳入财政补贴年度规模管理的新核准近海风电项目指导价调整为0.75元/千瓦时。新核准近海风电项目通过竞争方式确定的上网电价，不得高于指导价。新核准潮间带风电项目通过竞争方式确定的上网电价，不得高于项目所在资源区陆上风电指导价。

3）根据《国家发展改革委关于2021年新能源上网电价政策有关事项的通知》（发改价格〔2021〕833号），2021年起，新核准（备案）海上风电项目上网电价由当地省级价格主管部门制定，具备条件的可通过竞争性配置方式形成。

▼ 表 3-2　海上风电项目历年上网电价政策

年份	政策依据	适用范围	上网电价（元／千瓦时）	
			近海	潮间带
2014年	《国家发展改革委关于海上风电上网电价政策的通知》（发改价格〔2014〕1216号）	（1）2017年以前（不含2017年）投运的海上风电项目；（2）2017年1月1日以后非招标的海上风电项目；（3）对2018年年底前已核准的海上风电项目，在2021年年底前全部机组完成并网的	0.85	0.75
2015年				
2016年	《国家发展改革委关于调整光伏发电陆上风电标杆上网电价的通知》（发改价格〔2016〕2729号）			
2017年				
2018年				
2019年	《国家发展改革委关于完善风电上网电价政策的通知》（发改价格〔2019〕882号）	海上风电标杆上网电价改为指导价，新核准海上风电项目全部通过竞争方式确定上网电价。新核准近海风电项目通过竞争方式确定的上网电价，不得高于指导价。2019年符合规划、纳入财政补贴年度规模管理的新核准近海风电	0.8	新核准潮间带风电项目通过竞争方式确定的上网电价，不得高于项目所在资源区陆上风电指导价

续表

年份	政策依据	适用范围	上网电价（元／千瓦时）	
			近海	潮间带
2020年	《国家发展改革委关于完善风电上网电价政策的通知》（发改价格〔2019〕882号）	海上风电标杆上网电价改为指导价，新核准海上风电项目全部通过竞争方式确定上网电价。新核准近海风电项目通过竞争方式确定的上网电价，不得高于指导价。2020年符合规划、纳入财政补贴年度规模管理的新核准近海风电	0.75	新核准潮间带风电项目通过竞争方式确定的上网电价，不得高于项目所在资源区陆上风电指导价
2021年	《国家发展改革委关于2021年新能源上网电价政策有关事项的通知》（发改价格〔2021〕833号）	2021年起，新核准（备案）海上风电项目	上网电价由当地省级价格主管部门制定，具备条件的可通过竞争性配置方式形成	

40. 风电资源区划分依据是什么？

答： 根据《国家发展改革委关于完善风力发电上网电价政策的通知》（发改价格〔2009〕1906号），全国分为四类风能资源区，依据风能资源状况和工程建设条件，将全国分为四类风能资源区，制定相应的风电标杆上网电价。

一类资源区包含的地区：内蒙古自治区除赤峰市、通辽市、兴安盟、呼伦贝尔市以外其他地区；新疆维吾尔自治区乌鲁木齐市、伊犁哈萨克族自治州、昌吉回族自治州、克拉玛依市、石河子市。

二类资源区包含地区：河北省张家口市、承德市；内蒙古自治区赤峰市、通辽市、兴安盟、呼伦贝尔市；甘肃省张掖市、嘉峪关市、酒泉市。

三类资源区包含地区：吉林省白城市、松原市；黑龙江省鸡西市、双鸭山市、七台河市、绥化市、伊春市，大兴安岭地区；甘肃省除张掖市、嘉峪关市、酒泉市以外其他地区；新疆维吾尔自治区除乌鲁木齐市、伊犁哈萨克族自治州、昌吉回族自治州、克拉玛依市、石河子市以外其他地区；宁夏回族自治区。

四类资源区是一、二、三类之外的其他地区。

41. 生物质发电项目的补助标准如何确定

答：生物质发电项目根据上网电价确定补助标准，除垃圾焚烧发电之外的生物质发电项目，补助标准＝（电网企业收购价格−燃煤发电上网基准价）/（1+适用增值税率）。

根据《国家发展改革委关于完善垃圾焚烧发电价格政策的通知》（发改价格〔2012〕801号），垃圾焚烧发电上网电价高出燃煤发电上网基准价的部分实行两级分摊由当地省级电网负担0.1元/千瓦时，其余部分由可再生能源电价附加补助资金解决。对于生物质发电项目中的垃圾焚烧发电项目，补助标准＝（电网企业收购价格−燃煤发电上网基准价−省级电网负担的0.1元/千瓦时）/（1+适用增值税率）。

2006年以前，由国家或地方核准生物质示范项目，采用"一企一策"批复上网电价；从2006年到2020年，按照生物质项目发电类型，统一执行标杆上网电价；2021年以后新开工生物质发电项目实行竞争性配置，价格上限为现行标杆上网电价。

（1）对于农林生物质发电项目，根据《国家发展改革委关于完善农林生物质发电价格政策的通知》（发改价格〔2010〕1579号），未采用

招标确定投资人的新建农林生物质发电项目，统一执行标杆上网电价0.75元/千瓦时；通过招标确定投资人的，上网电价按中标确定的价格执行，但不得高于全国农林生物质发电标杆上网电价。已核准的农林生物质发电项目（招标项目除外），上网电价低于上述标准的，上调至0.75元/千瓦时，高于上述标准的国家核准的生物质发电项目仍执行原电价标准。

（2）对于垃圾焚烧发电项目，根据《国家发展改革委关于完善垃圾焚烧发电价格政策的通知》（发改价格〔2012〕801号），以生活垃圾为原料的垃圾焚烧发电项目，均先按其入厂垃圾处理量折算成上网电量进行结算，每吨生活垃圾折算上网电量暂定为280千瓦时，并执行全国统一垃圾发电标杆电价0.65元/千瓦时；其余上网电量执行当地同类燃煤发电机组上网电价。

（3）对于沼气发电项目，根据《国家发展改革委关于印发〈可再生能源发电价格和费用分摊管理试行办法〉的通知》（发改价格〔2006〕7号），未采用招标确定投资人的沼气发电项目，电价标准由各省（自治区、直辖市）2005年脱硫燃煤机组标杆上网电价加补贴电价组成，补贴电价标准为0.25元/千瓦时，自2010年起，每年新批准和核准建设的发电项目的补贴电价比上一年新批准和核准建设项目补贴电价递减2%。通过招标确定投资人的沼气发电项目，上网电价按中标确定的价格执行，但不得高于所在地区的标杆电价。

根据《完善生物质发电项目建设运行的实施方案》（发改能源〔2020〕1421号），自2021年1月1日起，规划内已核准未开工、新核准的生物质发电项目全部通过竞争方式配置并确定上网电价。

生物质发电项目历年上网电价政策见表3-3。

▼ 表3-3　生物质发电项目历年上网电价政策

年份	农林生物质发电 — 政策依据	适用范围	上网电价（元/千瓦时）	生活垃圾焚烧发电 — 政策依据	适用范围	上网电价（元/千瓦时）	沼气发电 — 政策依据	适用范围	上网电价（元/千瓦时）
2006年			—			—	《国家发展改革委关于印发〈可再生能源发电价格和费用分摊管理试行办法〉的通知》（发改价格〔2006〕7号）	（1）未采用招标确定投资人的沼气发电项目；（2）通过招标确定投资人的生物质发电项目，上网电价按中标确定的价格执行，但不得高于所在地区的标杆电价。	（1）电价标准由各省（自治区、直辖市）2005年脱硫燃煤机组标杆上网电价加补贴电价组成，补贴电价标准为每千瓦时0.25元；（2）自2010年起，每年新批准和核准建设的发电项目的补贴电价执行比上一年新批准和核准在建设项目补贴电价递减2%。
2007年			—			—			
2008年			—			—			
2009年			—			—			
2010年	《国家发展改革委关于完善农林生物质发电价格政策的通知》（发改价格〔2010〕1579号）	（1）未采用招标确定投资人的新建农林生物质发电项目；（2）通过招标中标确定的投资人的，上网电价按中标价格执行，但不得高于全国农林生物质发电标杆上网电价；（3）上网电价低于每千瓦时0.75元，高于上述标准的国家核准的生物质发电项目仍按原核定价执行	0.75	《国家发展改革委关于完善垃圾焚烧发电价格政策的通知》（发改价格〔2012〕801号）	以生活垃圾为原料的垃圾焚烧发电项目，均以入厂垃圾处理量折算上网电量进行结算，每吨生活垃圾折算上网电量暂定为280千瓦时，并执行全国统一垃圾发电标杆电价每千瓦时0.65元；其余上网电量同类燃煤发电机组上网电价	0.65			
2011年									
2012年									
2013年									
2014年									
2015年									
2016年									
2017年									
2018年									
2019年									
2020年									
2021年	1. 《完善生物质发电项目建设运行的实施方案》（发改能源〔2020〕1421号）自2021年1月1日起，规划内已核准未开工、新核准的生物质发电项目全部通过竞争方式配置并确定上网电价。 2.（1）《2021年生物质发电项目建设工作方案》（发改能源〔2021〕1190号） （2）2020年1月20日（含）以后当年新开工且2021年底前全部机组建成并网范围入2020年补贴范围的项目及2020年底前全部机组建成并网，实际并网时间每逾期一个季度，并网电价补贴降低0.03元/千瓦时；2020年底前开工的非竞争配置项目以后当年为竞争配置项目。 （3）纳入2021年中央补贴范围的竞争配置项目，应在2023年底前全部机组建成并网，逾期未建成并网的项目取消竞争配置补贴资格，后续可通过参加竞争配置的方式纳入中央补贴范围。 3. 竞争方式配置确定上网电价								

42. 集中式光伏项目的补助标准如何确定？

答：集中式光伏项目根据上网电价确定补助标准，补助标准=（电网企业收购价格–燃煤发电上网基准价）/（1+适用增值税率）。

国家发展改革委于2011年制定了全国统一的光伏发电标杆上网电价；2013年起，我国对光伏发电实施分资源区的标杆电价制度。随着光伏发电成本的快速下降，从2015年到2020年，六次下调光伏电站标杆电价（指导价）。以Ⅲ类资源区为例，集中式光伏项目上网电价从1.15元/千瓦时逐步下调至平价上网（如图3-4所示）。

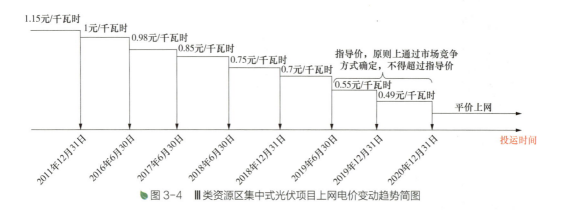

🌱 图3-4　Ⅲ类资源区集中式光伏项目上网电价变动趋势简图

根据《国家发展改革委关于完善太阳能光伏发电上网电价政策的通知》（发改价格〔2011〕1594号），对于2011年7月1日以前核准建设、2011年12月31日前建成投产、国家发改委尚未核定价格的非招标太阳能光伏发电项目，上网电价为1.15元/千瓦时；对于2011年7月1日及以后核准的非招标太阳能光伏发电项目，以及2011年7月1日之前核准但截至2011年12月31日仍未建成投产的非招标太阳能光伏发电项目，除西藏自治区仍执行1.15元/千瓦时的上网电价外，其余省（自治区、直辖市）上网电价按1元/千瓦时执行。

根据《国家发展改革委关于发挥价格杠杆作用促进光伏产业健康发展的通知》（发改价格〔2013〕1638号），全国分为三类太阳能资源区，相应制定光伏电站标杆上网电价，Ⅰ类资源区、Ⅱ类资源区、Ⅲ类资源区标杆上网电价分别为0.9元/千瓦时、0.95元/千瓦时、1元/千瓦时。

根据《国家发展改革委关于完善陆上风电光伏发电上网标杆电价政策的通知》（发改价格〔2015〕3044号），2016年Ⅰ类资源区、Ⅱ类资源区、Ⅲ类资源区标杆上网电价分别为0.8元/千瓦时、0.88元/千瓦时、0.98元/千瓦时。

根据《国家发展改革委关于调整光伏发电陆上风电标杆上网电价的通知》（发改价格〔2016〕2729号），2017年Ⅰ类资源区、Ⅱ类资源区、Ⅲ类资源区标杆上网电价分别为0.65元/千瓦时、0.75元/千瓦时、0.85元/千瓦时。

根据《国家发展改革委关于2018年光伏发电项目价格政策的通知》（发改价格规〔2017〕2196号），2018年Ⅰ类资源区、Ⅱ类资源区、Ⅲ类资源区标杆上网电价分别为0.55元/千瓦时、0.65元/千瓦时、0.75元/千瓦时。

根据《国家发展改革委 财政部 国家能源局关于2018年光伏发电有关事项的通知》（发改能源〔2018〕823号），对于自2018年5月31日（含）起，新投运的光伏电站，Ⅰ类资源区、Ⅱ类资源区、Ⅲ类资源区标杆上网电价分别为0.50元/千瓦时、0.60元/千瓦时、0.70元/千瓦时。

根据《国家发展改革委 财政部 国家能源局关于2018年光伏发电有关事项说明的通知》（发改能源〔2018〕1459号），已经纳入2017年及以前建设规模范围（含不限规模的省级区域）、且在2018年6月30日（含）前并网投运的普通光伏电站，执行2017年光伏电站标杆上网电价，属竞争

配置的项目，执行竞争配置时确定的上网电价。

根据《国家发展改革委关于完善光伏发电上网电价机制有关问题的通知》（发改价格〔2019〕761号），将集中式光伏电站标杆上网电价改为指导价，纳入国家财政补贴范围的Ⅰ类资源区、Ⅱ类资源区、Ⅲ类资源区新增集中式光伏电站指导价分别为0.40元/千瓦时、0.45元/千瓦时、0.55元/千瓦时，新增集中式光伏电站上网电价原则上通过市场竞争方式确定，不得超过所在资源区指导价，适用于国家能源主管部门已经批复的纳入财政补贴规模且已经确定项目业主，但尚未确定上网电价的2019年7月1日（含）后并网的集中式光伏电站（项目指标作废除外）。国家能源主管部门已经批复的纳入财政补贴规模且已经确定项目业主，但尚未确定上网电价的集中式光伏电站（项目指标作废除外），2019年6月30日（含）前并网的，上网电价按照发改能源〔2018〕823号规定执行。

根据《国家发展改革委 关于2020年光伏发电上网电价政策有关事项的通知》（发改价格〔2020〕511号），对集中式光伏发电继续制定指导价，纳入国家财政补贴范围的Ⅰ类资源区、Ⅱ类资源区、Ⅲ类资源区新增集中式光伏电站指导价分别为0.35元/千瓦时、0.40元/千瓦时、0.49元/千瓦时，若指导价低于项目所在地燃煤发电基准价（含脱硫、脱硝、除尘电价），则指导价按当地燃煤发电基准价执行。新增集中式光伏电站原则上通过市场竞争方式确定，不得超过所在资源区指导价。

根据《国家发展改革委 关于2021年新能源上网电价政策有关事项的通知》（发改价格〔2021〕833号），2021年起，对新备案集中式光伏电站中央财政不再补贴，实行平价上网。

集中式光伏项目历年上网电价政策见表3-4。

▼ 表3-4 集中式光伏项目历年上网电价政策

年份	政策依据	适用范围	上网电价 （含税，元/千瓦时）		
			I类	II类	III类
2011年	《国家发展改革委关于完善太阳能光伏发电上网电价政策的通知》（发改价格〔2011〕1594号）	2011年7月1日以前核准建设、2011年12月31日前建成投产、国家发改委尚未核定价格的太阳能光伏发电项目（非招标）	1.15		
2012年		（1）2011年7月1日及以后核准的太阳能光伏发电项目（非招标）； （2）2011年7月1日之前核准但截至2011年12月31日仍未建成投产的太阳能光伏发电项目（非招标）	1；1.15（西藏）		
2013年	《国家发展改革委关于发挥价格杠杆作用促进光伏产业健康发展的通知》（发改价格〔2013〕1638号）	将全国分为三类太阳能资源区，相应制定光伏电站标杆上网电价： （1）2013年9月1日后备案（核准）； （2）2013年9月1日前备案（核准）但于2014年1月1日及以后投运的光伏电站项目	0.9	0.95	1
2014年					
2015年					
2016年	《国家发展改革委关于完善陆上风电光伏发电上网标杆电价政策的通知》（发改价格〔2015〕3044号）	（1）2016年1月1日以后备案并纳入年度规模管理的光伏发电项目； （2）2016年以前备案并纳入年度规模管理的光伏发电项目，但于2016年6月30日以前仍未全部投运的	0.8	0.88	0.98
2017年	《国家发展改革委关于调整光伏发电陆上风电标杆上网电价的通知》（发改价格〔2016〕2729号）；《国家发展改革委 财政部 国家能源局关于2018年光伏发电有关事项说明的通知》（发改能源〔2018〕1459号）	（1）2017年1月1日以后纳入财政补贴年度规模管理的光伏发电项目。 （2）2017年以前备案并纳入以前年份财政补贴规模管理的光伏发电项目，但于2017年6月30日以前仍未投运的。 （3）已经纳入2017年及以前建设规模范围（含不限规模的省级区域）、且在2018年6月30日（含）前并网投运的普通光伏电站，执行2017年光伏电站标杆上网电价，属竞争配置的项目，执行竞争配置时确定的上网电价（发改能源〔2018〕1459号）	0.65	0.75	0.85

续表

年份	政策依据	适用范围	上网电价（含税，元/千瓦时）		
			Ⅰ类	Ⅱ类	Ⅲ类
2018年	《国家发展改革委关于2018年光伏发电项目价格政策的通知》（发改价格规〔2017〕2196号）	（1）2018年1月1日以后纳入财政补贴年度规模管理的光伏电站项目。 （2）2018年以前备案并纳入以前年度财政补贴规模管理的光伏电站项目，但于2018年6月30日前仍未投运的。 自2019年起，纳入财政补贴年度规模管理的光伏发电项目全部按投运时间执行对应的标杆电价	0.55	0.65	075
2018年5月31日	《国家发展改革委 财政部 国家能源局关于2018年光伏发电有关事项的通知》（发改能源〔2018〕823号）	（1）2018年5月31日（含）起，新投运的光伏电站。 （2）国家能源主管部门已经批复的纳入财政补贴规模且已经确定项目业主，但尚未确定上网电价的集中式光伏电站（项目指标作废除外），2019年6月30日（含）前并网的，上网电价按照发改能源〔2018〕823号执行（发改价格〔2019〕761号）	0.5	0.6	0.7
2019年	《国家发展改革委 关于完善光伏发电上网电价机制有关问题的通知》（发改价格〔2019〕761号）	将集中式光伏电站标杆上网电价改为指导价，新增集中式光伏电站上网电价原则上通过市场竞争方式确定，不得超过所在资源区指导价。 国家能源主管部门已经批复的纳入财政补贴规模且已经确定项目业主，但尚未确定上网电价的集中式光伏电站（项目指标作废除外），2019年7月1日（含）后并网的	0.4	0.45	0.55
2020年	《国家发展改革委 关于2020年光伏发电上网电价政策有关事项的通知》（发改价格〔2020〕511号）	对集中式光伏发电继续制定指导价，若指导价低于项目所在地燃煤发电基准价（含脱硫、脱硝、除尘电价），则指导价按当地燃煤发电基准价执行。新增集中式光伏电站原则上通过市场竞争方式确定，不得超过所在资源区指导价。 纳入国家财政补贴范围的新增集中式光伏电站	0.35	0.4	0.49

续表

年份	政策依据	适用范围	上网电价 (含税,元/千瓦时)		
			I 类	II 类	III 类
2021年	《国家发展改革委关于2021年新能源上网电价政策有关事项的通知》(发改价格〔2021〕833号)	2021年起,对新备案集中式光伏电站中央财政不再补贴,实行平价上网	平价上网		
2022年	《国家发展改革委关于2022年新建风电、光伏发电项目延续平价上网政策的函》	对新备案集中式光伏电站和工商业分布式光伏项目延续平价上网政策	平价上网		

43. 光伏电站资源区划分依据是什么

答: 根据《国家发展改革委关于发挥价格杠杆作用促进光伏产业健康发展的通知》(发改价格〔2013〕1638号),全国分为三类太阳能资源区,光伏电站三类资源区的划分依据是根据各地太阳能资源条件和建设成本,按光资源的年等效利用小时数将全国划分为三类太阳能资源区,年等效利用小时数大于1600小时为一类资源区,年等效利用小时数在1400~1600小时之间为二类资源区,年等效利用小时数在1200~1400小时之间为三类资源区,实行不同的光伏标杆上网电价。

一类资源区包含的地区:宁夏全省、青海(海西)、甘肃(嘉峪关、武威、张掖、酒泉、敦煌、金昌)、新疆(哈密、塔城、阿勒泰、克拉玛依)、内蒙古(呼和浩特、包头、乌海、鄂尔多斯、巴彦淖尔、乌兰察布、锡林郭勒)。一类地区最低保障有效发电小时数为1500小时。

二类资源区包含地区:北京、天津、黑龙江、吉林、辽宁,四川、云南、内蒙古(赤峰、通辽、兴安盟、呼伦贝尔)、河北(承德、张家口、唐山、秦皇岛)、山西(大同、朔州、忻州)、陕西(榆林、延安)、青海

（西宁、海东、海北、黄南、海南、果洛、玉树）、甘肃（兰州、天水、白银、平凉、庆阳、定西、陇南、临夏、甘南）、新疆（乌鲁木齐、吐鲁番、喀什、和田、昌吉回族、博尔塔拉蒙古、伊利哈萨克、克孜勒苏柯尔克孜自治州）。二类地区最低保障发电小时数为 1300 小时。

三类资源区是一、二类资源区之外的其他地区。

44. 分布式光伏项目的补助标准如何确定？

答： 对于采用定额补助标准的分布式光伏项目（如自发自用、余量上网的分布式光伏项目），补助标准=定额补助标准/（1+适用增值税率）。对于根据所在资源区光伏电站价格确定上网电价和补助标准的分布式光伏项目（如全额上网的部分分布式光伏项目），补助标准=（电网企业收购价格-燃煤发电上网基准价）/（1+适用增值税率）。

随着光伏发电成本的快速下降，从 2013 年到 2020 年，四次下调分布式光伏发电的度电补贴额度。分布式光伏项目定额补贴标准趋势简图如图 3-5 所示。

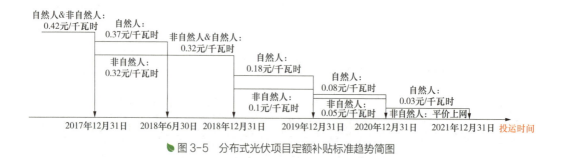

🌿 图 3-5　分布式光伏项目定额补贴标准趋势简图

根据《国家发展改革委关于发挥价格杠杆作用促进光伏产业健康发展的通知》（发改价格〔2013〕1638号），对于除享受中央财政投资补贴之外的分布式光伏发电项目，实行全电量补贴政策，电价补贴标准为 0.42 元/

千瓦时。分布式光伏发电系统自用有余上网的电量，由电网企业按照当地燃煤机组标杆上网电价收购。

根据《国家发展改革委关于2018年光伏发电项目价格政策的通知》（发改价格规〔2017〕2196号），2018年1月1日以后投运的、采用"自发自用、余量上网"模式的分布式光伏发电项目全电量度电补贴标准调整为0.37元/千瓦时。采用"全额上网"模式的分布式光伏发电项目按所在资源区光伏电站价格执行。

根据《国家发展改革委 财政部 国家能源局关于2018年光伏发电有关事项的通知》（发改能源〔2018〕823号），各地5月31日（含）前并网的分布式光伏发电项目纳入国家认可的规模管理范围；2018年5月31日起，新投运的、采用"自发自用、余电上网"模式的分布式光伏发电项目全电量度电补贴标准调整为0.32元/千瓦时。采用"全额上网"模式的分布式光伏发电项目按所在资源区光伏电站价格执行。

根据《国家发展改革委 财政部 国家能源局关于2018年光伏发电有关事项说明的通知》（发改能源〔2018〕1459号），对于2018年5月31日（含）之前已备案、开工建设，且在2018年6月30日（含）之前并网投运的合法合规地采用"自发自用、余量上网"模式的户用自然人分布式光伏发电项目，度电补贴标准保持0.37元/千瓦时。

根据《国家发展改革委 关于完善光伏发电上网电价机制有关问题的通知》（发改价格〔2019〕761号），纳入2019年财政补贴规模，采用"自发自用、余量上网"模式的工商业分布式（即除户用以外的分布式）光伏发电项目，全发电量补贴标准调整为0.1元/千瓦时；采用"全额上网"模式的工商业分布式光伏发电项目，按所在资源区集中式光伏电站指导价执行；能源主管部门统一实行市场竞争方式配置的工商业分布式项目，市场竞争形成的价格不得超过所在资源区指导价，且补贴标准不得超过每千瓦时0.1

元；纳入2019年财政补贴规模，采用"自发自用、余量上网"模式和"全额上网"模式的户用分布式光伏全发电量补贴标准调整为0.18元/千瓦时。

根据《国家发展改革委 关于2020年光伏发电上网电价政策有关事项的通知》（发改价格〔2020〕511号），纳入2020年财政补贴规模，采用"自发自用、余量上网"模式的工商业分布式光伏发电项目全发电量补贴标准调整为0.05元/千瓦时；采用"全额上网"模式的工商业分布式光伏发电项目，按所在资源区集中式光伏电站指导价执行；能源主管部门统一实行市场竞争方式配置的所有工商业分布式光伏发电项目，市场竞争形成的价格不得超过所在资源区指导价，且补贴标准不得超过0.05元/千瓦时。纳入2020年财政补贴规模的户用分布式光伏全发电量补贴标准调整为0.08元/千瓦时。

根据《国家发展改革委 关于2021年新能源上网电价政策有关事项的通知》（发改价格〔2021〕833号）、《国家发展改革委关于落实好2021年新能源上网电价政策有关事项的函》，2021年起，对新备案工商业分布式光伏项目，中央财政不再补贴，实行平价上网；2021年纳入当年中央财政补贴规模的新建户用分布式光伏项目全发电量补贴标准为0.03元/千瓦时。2022年起，新建户用分布式光伏项目全发电量补贴标准暂没有公布。

分布式光伏项目历年电价补贴政策见表3-5。

▼表3-5　分布式光伏项目历年电价补贴政策

年份	政策依据	适用范围	定额补贴标准（含税，元/千瓦时）		备注
			非自然人	自然人	
2014—2017年	《国家发展改革委关于发挥价格杠杆作用促进光伏产业健康发展的通知》（发改价格〔2013〕1638号）	除享受中央财政投资补贴之外的分布式光伏发电项目	0.42	0.42	

续表

年份	政策依据	适用范围	定额补贴标准（含税,元/千瓦时）		备注
			非自然人	自然人	
2018年	《国家发展改革委关于2018年光伏发电项目价格政策的通知》（发改价格规〔2017〕2196号）；《国家发展改革委 财政部 国家能源局关于2018年光伏发电有关事项说明的通知》（发改能源〔2018〕1459号）	（1）2018年1月1日以后投运的、采用"自发自用、余量上网"模式的分布式光伏发电项目；（2）2018年5月31日（含）之前已备案、开工建设，且在2018年6月30日（含）之前并网投运的合法合规的采用"自发自用、余量上网"模式的户用自然人分布式光伏发电项目	0.37	0.37	采用"全额上网"模式的分布式光伏发电项目按所在资源区光伏电站价格执行
2018年5月31日	《国家发展改革委 财政部 国家能源局关于2018年光伏发电有关事项的通知》（发改能源〔2018〕823号）《国家发展改革委 财政部 国家能源局关于2018年光伏发电有关事项说明的通知》（发改能源〔2018〕1459号）	（1）2018年5月31日起，新投运的、采用"自发自用、余电上网"模式的分布式光伏发电项目；（2）2018年5月31日（含）之前已备案、开工建设，且在2018年6月30日之后并网投运的合法合规的采用"自发自用、余量上网"模式的户用自然人分布式光伏发电项目	0.32	0.32	采用"全额上网"模式的分布式光伏发电项目按所在资源区光伏电站价格执行
2019年	《国家发展改革委 关于完善光伏发电上网电价机制有关问题的通知》（发改价格〔2019〕761号）	（1）纳入2019年财政补贴规模，采用"自发自用、余量上网"模式的工商业分布式（即除户用以外的分布式）光伏发电项目；能源主管部门统一实行市场竞争方式配置的工商业分布式项目，市场竞争形成的价格不得超过所在资源区指导价，且补贴标准不得超过每千瓦时0.1元。	0.1	0.18	采用"全额上网"模式的工商业分布式光伏发电项目，按所在资源区集中式光伏电站指导价执行

续表

年份	政策依据	适用范围	定额补贴标准（含税，元/千瓦时）		备注
			非自然人	自然人	
2019年	《国家发展改革委 关于完善光伏发电上网电价机制有关问题的通知》（发改价格〔2019〕761号）	（2）纳入2019年财政补贴规模，采用"自发自用、余量上网"模式和"全额上网"模式的户用分布式光伏			
2020年	《国家发展改革委 关于2020年光伏发电上网电价政策有关事项的通知》（发改价格〔2020〕511号）	（1）纳入2020年财政补贴规模，采用"自发自用、余量上网"模式的工商业分布式光伏发电项目；能源主管部门统一实行市场竞争方式配置的所有工商业分布式光伏发电项目，市场竞争形成的价格不得超过所在资源区指导价，且补贴标准不得超过0.05元/千瓦时。 （2）纳入2020年财政补贴规模的户用分布式光伏	0.05	0.08	采用"全额上网"式的工商业分布式光伏发电项目，按所在资源区集中式光伏电站指导价执行
2021年	《国家发展改革委 关于2021年新能源上网电价政策有关事项的通知》（发改价格〔2021〕833号）； 《国家发展改革委关于落实好2021年新能源上网电价政策有关事项的函》	（1）2021年起，对新备案工商业分布式光伏项目，中央财政不再补贴，实行平价上网； （2）2021年纳入当年中央财政补贴规模的新建户用分布式光伏项目	—	0.03	
2022年	《国家发展改革委关于2022年新建风电、光伏发电项目延续平价上网政策的函》	对新备案集中式光伏电站和工商业分布式光伏项目延续平价上网政策	—		

第四节　可再生能源发电项目全生命周期补助额度

45. 可再生能源项目全生命周期合理利用小时数是什么

答：根据《财政部、国家发改委、国家能源局印发〈关于促进非水可再生能源发电健康发展的若干意见〉有关事项的补充通知》（财建〔2020〕426号），为确保存量项目合理收益，基于核定电价时全生命周期发电小时数等因素，明确了各类项目全生命周期合理利用小时数。

（1）风电一类、二类、三类、四类资源区项目全生命周期合理利用小时数分别为48000小时、44000小时、40000小时和36000小时，海上风电全生命周期合理利用小时数为52000小时。

（2）光伏发电一类、二类、三类资源区项目全生命周期合理利用小时数分别为32000小时、26000小时和22000小时，国家确定的光伏领跑者基地项目和2019、2020年竞价项目全生命周期合理利用小时数在所在资源区小时数基础上增加10%。

（3）生物质发电项目，包括农林生物质发电、垃圾焚烧发电和沼气发电项目，全生命周期合理利用小时数为82500小时。

46. 可再生能源项目全生命周期补贴电量是什么

答：根据《财政部、国家发改委、国家能源局印发〈关于促进非水可再生能源发电健康发展的若干意见〉有关事项的补充通知》（财建〔2020〕426号）明确，项目全生命周期补贴电量=项目容量×项目全生命周期合理利用小时数。其中，项目容量按核准（备案）时确定的容量为准。如项目实际容量小于核准（备案）容量的，以实际容量为准。

47. 单个可再生能源项目的补助额度按照什么核定

答： 根据《财政部 国家发展改革委 国家能源局关于印发〈可再生能源电价附加资金管理办法〉的通知》（财建〔2020〕5号），单个项目的补助额度按照合理利用小时数核定。

48. 纳入补贴清单的可再生能源项目可享受补助资金的年限要求是什么

答： 根据《财政部、国家发改委、国家能源局印发〈关于促进非水可再生能源发电健康发展的若干意见〉有关事项的补充通知》（财建〔2020〕426号），风电、光伏发电项目自并网之日起满20年后，生物质发电项目自并网之日起满15年后（无论是否达到全生命周期补贴电量）均不再享受中央财政补贴资金，核发绿证准许参与绿证交易。

第五节　补助资金的申请与拨付

49. 可再生能源电价附加补助资金的申请由哪些主体提出

答： 根据《财政部、国家发展改革委、国家能源局关于印发〈可再生能源电价附加资金管理办法〉的通知》（财建〔2020〕5号）每年3月30日前，由电网企业或省级相关部门提出补助资金申请。

（1）纳入补助目录的可再生能源发电项目和光伏扶贫项目，由电网企业提出补助资金申请。其中，国家电网有限公司、南方电网有限责任公司向财政部提出申请；地方独立电网企业由所在地省级财政、价格、能源主管部门向财政部提出申请。

（2）纳入补助目录的公共可再生能源独立电力系统，由项目所在地省级财政、价格、能源主管部门向财政部提出申请。

50. 可再生能源电价附加补助资金的拨付方式是什么

答： 根据《财政部、国家发展改革委、国家能源局关于促进非水可再生能源发电健康发展的若干意见》（财建〔2020〕4号）和根据《财政部、国家发展改革委、国家能源局关于印发〈可再生能源电价附加资金管理办法〉的通知》（财建〔2020〕5号），可再生能源电价附加补助资金按年度拨付，由财政部根据年度可再生能源电价附加收入预算和补助资金申请情况，按照以收定支的原则将补助资金拨付到国家电网有限公司、南方电网有限公司和省级财政部门。

51. 可再生能源电价附加补助资金的兑付办法是什么

答： 根据《财政部、国家发展改革委、国家能源局关于促进非水可再生能源发电健康发展的若干意见》（财建〔2020〕4号）和根据《财政部、国家发展改革委、国家能源局关于印发〈可再生能源电价附加资金管理办法〉的通知》（财建〔2020〕5号），财政部根据电网企业和省级相关部门申请及本年度可再生能源电价附加收入情况，按照以收定支的原则向电网企业和省级财政部门拨付补助资金。

电网企业按以下办法兑付补助资金：

（1）当年纳入国家规模管理的新增项目足额兑付补助资金。

（2）纳入补助目录的存量项目，由电网企业依照项目类型、并网时间、技术水平和相关部门确定的原则等条件确定目录中项目的补助资金拨付顺序并向社会公开。

光伏扶贫、自然人分布式、参与绿色电力证书交易、自愿转为平价项目可优先拨付资金；其他存量项目由电网企业按照相同比例统一兑付。

各级财政部门收到补助资金后向本级独立电网企业或公共可再生能源独立电力系统项目单位分解下达预算，并按照国库集中支付制度有关规定及时支付资金。

52. 生物质发电项目补助资金"央地分担"机制是什么

答： 根据《2021年生物质发电项目建设工作方案》（发改能源〔2021〕1190号），央地分担规则为：2020年9月11日前〔《完善生物质发电项目建设运行的实施方案》（发改能源〔2020〕1421号）印发时间〕全部机组并网项目的补贴资金全部由中央承担。2020年9月11日（含）以后全部机组并网项目的补贴资金实行"央地分担"，按东部、中部、西部和东北地区合理确定不同类型项目中央支持比例，地方通过多种渠道统筹解决分担资金。地方组织申报前应承诺落实生物质发电项目地方分担资金。未作出承诺省份的项目不能纳入中央补贴范围。

53. 光伏扶贫项目与一般光伏项目在补贴资金兑付方面有什么区别

答： 根据《财政部、国家发展改革委、国家能源局关于印发〈可再生能源电价附加资金管理办法〉的通知》（财建〔2020〕5号），光伏扶贫项目补助资金由电网企业兑付给县级扶贫结转账户；一般光伏项目补助资金由电网企业按照相关部门确定的优先顺序兑付给发电企业。

第四章　电网企业可再生能源补贴标准化管理

54. 电网企业补贴清单初审流程是什么？

答： 电网企业补贴清单初审流程如下：

（1）电网企业市场部门通知可再生能源发电项目在国家可再生能源信息平台填报申请纳入补贴清单相关信息，并提交相关支持性文件。

（2）电网企业财务部门按旬登录国家可再生能源信息平台，并及时将待电网初审的可再生能源项目信息及相关支持性文件以工作联系单、工作提醒单等形式发至规划部门、市场部门、调度部门，提请按职责分工反馈初审结果。

财务部门负责初审全部可再生能源发电项目的燃煤发电上网基准价、可再生能源上网电价、预计年补贴资金需求等信息，以及可再生能源上网电价批复文件等资料。

规划部门负责初审除分布式光伏项目外可再生能源发电项目的项目类型、项目核准（备案）容量等信息及全部可再生能源发电项目的项目核准（备案）批复文件等资料，并对全部可再生能源发电项目的项目总投资、项目开工建设时间、生物质发电项目审定后的可行性研究报告等进行完整性审查。

市场部门负责初审：①全部可再生能源发电项目的项目代码、项目名称、项目所在地、项目所属电网企业；②分布式光伏项目的项目类型、项目核准（备案）容量等信息；③分布式光伏项目的全容量并网时间、并网装机容量、并网电压等级、自发自用比例等信息及并网支持性文件。

调度部门负责初审集中式的陆上风电、海上风电、光伏电站、光热发电、生物质发电的全容量并网时间、并网装机容量、并网电压等级等信息及并网支持性文件。

（3）规划部门、市场部门、调度部门自收到工作联系单、工作提醒单等起，在10个工作日内以加盖部门公章形式向财务部门反馈初审结果。

（4）财务部门汇总各部门初审通过项目，根据调度部门、市场部门审核认定的全容量并网时间，审核认定项目应执行上网电价，并在国家可再生能源信息平台上提交省级能源主管部门审核，并主动对有关部门进行提醒。同时，将审核认定情况按补贴清单初审批次，向国家能源局派出监管机构和省级价格主管部门报告。

对于初审不通过的项目，财务部门在3个工作日内通过信息平台退回至发电企业并通知市场部门，市场部门在3个工作日内通知发电企业。

（5）财务部门主动跟进国家可再生能源信息平台审核进程，待省级能源主管部门提交国家可再生能源信息管理中心复核后，主动对国家可再生能源信息管理中心进行工作提醒。

（6）收到国家可再生能源信息管理中心复核结果的3个工作日内，财务部门在官方网站进行公示，公示期为7天。公示期满后，对无异议的项目，财务部门在官方网站正式公布补贴清单。

55. 可再生能源发电项目补贴台账管理的流程是什么？

答：可再生能源发电项目补贴台账管理流程如下：

1.台账的建立

电网企业应建立可再生能源发电项目补贴台账。台账包含项目代码、项目名称、项目类别、项目业主名称、所属集团、企业类别、项目所在地、项目联系人、项目联系电话、纳入补贴目录或清单批次、纳入补贴清单的时间、纳入补贴清单容量、纳入建设规模/规划信息、项目核准（备案）信息、项目开工时间、项目首次并网时间、项目全容量并网时间、项目实际并网规模、上网电价、全生命周期合理利用小时数、全生命周期补贴电量等基本信息，以及上网电量（发电量）、外购电量、绿证认购电量、绿电交易电量、优先计划和市场化交易电量、农林生物质发电和垃圾焚烧发电项目环境违法情况、应补助电量、补助标准、适用税率、应付补助资金、实付补助资金、补助资金缺口等月度信息。

2.台账信息的维护更新

电网企业应逐个项目按月更新可再生能源发电项目补贴台账月度信息，及时核查项目累计补贴电量、补贴年限，项目累计补贴金额不得超过可再生能源项目补贴全生命周期要求。

台账信息因前期录入错误需变更的，由相关业务部门提供证明材料，财务部门据此变更台账信息。台账信息因项目名称、业主信息等内容变动需变更的，在项目业主单位按要求完成相应的变更程序后，财务部门据此变更台账信息。

3.项目应发补贴金额的计算

项目月度应发补贴金额=项目月度补贴电量×月度补助标准。

（1）月度补贴电量。风电、集中式光伏、生物质发电项目等集中式项目以月度上网电量为基础，按照政策规定剔除外购电量、绿证认购电量、绿电交易电量、环境违法核减电量等后，计算月度应补贴电量。

分布式光伏项目以月度发电量为基础，按照政策规定剔除绿证认购电量、绿电交易电量等后，计算月度应补贴电量。

可再生能源项目累计应补贴电量不得超过项目全生命周期补贴电量或

项目最长补贴年限补贴电量。

（2）月度补助标准。电网企业收购补助清单内项目的可再生能源补贴电量，按照上网电价（含通过招标等竞争方式确定的上网电价）给予补助的（如风电、集中式光伏、生物质发电项目等集中式项目），补助标准=（电网企业收购价格−燃煤发电上网基准价）/（1+适用增值税率）。

电网企业收购补助清单内项目的可再生能源补贴电量，按照定额补助的（分布式光伏项目），补助标准=定额补助标准/（1+适用增值税率）。

在计算补助标准时，需注意燃煤发电上网基准价、增值税税率变化情况。

4.项目补助资金缺口的计算

可再生能源发电项目的补助资金缺口=应发补助资金金额（不含税）−实发补助资金金额（不含税）

56. 可再生能源补贴资金转付管理的流程是什么

答：可再生能源补贴资金转付管理流程如下：

1.可再生能源补助资金需求的提出

电网企业依据可再生能源发电项目补贴台账，按项目明细提出年度可再生能源补助资金需求。

2.转付顺序及比例的确定

除自然人分布式光伏和第一至第三批光伏扶贫补助目录内项目的补助资金按月随电费拨付（或垫付）外，每月按燃煤机组标杆上网电价支付其他可再生能源项目电费，待收到财政下拨的补助资金后按分配原则转付。

电网企业收到财政下拨补助资金后，按照财政部规定的转付原则，以可再生能源发电项目补贴台账为基础开展测算，确定补助资金转付顺序及转付比例。

根据财政部年度可再生能源电价附加补助资金转付原则，电网企业转付时，应按原则执行。

3.转付信息的公开

电网企业确定补助资金转付顺序、转付比例、各项目转付明细后，应及时通过官方网站、公众号、App等渠道向社会公开，确保可再生能源补助资金拨付过程公开透明，主动接受社会监督。

4.转付过程中应注意的事项

电网企业收到补助资金后，一般应当在10个工作日内，按照目录优先顺序及结算要求及时转付给可再生能源发电企业。

对于发电小时数已达合理利用小时数的项目，补助资金转付至合理利用小时数后停止转付。转付补助资金数已超过合理利用小时数的项目，应在后续电费结算中予以抵扣，抵扣资金用于其他符合条件项目的补助资金。

对于审计及各类核查中发现的涉嫌骗补及违规的可再生能源发电项目，电网企业应暂停项目补助资金转付，待有关部门核实定性后按有关规定严肃处理。

电网企业应按年对补助资金申请使用等情况进行全面核查。

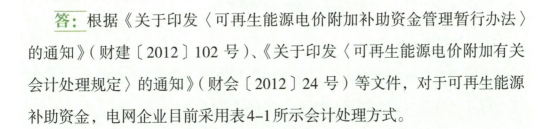

57. 可再生能源补助资金的会计处理方式是什么

答： 根据《关于印发〈可再生能源电价附加补助资金管理暂行办法〉的通知》（财建〔2012〕102号）、《关于印发〈可再生能源电价附加有关会计处理规定〉的通知》（财会〔2012〕24号）等文件，对于可再生能源补助资金，电网企业目前采用表4-1所示会计处理方式。

▼ 表4-1　可再生能源补助资金会计处理方式

类型		核算科目	收购电量时	收到财政补贴资金时	向发电企业转付财政补贴资金时
常规可再生能源发电项目（集中式可再生能源发电项目）		收入成本科目	借：生产成本（按照当地煤电标杆上网电价基准价） 应交税费——应交增值税（进项税）（按取得的增值税专用发票上注明的增值税额） 贷：应付账款	借：银行存款 贷：主营业务收入 借：生产成本 应交税费——应交增值税（进项税额）（按取得的增值税专用发票上注明的增值税额） 贷：应付账款	借：应付账款 贷：银行存款
分布式光伏发电项目	光伏扶贫项目和自然人分布式光伏发电项目	往来科目	借：生产成本（按照当地煤电标杆上网电价基准价） 应交税费——应交增值税（进项税）（按取得的增值税专用发票上注明的增值税额） 贷：应付账款 借：应收账款（按照不含税度电补贴标准及发电量） 贷：其他应付款	借：银行存款 贷：应收账款（已垫付金额） 其他应付款科目（预拨资金）	借：其他应付款 贷：银行存款
	其他分布式光伏项目		借：生产成本（按照当地煤电标杆上网电价基准价） 应交税费——应交增值税（进项税）（按取得的增值税专用发票上注明的增值税额） 贷：应付账款	借：银行存款 贷：其他应付款科目	借：其他应付款 贷：银行存款

58. 可再生能源发电项目环保信息如何管理？

答： 电网企业应按季度向其经营范围内相关生态环境部门申请垃圾焚烧发电项目行政处罚情况，依据当地生态环境部门的处罚决定，核减或暂停拨付补助资金，并与垃圾焚烧发电项目进行结算。

电网企业应按年度向其经营范围内相关生态环境部门申请获取农林生物质发电项目涉及的环境违法行为监测报告或数据，按照财建〔2020〕591号文相关规定核减或暂停拨付补助资金，并与农林生物质发电项目进行结算。

第五章　可再生能源补贴管理常见问题

第一节　项目合规性

59. 可再生能源项目取得核准（备案）后，建设开工时间是否有时限要求

答： 有时限要求。核准（备案）文件有建设开工时限要求的，按文件要求执行。文件中未明确开工时限，根据企业投资项目核准和备案管理条例（2017年2月1日起施行）第十二条：项目自核准机关作出予以核准决定或者同意变更决定之日起2年内未开工建设，需要延期开工建设的，企业应当在2年期限届满的30个工作日前，向核准机关申请延期开工建设。核准机关应当自受理申请之日起20个工作日内，作出是否同意延期开工建设的决定。开工建设只能延期一次，期限最长不得超过1年。国家对项目延期开工建设另有规定的，依照其规定。

（政策依据：《企业投资项目核准和备案管理条例》）

60. 如何判定风电项目的开工时间

答： 根据《风电开发建设管理暂行办法》第十九条：风电场工程项目须经过核准后方可开工建设。项目核准后2年内不开工建设的，项目原核准机构可按照规定收回项目。风电场工程开工以第一台风电机组基础施工为标志。

61. 对于风电项目，如何判断其核准规模是否超出规划规模

答： 对《国家能源局关于可再生能源发展"十三五"规划实施的指导

意见》（国能发新能〔2017〕31号）有关内容说明如下：

（1）2019、2020年各省级区域新增需国家补贴的风电项目建设规模受本省级区域2020年规划并网目标约束。

（2）2017、2018年风电新增建设规模为初步规模，预警结果为绿色的地区可在实际建设中自行调整，不作为申请补贴规模的限额。

［政策依据：《国家发展改革委办公厅 财政部办公厅 国家能源局综合司关于明确可再生能源发电补贴核查认定有关政策解释的通知》（发改办运行〔2022〕853号）］

62. 光伏发电项目备案文件中，装机规模出现"MW"或"MWp"时，备案容量应如何认定

答： 依照《光伏发电系统能效规范》（NB/T 10394—2020），备案容量指交流侧容量。若备案机关无特殊说明（如备案容量的单位使用特别标识光伏组件的单位"MWp"），备案容量按交流侧容量认定，需核查逆变器容量，无需核查项目容配比；若备案文件中装机规模的单位是"MWp"，备案容量按直流侧容量认定，应核查组件安装容量。

［政策依据：《国家发展改革委办公厅 财政部办公厅 国家能源局综合司关于明确可再生能源发电补贴核查认定有关政策解释的通知》（发改办运行〔2022〕853号）］

63. 可再生能源项目纳入补贴清单的项目容量如何确定

答：（1）风电项目：纳入补贴范围的"项目容量"以核准时确定的容量为准，受风机选型因素影响，允许核准文件明确的项目规模与各省（自治区、直辖市）年度开发建设方案或实施方案明确的项目规模存在一

定偏差，偏差不超过单台额定功率最小机组的容量。项目实际并网容量小于核准容量的，纳入补贴的项目容量以实际并网容量为准；项目实际并网容量超过核准容量的部分，需按比例核减补贴资金。

（2）光伏项目：纳入补贴范围的"项目容量"按照纳入国家补贴范围的规模、备案容量和实际并网容量三者最小值确定实际并网容量，超过纳入国家补贴范围规模与备案容量中较低者的部分，需按比例核减补贴资金。其中，实际并网容量不得高于备案容量的103%；若实际并网容量低于备案容量，项目须履行备案容量变更或分批次并网变更程序，否则按照国务院令第673号有关规定对企业进行处理。

〔政策依据：《国家发展改革委办公厅 财政部办公厅 国家能源局综合司关于明确可再生能源发电补贴核查认定有关政策解释的通知》（发改办运行〔2022〕853号）

第二节　项目并网规模

64. 光伏发电项目的发电小时数超出当地平均利用小时数是否认定超容量建设

答：不能认定超容量建设。若备案机关没有特别说明（如备案容量的单位使用特别标识组件的单位"MWp"），备案容量应认为是交流侧容量。若逆变器容量不超过备案容量，则不能认定为超装。理由：在光伏行业发展初期，组件价格较高，占投资比例较大，因此大多项目按照容配比1∶1进行设计，优先保证组件发出的每一度电都能够通过逆变器送出。随着组件价格大幅下降，提高光伏发电系统容配比从本质上来说是提高了逆变器、升压站等设备的利用率，能够摊薄公用设施的投资成本，有利于降低度电成本，提升系统的整体经济效益，这也是国内外的通行方法。因此，直流侧安装的光伏组件容量超过项目额定容量（交流侧容量）合乎规定，还可提升系统的整体经济性，且不会增加中央财政补贴总量，也有利于激励企业对老旧电站进行技术改造、有利于平滑光伏发电功率曲线、有利于拉动投资等，一举多得。若项目利用小时数明显超过同地区同类项目，说明提高容配比对增加项目利用小时数效果显著。2020年10月正式发布的《光伏发电系统效能规范》（NB/T 10394—2020）给出了不同辐照量典型地区的典型项目在不同运行方式下的容配比参考值，国家能源局新能源司鼓励存量项目按此规范进行技术改造，提高项目发电利用小时数。

65. 未全容量并网的项目，已并网的部分容量可否申请补贴

答： 不可申请补贴。根据《财政部办公厅关于开展可再生能源发电补贴项目清单审核有关工作的通知》（财办建〔2020〕6号），纳入首批补贴清单的可再生能源发电项目需满足以下条件：

符合我国可再生能源发展相关规划的陆上风电、海上风电、集中式光伏电站、非自然人分布式光伏发电、光热发电、生物质发电等项目。所有项目应于2006年及以后年度按规定完成核准（备案）手续。其中，风电项目需于2019年12月底前全部机组完成并网，光伏发电项目需于2017年7月底前全部机组完成并网（光伏"领跑者"基地项目和2019年光伏竞价项目并网时间可延长至2019年12月底），生物质发电项目需于2018年1月底前全部机组完成并网。

根据《财政部办公厅关于加快推进可再生能源发电补贴项目清单审核有关工作的通知》（财办建〔2020〕70号），纳入补贴清单的可再生能源发电项目需满足以下条件：

（1）符合我国可再生能源发展相关规划的陆上风电、海上风电、集中

式光伏电站、非自然人分布式光伏发电、光热发电、地热发电、生物质发电等项目。所有项目应于2006年及以后年度按规定完成核准（备案）手续，并已全部容量完成并网。

（2）符合国家能源主管部门要求，按照规模管理的需纳入年度建设规模管理范围内，生物质发电项目需纳入国家或省级规划，农林生物质发电项目应符合《农林生物质发电项目防治掺煤监督管理指导意见》（国能综新能〔2016〕623号）要求。其中，2019年光伏新增项目，2020年光伏、风电和生物质发电新增项目需满足国家能源主管部门出台的新增项目管理办法。

（3）符合国家可再生能源价格政策，上网电价已获得价格主管部门批复。财政部办公厅印发《关于加快推进可再生能源发电补贴项目清单审核有关工作的通知》（财办建〔2020〕70号），明确"按照国家价格政策要求，项目执行全容量并网时间的上网电价。对于履行程序分批次并网的项目，除国家另有明确规定以外，应按每批次全容量并网的实际时间分别确定上网电价"，项目履行分批并网手续后，也需各批次全容量并网后方可申请补贴。

综上，申请补贴需满足全部容量并网条件。

［政策依据：①《财政部办公厅关于开展可再生能源发电补贴项目清单审核有关工作的通知》（财办建〔2020〕6号）；②《财政部办公厅关于加快推进可再生能源发电补贴项目清单审核有关工作的通知》（财办建〔2020〕70号）］

第三节　项目电量

66. 垃圾焚烧发电项目的垃圾处理量怎么折算上网电量

答：根据国家发展改革委印发《关于完善垃圾焚烧发电价格政策的通知》（发改价格〔2012〕801号），进一步规范垃圾焚烧发电价格政策，以生活垃圾为原料的垃圾焚烧发电项目，均先按其入厂垃圾处理量折算成上网电量进行结算，每吨生活垃圾折算上网电量暂定为280千瓦时，并执行全国统一垃圾发电标杆电价每千瓦时0.65元（含税）；其余上网电量执行当地同类燃煤发电机组上网电价。

［政策依据：《国家发展改革委关于完善垃圾焚烧发电价格政策的通知》（发改价格〔2012〕801号）］

67. 垃圾焚烧发电项目按什么电量享受垃圾焚烧发电电价

答：根据国家发展改革委印发《关于完善垃圾焚烧发电价格政策的通知》（发改价格〔2012〕801号），当以垃圾处理量折算的上网电量低于实际上网电量的50%时，视为常规发电项目，不得享受垃圾发电价格补贴；当折算上网电量高于实际上网电量的50%且低于实际上网电量时，以折算的上网电量作为垃圾发电上网电量；当折算上网电量高于实际上网电量时，以实际上网电量作为垃圾发电上网电量。

［政策依据：《国家发展改革委关于完善垃圾焚烧发电价格政策的通知》（发改价格〔2012〕801号）］

68. 纳入补贴清单的可再生能源发电项目超出全生命周期补贴电量的部分可否享受补助资金

答：根据《可再生能源电价附加补助资金管理办法》（财建〔2020〕5号）规定，纳入可再生能源发电补贴清单范围的项目，全生命周期补贴电量内所发电量，按照上网电价给予补贴。

在未超过项目全生命周期合理利用小时数时，按可再生能源发电项目当年实际发电量给予补贴。

纳入可再生能源发电补贴清单范围的项目，所发电量超过全生命周期补贴电量部分，不再享受中央财政补贴资金，核发绿证准许参与绿证交易。

纳入可再生能源发电补贴清单范围的项目，风电、光伏发电项目自并网之日起满20年后，生物质发电项目自并网之日起满15年后，无论项目是否达到全生命周期补贴电量，不再享受中央财政补贴资金，核发绿证准许参与绿证交易。

〔政策依据：《可再生能源电价附加补助资金管理办法》（财建〔2020〕5号）〕

69. 可再生能源发电项目的厂用电外购电电量可否享受补助资金

答： 根据财政部《关于下达2021年可再生能源电价附加补助资金预算的通知》（财资〔2021〕94号）、《关于下达2022年可再生能源电价附加补助资金预算的通知》（财资〔2022〕100号），电网企业应加强补贴资金管理，可再生能源发电项目上网电量扣除厂用电外购电部分后按规定享受补贴。

〔政策依据：①财政部关于下达2021年可再生能源电价附加补助资金预算的通知（财资〔2021〕94号）；②财政部关于下达2022年可再生能源电价附加补助资金预算的通知（财资〔2022〕100号）〕

第四节　项目电价

70. 地方价格主管部门在光伏、风电等项目并网之前发文明确的项目上网电价，是否具有适用性

答： 国家光伏发电、风电标杆上网电价政策明确规定了新建光伏发电、风电项目的并网时间要求，即相关项目需在规定时间之前并网，才

能执行相应年份的标杆上网电价。对于执行国家规定标杆上网电价的光伏发电、风电项目，地方均需根据项目实际并网时间来判断其执行的上网电价标准。因此，从工作流程看，国家明确光伏发电、风电上网电价政策后，地方如发文明确具体新建项目上网电价，应在项目并网后，再行发文明确。

71. 历年来可再生能源价格政策中的"投产""投运""建成并网"等表述是否指全容量并网

答： 历年来的新能源上网电价政策相关要求是连续、明确的，均强调新建项目必须建成投运才能对应执行相应年份的上网电价，"投产""投运""并网""建成并网"等表述的政策内涵是一致的，指的就是全容量并网。

对于已履行核准（备案）变更程序分批次并网的项目，按每批次全容量并网的实际时间分别确定上网电价。

72. 竞争性配置光伏项目的上网电价应如何确定

答： 根据国家发展改革委办公厅、财政部办公厅、国家能源局综合司《关于明确可再生能源发电补贴核查认定有关政策解释的通知》（发改办运行〔2022〕853号）规定，对于各省组织开展的竞争性配置光伏项目（光伏"领跑者"项目除外），如在竞争性配置政策中有具体并网时间要求和对应电价确定要求的，按要求执行；如无具体并网时间要求，或者有并网时间要求但未明确逾期并网电价如何调整的，上网电价执行项目竞争性配置确定的价格与项目全容量并网时对应的电价政策明确的价格中较低者。

［政策依据：国家发展改革委办公厅、财政部办公厅、国家能源局综

合司关于明确可再生能源发电补贴核查认定有关政策解释的通知（发改办
运行〔2022〕853号）〕

73. 风电项目建设时间跨度较大时，上网电价如何确定

答：若风电项目在核准有效期〔依据《企业投资项目核准和备案管理
条例》（国务院令第673号）第十二条：项目自核准机关作出予以核准决
定或者同意变更决定之日起2年内未开工建设，如需可申请1次延期开工
建设，期限最长不得超过1年〕内开工建设，且在相关政策文件规定的并
网时间之前完成全容量并网，则该项目上网电价按项目核准时所在资源区
的风电上网电价政策确定。

〔政策依据：国家发展改革委办公厅 财政部办公厅 国家能源局综合司
关于明确可再生能源发电补贴核查认定有关政策解释的通知（发改办运行
〔2022〕853号）〕

74. 垃圾焚烧发电项目的费用两级分摊机制是什么

答：垃圾焚烧发电上网电价高出当地脱硫燃煤机组标杆上网电价的
部分实行两级分摊机制。其中，当地省级电网负担每千瓦时0.1元，电
网企业由此增加的购电成本通过销售电价予以疏导；其余部分纳入全
国征收的可再生能源电价附加解决。

根据国家发展改革委、财政部、国家能源局关于印发《2021年生物质
发电项目建设工作方案》的通知（发改能源〔2021〕1190号）的"央地分
担"规则。

2020年9月11日前，根据《完善生物质发电项目建设运行的实施方

案》（发改能源〔2020〕1421号），全部机组并网项目的补贴资金全部由中央承担。2020年9月11日（含）以后全部机组并网项目的补贴资金实行"央地分担"规则，按东部、中部、西部和东北地区合理确定不同类型项目中央支持比例，地方通过多种渠道统筹解决分担资金。地方组织申报前应承诺落实生物质发电项目地方分担资金。未作出承诺省份的项目不能纳入中央补贴范围。

西部和东北地区（内蒙古自治区、辽宁省、吉林省、黑龙江省、广西壮族自治区、海南省、重庆市、四川省、贵州省、云南省、西藏自治区、陕西省、甘肃省、青海省、宁夏回族自治区、新疆维吾尔自治区及新疆生产建设兵团）农林生物质发电和沼气发电项目中央支持比例为80%；垃圾焚烧发电项目中央支持比例为60%。

中部地区（河北省、山西省、安徽省、江西省、河南省、湖北省、湖南省）农林生物质发电和沼气发电项目中央支持比例为60%；垃圾焚烧发电项目中央支持比例为40%。

东部地区（北京市、天津市、上海市、江苏省、浙江省、福建省、山东省、广东省）农林生物质发电和沼气发电项目中央支持比例为40%；垃圾焚烧发电项目中央支持比例为20%。

〔政策依据：①国家发展改革委关于完善垃圾焚烧发电价格政策的通知（发改价格〔2012〕801号）；②关于印发《2021年生物质发电项目建设工作方案》的通知（发改能源〔2021〕1190号）〕

第五节　项目环保情况

75. 纳入补贴清单前，农林生物质发电项目应满足哪些环保条件？

答： 根据《财政部生态环境部关于核减环境违法等农林生物质发电项

目可再生能源电价附加补助资金的通知》（财建〔2020〕591号）文，农林生物质发电项目应依法依规申领排污许可证，完成脱硫、脱硝、除尘环保设施建设并验收合格报当地生态环境部门备案后，方可纳入补贴清单范围。

〔政策依据：财政部 生态环境部关于核减环境违法等农林生物质发电项目可再生能源电价附加补助资金的通知（财建〔2020〕591号）〕

76. 农林生物质项目的"双联网"是什么

答：根据《财政部生态环境部关于核减环境违法等农林生物质发电项目可再生能源电价附加补助资金的通知》（财建〔2020〕591号）文，"双联网"指的是农林生物质发电项目需要同时与省级生态环境部门和省级电网企业（含地方独立电网企业）联网，并实时传输监测数据。

〔政策依据：财政部生态环境部关于核减环境违法等农林生物质发电项目可再生能源电价附加补助资金的通知（财建〔2020〕591号）〕

77. 未完成"双联网"的农林生物质项目，可否享受可再生能源补助资金

答：不可以。农林生物质发电项目完成烟气排放连续监测系统安装、保证正常运行，并与省级生态环境部门和省级电网企业（含地方独立电网企业）联网，实时传输数据后，由省级生态环境部门通知电网企业，电网企业方可拨付补贴资金，未实时传输监测数据期间的补贴资金在结算时予以核减。在《财政部生态环境部关于核减环境违法等农林生物质发电项目可再生能源电价附加补助资金的通知》（财建〔2020〕591号）文件印发前已纳入补贴清单、但未完成环保设施建设验收的农林生物质发电项目，电网企业应先暂停拨付补贴资金，待发电企业完成环保设施建设验收且实时

传输监测数据后再拨付补贴资金。暂停期间的补贴资金不再拨付。

〔政策依据：财政部 生态环境部关于核减环境违法等农林生物质发电项目可再生能源电价附加补助资金的通知（财建〔2020〕591号）〕

78. 未完成"装、树、联"的垃圾焚烧发电项目，可否享受可再生能源补助资金

答： 不可以。根据《财政部生态环境部关于核减环境违法垃圾焚烧发电项目可再生能源电价附加补助资金的通知》（财建〔2020〕199号），垃圾焚烧发电项目应依法依规完成"装、树、联"后，方可纳入补贴清单范围。待垃圾焚烧发电项目向社会公开自动监测数据后，电网企业可拨付补贴资金，并在结算时将未向社会公开自动监测数据期间的补贴资金予以核减。

2020年6月30日前已纳入补贴清单、但未完成"装、树、联"的垃圾焚烧发电项目，电网企业应先暂停拨付补贴资金，待发电企业完成"装、树、联"且向社会公开自动监测数据后再拨付补贴资金。

〔政策依据：财政部 生态环境部关于核减环境违法垃圾焚烧发电项目可再生能源电价附加补助资金的通知（财建〔2020〕199号）〕

79. 存在环境违法行为的垃圾焚烧发电项目，是否需要核减或暂停拨付补贴资金

答： 根据《财政部生态环境部关于核减环境违法垃圾焚烧发电项目可再生能源电价附加补助资金的通知》（财建〔2020〕199号），纳入补贴范围的垃圾焚烧发电项目，出现《生活垃圾焚烧发电厂自助监测数据应用管理规定》（生态环境部令第10号）第十条、第十一条违法情形被处罚的，

电网企业应核减其相应焚烧炉违法当日上网电量的补贴金额。一个自然月内出现3次及以上上述违法情形的，电网企业应取消当月补贴资金，并暂停拨付补贴资金。自最近一次出现上述违法情形的次日起，待垃圾焚烧发电项目连续30日监测数据达标的，可以恢复发放补贴资金。电网企业与垃圾焚烧发电项目结算时，应核减暂停拨付期间的补贴资金。

对于垃圾焚烧发电项目篡改、伪造自动监测数据的，自公安、生态环境部门做出行政处罚决定或人民法院判决生效之日起，电网企业应将其移出可再生能源发电补贴清单。垃圾焚烧发电项目因前述规定被移出可再生能源发电补贴清单的，自移出之日起3年内不得再纳入补贴清单，移出补贴清单期间所发电量不予补贴。

管理方面，电网企业应将列入补贴清单的垃圾焚烧发电项目情况报送至当地生态环境部门，并按季度向其经营范围内相关生态环境部门申请垃圾焚烧发电项目行政处罚情况。当地生态环境部门在对垃圾焚烧发电项目环境违法行为进行处罚时，将相关结果抄送项目接入的电网企业。电网企业依据当地生态环境部门的处罚决定，核减或暂停拨付补贴资金，并与垃圾焚烧发电项目进行结算。生态环境部按季度将各地垃圾焚烧发电项目环境违法行为处罚情况函告财政部。财政部将据此与各电网企业进行结算。

[政策依据：财政部 生态环境部关于核减环境违法垃圾焚烧发电项目可再生能源电价附加补助资金的通知（财建〔2020〕199号）]

第六章　绿电与绿证交易

80. 绿证是什么？绿证有什么作用

答：绿证是指可再生能源绿色电力证书，是可再生能源绿色电力的"电子身份证"，是对可再能源发电项目所发绿色电力颁发的具有独特标识代码的电子证书。国家对符合条件的可再生能源电量核发绿证，1个绿证单位对应1000千瓦时可再生能源电量。根据《国家发展改革委 财政部 国家能源局关于做好可再生能源绿色电力证书全覆盖工作促进可再生能源电力消费的通知》（发改能源〔2023〕1044号）阐述，绿证具备权威性、唯一性和通用性的特点，是我国可再生能源电量环境属性的唯一证明，是认定可再生能源电力生产、消费的唯一凭证。绿证作为可再生能源电力消费凭证，可用于可再生能源电力消费量核算、可再生能源电力消费认证等。其中，可交易绿证还可通过参与绿证绿电交易等方式在发电企业和用户间有偿转让。

81. 哪些项目有资质申请绿证

答：根据《国家发展改革委 财政部 国家能源局关于做好可再生能源绿色电力证书全覆盖工作促进可再生能源电力消费的通知》（发改能源〔2023〕1044号）规定，国家对全国风电（含分散式风电和海上风电）、太阳能发电（含分布式光伏发电和光热发电）、常规水电、生物质发电、地热能发电、海洋能发电等已建档立卡的可再生能源发电项目所生产的全

部电量核发绿证，实现绿证核发全覆盖。其中，除了存量常规水电项目暂不核发可交易绿证、相应的绿证随电量直接无偿划转外，国家对其他可再生能源发电项目（含2023年1月1日及以后新投产的完全市场化常规水电项目）的上网电量核发可交易绿证。

82. 如何申请和核发绿证

答：根据《国家发展改革委 财政部 国家能源局关于做好可再生能源绿色电力证书全覆盖工作促进可再生能源电力消费的通知》（发改能源〔2023〕1044号）和《国家能源局关于可再生能源绿色电力证书核发有关事项的通知》（国能发新能源〔2023〕64号）的相关规定，国家能源局新能源和可再生能源司负责绿证相关管理工作；国家能源局电力业务资质管理中心组织国家可再生能源信息管理中心核发绿证，国家能源局电力业务资质管理中心负责绿证核发，国家可再生能源信息管理中心配合并提供技术支撑；绿证核发原则上以电网企业、电力交易机构提供的数据为基础，与发电企业或项目业主提供数据相核对。以南方区域为例，电力交易机构将绿色电力交易序列、交易结果、结算依据以及实际结算等情况，以绿色电力发电企业为单位、按发电项目汇总后，提交到广州电力交易中心进行登记，国家绿证管理机构根据广州电力交易中心提供的数据信息，通过广州电力交易中心将绿证批量核发至有关发电企业。

83. 谁有需求购买绿证

答：对比配额，绿证目前无强制市场参与者购买，主要都是市场主体自愿认购。主要参与者包括以下几种：

（1）企业为践行消费绿色能源的社会责任、满足产业链绿色电力消费要求主动购买。由于企业作出了使用绿色能源比例的承诺，因此需要通过购买绿证，来证明其消费了绿色电力。

（2）燃煤发电企业、电网企业。这两种企业为了完成国家对其"非水可再生能源"发电/供电量占总发电/供电量比重指标要求，通过购买绿证来满足相关指标要求。

（3）个人可以自愿参与购买绿证。相对企业而言，个人购买绿证作用较小，主要用作投资或抵消个人碳减排和家庭绿电。《国家发展改革委 财政部 国家能源局关于做好可再生能源绿色电力证书全覆盖工作促进可再生能源电力消费的通知》（发改能源〔2023〕1044号）提出了多项措施鼓励绿色电力消费，推动在全社会营造可再生能源电力消费氛围，未来绿证的消费需求和应用场景将越来越多。

84. 绿证如何交易和结算

答：根据《国家发展改革委 财政部 国家能源局关于做好可再生能源绿色电力证书全覆盖工作促进可再生能源电力消费的通知》（发改能源〔2023〕1044号）的相关规定：

（1）交易场所。绿证依托中国绿色电力证书交易平台，以及北京电力交易中心、广州电力交易中心开展交易，适时拓展至国家认可的其他交易平台，绿证交易信息实时同步至核发机构。

（2）交易次数。现阶段可交易绿证仅可交易一次。

（3）交易方式。绿证交易采取双边协商、挂牌、集中竞价等方式进行。对享受中央财政补贴的项目绿证，初期采用双边和挂牌方式为主；平价（低价）项目、自愿放弃中央财政补贴和中央财政补贴已到期项目，绿

证交易方式不限，目前主要采用双边和挂牌方式，集中竞价交易按需适时组织开展。

（4）资金结算。以《南方区域绿色电力证书交易实施细则（2023年版）》为例，购证主体和售证主体按照交易结果履行资金结算工作，代理主体与被代理主体由双方自行开展资金结算工作。资金结算支持存管结算、协商结算等多种灵活方式。

85. 绿证的价格机制是什么

答：绿证价格体现绿色电力的环境价值，通过市场化方式形成。不同交易方式的价格形成机制为：

（1）双边协商交易。由市场主体双方自主协商绿证交易数量和价格，通过交易平台进行申报确认成交，形成交易结果。

（2）挂牌交易。市场主体通过交易平台申报绿证交易的数量、价格等挂牌信息，另一方市场主体摘牌确认，形成交易结果。

（3）集中竞价交易。按照相关规则明确交易数量和价格。

86. 补贴绿证和无补贴绿证有什么区别

答：补贴绿证是指享受国家可再生能源补贴的绿电项目上网电量对应的绿证，平价绿证是指平价项目、自愿放弃中央财政补贴和中央财政补贴已到期项目上网电量对应的绿证。两者的主要区别在于：

（1）市场认可度。受原《国家发展改革委 财政部 国家能源局关于试行可再生能源绿色电力证书核发及自愿认购交易制度的通知》（发改能源〔2017〕132号）中"风电、光伏发电企业出售可再生能源绿色电力证书后，相应的电量不再享受国家可再生能源电价附加资金的补贴"规定影响，以前补贴绿证的价格锚定是补贴收益，而非体现绿色电力的环境价值，使得补贴绿证的市场认可度低于平价绿证。然而，随着《国家发展改革委 财政部 国家能源局关于享受中央政府补贴的绿色项目参与绿电交易有关事项的通知》（发改体改〔2023〕75号）的发布，享受国家补贴的绿色电力参加绿电交易产生的溢价收益及对应的绿证交易收益将等额冲抵补贴或归国家所有，废除了补贴项目绿证收益与电量补贴"二选一"的政策，促进了补贴绿证的定价基础与平价绿证并轨，有助于提高补贴绿证的认可度。

（2）参与交易方式。根据《国家发展改革委 财政部 国家能源局关于享受中央政府补贴的绿色项目参与绿电交易有关事项的通知》（发改体改〔2023〕75号）的相关规定，由电网企业依照有关政策法规要求保障性收购并享受国家可再生能源补贴的绿色电力，可由承担可再生能源发展结算服务的机构将对应的绿证统一参加绿证交易；不再由电网企业保障性收购的带补贴绿色电力，可自行参与或委托可再生能源发展结算服务机构代其参与绿证交易；不享受国家可再生能源补贴的绿色电力，可自行参与绿证交易。

（3）资金流向。结合《国家发展改革委 财政部 国家能源局关于享受中央政府补贴的绿色项目参与绿电交易有关事项的通知》（发改体改〔2023〕75号）和《国家发展改革委 财政部 国家能源局关于做好可再生能源绿色电力证书全覆盖工作促进可再生能源电力消费的通知》（发改能源〔2023〕1044号）的相关规定，享受国家可再生能源补贴的绿色电力参与绿证交易的收益，由北京、广州结算公司单独记账、专户管理，本年度归集后按程序报财政部门批准后，专项用于解决可再生能源补贴缺口；平价绿证收益归发电企业或项目业主所有。

87. 国际绿证包括哪几种？国内绿证与国际绿证是否可以同时申请

答： 在中国市场，可以选择的绿证主要有三种：国内绿证GEC，国际绿证APX TIGR和I–REC。GEC绿证是国家能源局主导的中国绿证，可用于国内RPS（可再生能源配额制）履约。APX TIGR总部在美国，主打的是无补贴的平价绿证，分布式光伏发电也可以申请此证。I–REC总部在荷兰，绿证申请项目种类主要是风电、光伏和水电。根据《国家发展改革委 财政部 国家能源局关于做好可再生能源绿色电力证书全覆盖工作促进可再生能源电力消费的通知》（发改能源〔2023〕1044号）的规定，我国可再生能源电量原则上只能申领核发国内绿证，在不影响国家自主贡献目标实现的前提下，积极推动国际组织的绿色消费、碳减排体系与国内绿证衔接。

88. 绿色电力是什么？绿色电力交易是什么

答： 根据《南方区域绿色电力交易规则》（试行）（广州交易〔2022〕15号附件），绿色电力是指符合国家有关政策要求的风电、光伏等可再生能源发电企业上网电量。现阶段，主要指风电和光伏发电企业上网电量，根据市场建设发展需要，绿色电力范围可逐步扩大到水电发电企业上网电量。

绿色电力交易是指电力用户或售电公司与绿色电力发电企业依据规则同步开展电力中长期交易和绿证认购交易的过程。在绿色电力供应范围内，电力用户与绿色电力发电企业建立认购关系，选择通过电网企业供电或代理购电的方式获得绿色电力，属于绿色电力交易范畴。

89. 绿色电力交易的作用是什么

答： 通过开展绿色电力交易，将有意愿承担更多社会责任的一部分用户区分出来，与风电、光伏发电项目直接交易，以市场化方式引导绿色电力消费，体现出绿色电力的环境价值，产生的绿电收益将用于支持绿色电力发展和消纳，更好地促进新型电力系统建设。

我国开展绿色电力交易意义重大，不仅对落实"双碳"目标、构建新型电力系统具有重要支撑作用，而且会为全球可再生能源发展提供中国方案。随着新能源成为电力系统的主体，绿色电力交易也将在电力市场体系中发挥越来越重要的作用。

90. 绿色电力交易的流程是什么

答：根据《北京电力交易中心绿色电力交易实施细则》和《南方区域绿色电力交易规则》（试行），绿电交易包括省内绿色电力交易和跨区跨省绿色电力交易。以南方五省区为例：

（1）省内绿色电力交易组织流程如下：

1）省级电力交易中心根据市场主体在绿色电力交易平台提交的交易需求申请，以年（多年）、月（多月）、月内（旬、周）等为周期组织开展省内绿色电力交易；现货试点地区可结合电力市场运营实际，组织更短周期的绿色电力交易。

2）省级电力交易中心在绿色电力交易平台发布交易公告，市场主体按时间规定申报、确认电量（电力）、申价等信息，绿色电力交易平台出清形成无约束交易结果。

3）省级电力交易中心将无约束交易结果提交相应调度机构安全校核，经安全校核后发布有约束交易结果。

（2）跨区跨省绿色电力交易组织流程如下：

1）电网企业会同省级电力交易中心在绿色电力交易平台收集汇总电

力用户、售电公司通过省间市场购买绿色电力产品的电量（电力）、电价等需求信息。

2）广州电力交易中心根据电网企业汇总的需求信息，以年（多年）、月（多月）、月内（旬、周）等为周期组织开展省间绿色电力交易，达成交易后发布无约束交易结果。

3）广州电力交易中心将无约束交易结果提交相应调度机构安全校核，经安全校核后发布有约束交易结果，并推送至购售双方属地省级电力交易中心。

91. 绿色电力交易的方式有几种？分别是什么

答： 根据《南方区域绿色电力交易规则》（试行），绿色电力交易的交易方式包括协商交易、挂牌交易、竞价交易等，为确保绿色电力全生命周期的追踪溯源，绿色电力交易结果应明确购、售电主体的对应关系。

（1）协商交易。市场主体之间自主协商交易标的的数量、价格等交易初步意向，通过交易平台进行申报确认成交，形成交易结果。

（2）挂牌交易。市场主体通过交易平台申报交易标的的数量、价格等挂牌信息，其他市场主体摘牌确认成交，形成交易结果。

（3）竞价交易。市场主体通过交易平台申报交易标的数量、价格等信息，根据出清规则形成交易结果。

92. 绿色电力交易价格怎么确定

答： 参与绿色电力交易的电力用户、售电公司，其购电价格由绿色电力交易价格、输配电价、辅助服务费用、政府性基金及附加等构成。

其中，绿色电力交易价格由电能量价格和环境溢价组成，分别体现绿色电力的生产运营成本、环境属性价值。绿色电力交易价格根据市场主体申报情况通过市场化方式形成。按照保障收益的原则，参考绿色电力供需情况，合理设置绿色电力交易价格的上、下限。绿色电力的环境溢价，可以作为绿证认购交易的价格信号，形成的收益同步传至发电企业，不参与输配电损耗计算、不执行峰谷电价政策。

绿色电力的环境溢价，可以作为绿证认购交易的价格信号，形成的收益同步传至发电企业，不参与输配电损耗计算、不执行峰谷电价政策。

输配电价格、政府性基金及附加依据国家有关规定、现行市场规则执行。辅助服务费用依据辅助服务市场（补偿机制）相关规则执行。

93. 绿色电力交易和绿证交易有什么联系？两者有什么区别

答： 从绿证和绿电的概念来看，由于绿证本身即是国家对发电企业每兆瓦时非水可再生能源上网电量颁发的具有独特标识代码的电子证书，是非水可再生能源发电量的确认和属性证明以及消费绿色电力的唯一凭证[1]，因此，绿证与绿色电力之间存在天然的联系，均具有促进可再生能源消纳的功能。绿电和绿证交易最终都会核发绿证，一种是在绿电交易的过程中得到，一种是单独购买。绿电交易和绿证交易的形式都为协商、挂牌、竞价三种方式。

绿证与绿色电力的区别主要在于购买绿色电力属于直接消纳可再生能源，而绿证则是消纳新能源电力的间接证明。绿电交易里的绿证不能单独进行交易，绿证交易里的绿证可以独立交易。因此，绿证交易的价格能单独体现绿证价格，绿电交易的价格包含绿证和绿电的价格，实际绿证价格

1　姚金楠.试行可再生能源绿证核发及自愿认购[N].中国能源报,2017–02–06.

为绿电交易价格减去燃煤基准价格。相比于单独绿证，绿电得到的绿证认可度更高，体现了对可再生能源的消纳。

94. 参与绿证或绿电交易的电量能否享受可再生能源补助资金

答：平价项目、自愿放弃中央财政补贴和中央财政补贴已到期项目，参与绿电绿证交易的电量不享受可再生能源补助资金；享受国家可再生能源补贴的绿电项目，参与绿证或绿电交易的电量仍享受可再生能源补助资金。根据《国家发展改革委 财政部 国家能源局关于享受中央政府补贴的绿色项目参与绿电交易有关事项的通知》（发改体改〔2023〕75号）的相关规定，带补贴项目参与绿电交易产生的溢价收益，或参与绿证交易的收益等额冲抵国家可再生能源补贴或归国家所有，归国家所有的资金专项用于解决可再生能源补贴缺口。并且，对于绿电交易结算电量占上网电量比例超过50%且不低于本地区绿电结算电量平均水平的绿电项目，由电网企业审核后可优先兑付中央可再生能源补贴。

95. 已享受国家可再生能源补贴的绿色电力项目能不能参与绿色电力交易或绿证交易

答：根据《国家发展改革委 财政部 国家能源局关于享受中央政府补贴的绿色项目参与绿电交易有关事项的通知》（发改体改〔2023〕75号）说明，国家稳步推进享受国家可再生能源补贴的绿电项目参与绿电交易。由国家保障性收购的绿色电力可统一参加绿电交易或绿证交易。参与电力市场交易的绿色电力由项目单位自行参加绿电交易或绿证交易。

96. 享受国家可再生能源补贴的项目参与绿色电力、绿证交易时产生的收益如何处置

答： 根据《国家发展改革委 财政部 国家能源局关于享受中央政府补贴的绿色项目参与绿电交易有关事项的通知》（发改体改〔2023〕75号）规定，"参与绿电交易时高于项目所执行的煤电基准电价的溢价收益等额冲抵国家可再生能源补贴或归国家所有，发电企业放弃补贴的，参与绿电交易的全部收益归发电企业所有。参与电力市场交易的绿色电力由项目单位自行参加绿电交易或绿证交易，项目单位参加绿电交易产生的溢价收益及参加对应绿证交易的收益，在国家可再生能源补贴发放时等额扣减"。

根据《国家发展改革委办公厅 国家能源局综合司关于推动电力交易机构开展绿色电力证书交易的通知》（发改办体改〔2022〕797号）说明，"对于所有绿证交易，完全市场户上网绿色电力或由电网企业保障性收购的平价可再生能源项目，产生的附加收益归发电企业；由电网企业保障性收购且享受可再生能源补贴的绿色电力产生的附加收益由电网企业单独归集，并以适当方式对冲可再生能源发电补贴。"

97. 享受国家可再生能源补贴并参与绿色电力交易的项目优先兑付补贴的条件是什么

答： 根据《国家发展改革委 财政部 国家能源局关于享受中央政府补贴的绿色项目参与绿电交易有关事项的通知》（发改体改〔2023〕75号）要求，"绿电交易结算电量占上网电量比例超过50%且不低于本地区绿电结算电量平均水平的绿电项目，经电网企业审核后可优先兑付中央可再生能源补贴"。

98. 什么是碳排放权交易？碳排放权交易市场的主要交易产品是什么

答： 根据生态环境部令第19号《全国碳排放权交易管理办法》（试行），全国碳排放权交易及相关活动是指在全国碳排放权市场开展的碳排放配额等交易以及排放报告与核查、排放配额分配、排放配额清缴等活动。

我国碳交易市场的主要交易产品有碳排放配额、国家核证自愿减排量（China Certified Emission Reduction，CCER），采用的是以CEA为核心，CCER为辅的交易体系。根据中华人民共和国国家发展和改革委员会令（第17号）《碳减排权交易管理暂行办法》，"在国家发改委确定的国家级各省、自治区和直辖市的碳排放配额总量的基础上，省级发改委免费或有偿分配给排放单位一定时期内的碳排放额度；并由各个试点地区的交易所根据其自身情况制定不同的交易规则"，是强制性的。根据《温室气体自愿减排交易管理暂行办法》，"参与自愿减排交易的项目应经有资质审定机构审定，并向国家发改委申请自愿减排项目备案；经备案的自愿减排项目产生减排量后，应经有资质的核证机构核证，后再向国家发改委申请减排量备案；经国家发改委备案的自愿减排量即为CCER"，是自愿的。

99. 什么是碳排放配额（CEA）？碳排放配额（CEA）从哪里来

答： 根据生态环境部令第19号《全国碳排放权交易管理办法》（试行），碳排放配额（China Emission Allowance，CEA）。CEA是指政府为完成控排目标采用的一种政策手段，指省级生态环境主管部门向其行政区内重点排放单位分配的温室气体排放额度。生态环境部根据国家温室气体排放控制要求，考虑到经济增长、产业结构调整、能源结构优化、大气污染物排放等因素，研究制定碳排放配额总量分配方案。目前碳排放配额的分配以免费分配为主，可以根据国家有关要求适时引入有偿分配（拍卖或者固定价格）。省级生态环境主管部门确定碳排放配额后，应当书面通知重点排放单位。

100. 什么是国家核证自愿减排量（CCER）

答： 根据生态环境部令第19号《全国碳排放权交易管理办法》（试行）（China Certified Emission Reduction，CCER）即国家核证自愿减排量，是指对我国可再生能源、林业碳汇、甲烷利用等项目的温室气体减排效果进行量化核证，且在国家温室气体自愿减排交易登记系统中登记的温室气体减排量。重点排放单位每年可以用CCER抵消碳排放配额的清缴，根据《关于全国碳排放权交易市场2021、2022年度碳排放配额清缴相关工作的通知》（环办气候函〔2023〕237号）中的规定抵消比例不得超过应清缴碳排放配额的5%。

101. CCER 和 CEA 的参与主体分别是什么

答： 根据《关于公开征求〈温室气体自愿减排交易管理办法（试行）〉意见的通知》，中华人民共和国境内依法成立的法人和其他组织，可以开展温室气体自愿减排活动，申请CCER项目和CCER的登记；符合国家有关规定的法人、其他组织和自然人，可以开展CCER交易活动。根据《管理办法》，CCER登记主体范围不仅包括企业法人，还包括中国境内的其他组织，如事业单位和社会组织。《管理办法》未明确规定CCER交易主体范围是否包括外国主体。根据《管理办法》规定，生态环境部将会同有关部门另行制定CCER跨境交易和使用的具体规定。该等规定可能对参与CCER交易的外国主体资质要求一并规范。

根据中华人民共和国国家发展和改革委员会令（第17号）《碳减排权交易管理暂行办法》，全国碳排放权交易主体包括重点排放单位以及符合国家有关交易规则的机构和个人。CCER的参与者主要为可再生能源、林业碳汇、甲烷利用等项目的业主。CEA的参与主体包括纳入碳排放配额管理的企业、自愿参与碳交易活动的法人、组织和个人。

102. 全国碳交易市场有哪些交易方式？

答： 根据生态环境部令第19号《全国碳排放权交易管理办法》（试行），产品交易应当在全国碳排放权交易系统内进行，可以采取公开竞价、协议等交易方式。其中，协议转让包括挂牌协议交易和大宗协议交易。

（1）挂牌协议交易。指交易主体通过交易系统提交卖出或者买入挂牌申报，意向受让方或者出让方对挂牌申报进行协商并确认成交的方式。

（2）大宗商品协议交易。指交易双方通过交易系统进行报价、询价、确认成交的方式。

（3）单向竞价。指交易主体向交易提出卖出或者买入申请，交易机构发布竞价公告，多个意向受让方或出让方按一定规则报价，在约定时间内通过交易系统成交的方式。

103. 绿证绿电和 CCER 有什么区别和联系

答：绿证和CCER的主要区别在于，一是概念不同，绿证是绿色电力的凭证，取决于发电量；CCER是自愿减排量，取决于减排的二氧化碳量；二是主管机构不同，绿证是由国家能源局负责管理和核发的，CCER是由生态环境部承担核发和组织交易的职能的；三是项目范围不同，绿证仅限可再生能源发电项目可申请核发，而可申请CCER的项目包括可再生能源、林业碳汇、甲烷利用等多种项目。

绿证和CCER的联系在于，基于碳排放因子（单位：tCO_2/MWh）可实现绿证与CCER等效碳减排量的相互转换。

第七章 我国可再生能源行业未来展望

104. 新型能源体系的基本内涵是什么

答: 党的十八大以来,以习近平同志为核心的党中央提出了"四个革命、一个合作"能源安全新战略,出台了一系列指导能源革命的新方案、新举措、新政策,新型能源体系是其系统凝练与拓展延伸的最新成果。新型能源体系不仅强调体系的低碳化、绿色化导向,而且更加重视协调发展与安全的双重逻辑,发挥经济发展稳定器与能源供给蓄水池的核心职能,将总体国家安全观、发展观与能源领域现实诉求紧密结合,实现传统能源体系向现代能源体系的稳定过渡[1]。具体而言,新型能源体系是以清洁能源为供给主体,以新型电力系统为重要依托,以保障能源安全和经济社会发展需求为基本前提,以绿色低碳转型为根本方向,为适应能源领域碳达峰碳中和新发展要求而提出的新一代能源体系[2]。

105. 为什么要构建新型能源体系

答: 党的二十大报告对于如何推进绿色低碳发展和人与自然和谐共生进行了更进一步的深入考察。其中"加快规划建设新型能源体系"这一新提法是新时代我国能源产业转型升级的重要指南,擘画了我国能源体系发展新的蓝图[3]。

1　郝宇.新型能源体系的重要意义和构建路径［J］.人民论坛,2022（21）:34-37.

2　水电总院.建设新型能源体系,重点是加强绿色低碳能源供应体系.［EB/OL］.（2023-02-05）［2023-03-27］.http://www.hydropower.org.cn/showNewsDetail.asp?nsId=37368.

3　人民网.新型能源体系的重要意义和构建路径.［EB/OL］.（2022-11-01）［2023-03-27］.http://paper.people.com.cn/rmlt/html/2022-11/01/content_25950657.htm.

构建新型能源体系是推动高质量发展的有效支撑。我国拥有 14 亿多人口，全面建设社会主义现代化国家要坚持以人为本，大量消耗资源、污染环境，是难以为继、走不通的。要打破以能源资源掠夺式开发和粗放式消耗为特征的增长魔咒，就要坚持创新引领、放眼未来的长远视野，以取之不尽用之不竭的非化石能源采储消为突破点，构建成本低廉、清洁低碳、安全高效的新型能源体系。

构建新型能源体系是实现碳达峰碳中和的基础性工程。"双碳"目标的提出，是党中央作出的重大战略决策，是解决资源环境约束问题、实现中华民族永续发展的战略举措。作为与碳达峰碳中和密切相关的重点碳排放行业，能源产业绿色低碳化转型责任重大。近年来，随着国民经济发展对于能源资源的需求强度逐渐加大，环境污染与碳排放形势日趋严峻，控碳减排压力与日俱增，构建更加多元、清洁、低碳、可持续的新型能源体系成为能源产业的当务之急。

构建新型能源体系是国家能源安全的有力保障。我国是能源消费大国，石油对外依存度过高是影响我国经济发展稳定性和能源安全的突出短板。如今，随着国际形势风云变幻、逆全球化思潮甚嚣尘上叠加乌克兰危机等多重地缘政治博弈，我国能源安全面临的风险与日俱增，建设清洁低碳、安全高效的新型能源体系，提高能源供给保障能力成为转变经济发展方式、保障国家能源安全的重要一环。

106. 可再生能源在新型能源体系中具有怎样的角色定位

答：新型能源体系的重要特征是清洁低碳，大力发展可再生能源包括新能源在内的清洁能源成为新型能源体系建设的重要方向[1]。构建新型能源

1　中能传媒研究院.2023年全国两会能源报告.［EB/OL］.（2023-03-24）［2023-03-27］.
http://www.chinapower.com.cn/zx/zxbg/20230324/193873.html.

体系是实现"双碳"目标和生态文明建设的重要支柱[1]。"双碳"目标的提出，是党中央作出的重大战略决策，是解决资源环境约束问题、实现中华民族永续发展的战略举措。近年来，随着生态文明建设的大力推进和"四个革命、一个合作"能源安全新战略的全面实施，我国能源生产和消费方式发生了深刻变革，已成为世界上最大的能源生产国和消费国，而化石能源燃烧排放的二氧化碳是温室气体的主要来源，二氧化硫、氮氧化物等空气污染物的排放与化石能源消费密切相关，能源体系的低碳化、清洁化转型是实现"双碳"目标的关键所在和重要支柱。新型能源体系也是生态文明建设的核心内容，从世界能源发展形势看，发达国家资源依赖粗放扩张的发展模式已经难以为继，我国必须从根本上改变发展路径，由工业革命的发展思路向生态文明转变。生态文明建设，必须促进人与自然和谐发展、经济社会发展与资源环境协调发展，必须促使能源消费高效化和能源生产清洁化，最终建成以可再生能源为主体的清洁低碳能源体系，实现可持续发展。

107. 新型能源体系的基本特征是什么？

答：新型能源体系，最主要特征是安全高效、绿色低碳，总体呈现低碳化、电气化、市场化、智慧化的特征[2]，即能源生产供应有序低碳化、终端能源消费逐步电气化、能源资源配置更加市场化和能源电力系统高度智慧化。

（1）能源生产供应有序低碳化。新型能源体系建设，需要非化石能源快速发展，化石能源逐步实现清洁高效低碳零碳利用，打造多元清洁能源

1 中国社会科学院大学应用经济学院副院长、教授陈洪波.能源是国民经济发展的重要物质基础和推动力，又与国际地缘政治交互影响——构建新型能源体系的战略意义.〔EB/OL〕.（2022-11-07）〔2023-03-27〕. https://bjrbdzb.bjd.com.cn/bjrb/mobile/2022/20221107/20221107_014/content_20221107_014_2.htm#page13?digital:newspaperBjrb:AP63681ff4e4b018021745ab8b
2 中国电力企业联合会专职副理事长安洪光.加快规划建设新型能源体系，统筹推进碳达峰碳中和.〔EB/OL〕.（2023-01-04）〔2023-03-27〕.http://www.chinapower.com.cn/tanzhonghe/dongtai/20230104/182567.html

供应系统。能源"产供储销用"各环节灵活性资源合理配置，新能源供给消纳体系和新型电力系统建设深入推进，更好满足日益增长的绿色能源电力消费需求。支撑我国2050—2060年非化石能源消费比重超过80%，新能源电量渗透率超过50%。

（2）终端能源消费逐步电气化。用能行业与能源电力行业协调发展，清洁电能替代传统化石能源深入实施，带动工业、建筑、交通部门和农业农村电气化水平不断提升，电能逐步成为终端能源消费的主体，支持实现产业发展与居民生活用能低碳高效转型。支撑我国2050—2060年电能占终端能源消费比重达到70%，人均生活用电量超过2500千瓦时/人。

（3）能源资源配置更加市场化。涵盖中长期交易、电力现货、电力辅助服务和绿电交易的统一电力市场全面形成，多元发用电主体全面参与电力交易。电力市场、各类煤炭石油天然气交易中心、全国碳排放权交易市场、用能权交易市场、绿证交易市场之间有效衔接，形成激发生产、绿色低碳、惠及民生的可靠能源电力供应。支撑构建全国统一现代能源市场体系，捋顺能源价格机制，实现能源资源配置全局最优。

（4）能源电力系统高度智慧化。能源产业数字化转型深入推进，智能高效能源互联网逐步发展成形，电力源网荷储一体化蓬勃发展，能源流、电力流与数据流、信息流深入融合，促进能源电力供需交互响应水平大幅提升，多能耦合集成优化的综合能源系统灵活高效运行。支撑补强现代能源产业链，构建智慧能源系统，推动能源绿色低碳发展形态迭代演进。

108. 新型能源体系的发展路径有哪些？

答：（1）绿色是鲜明特征，推动能源发展方式绿色转型[1]。加快能源结

1　中国电力报.三大着力点，协调推进新型能源体系建设.［EB/OL］.（2023-03-10）［2023-03-27］. http://www.chinapower.com.cn/xw/sdyd/20230310/191944.html

构调整优化，推动用能方式绿色转型，坚定不移走好生态优先、绿色低碳的高质量发展道路。在供给侧，立足我国能源资源禀赋，加强多能互补集成优化，实现新旧能源互为支撑、有序替代，多元化、快速化、规模化、效益化、科学化发展可再生能源，做好煤电与新能源协同优化组合。在消费侧，充分发挥能源消费绿色低碳转型的牵引作用，大力推动终端能源消费转型升级，健全以绿色电力消费为导向的市场机制，全面推进电能替代。

（2）安全是根本要求，加快建设坚强可靠的能源供应链。加快构建富有韧性、坚强可靠的能源供应链，坚持系统观念，先立后破，统筹发展和安全。具体而言，一方面要增强能源生产供给能力，立足我国能源资源禀赋，完善多轮驱动的能源供应体系，科学把握清洁能源替代的节奏力度，不断增强能源供应的稳定性、安全性、可持续性。另一方面是提升能源供应链弹性和韧性，加强能源储备调节能力建设。

（3）创新是关键引擎，加快形成现代化能源产业链。激发能源创新活力和动力，推动能源技术装备"补短板、锻长板"，加速突破一批战略性前沿性技术，激发能源创新发展新动能，提升能源产业基础高级化、产业链现代化水平。具体而言，加快实现能源科技自立自强，增强产业链抗风险能力；立足我国新能源产业优势，推动能源绿色低碳技术加快突破，锻造能源技术装备长板；加快能源产业数字化智能化升级，推动现代信息技术与能源产业深度融合。

109. 新型电力系统与新型能源体系具有怎样的关系？

答： 2021年3月15日，习近平总书记在中央财经委员会第九次会议上对能源电力发展作出了系统阐述，首次提出构建新型电力系统。党的二十大报告强调加快规划建设新型能源体系，为新时代能源电力发展提供了根本遵循。2023年6月2日，国家能源局发布《新型电力系统发展蓝皮书》，指出新型电力系统是以确保能源电力安全为基本前提，以满足经济社会高质量发展的电力需求为首要目标，以高比例新能源供给消纳体系建设为主线任务，以源网荷储多向协同、灵活互动为有力支撑，以坚强、智能、柔性电网为枢纽平台，以技术创新和体制机制创新为基础保障的新时代电力系统，是新型能源体系的重要组成部分和实现"双碳"目标的关键载体。

加快规划建设新型能源体系是党中央统筹考虑能源安全和生态保护，对我国能源事业发展作出的最新部署[1]。其主要路径是深入推进能源革命，推动能源清洁低碳高效利用。在能源安全方面，我国石油对外依存度长期保持高位，大力提升电力在能源消费中的比重，有利于我们充分利用自身能源禀赋，降低对石油、天然气进口的依赖。在生态保护方面，电力行业碳排放占我国碳排放总量的40%以上，同时建筑、交通、冶金、制造等多个行业的减碳、深度脱碳也有赖于电能替代和电力行业的清洁替代。因此，在推动能源系统清洁低碳转型方面，电力是"主力军"，新型电力系统建设是重要抓手[2]。

构建新型能源体系战略下，煤炭、煤电与风电、光伏等新型电力，以及以核电为代表的清洁能源，抽水蓄能、电化储能等新型储能不再割裂，而是有机结合的一个整体。简而言之，当前，新能源逐步成为发电量增量主体，煤电仍是电力安全保障的"压舱石"。特别地，我国推进"双碳"、能源转型的路径是"控煤"，而不是完全"去煤"，即推动煤炭清洁化利

1　能源新闻.江冰：电力系统是规划建设新型能源体系关键.［EB/OL］.（2023-01-11）［2023-03-27］.https://www.nationalee.com/newsinfo/4894344.html
2　人民网.新型电力系统建设需联合开展技术攻关——访国家电网科技创新部主任陈梅.［EB/OL］.（2022-08-15）［2023-03-27］.http://paper.people.com.cn/zgnyb/html/2022-08-15/content_25934867.htm

用，探索"电力源网荷储一体化"。因此，在能源建设任务方面，构建新型能源体系是构建新能源为主体的新型电力系统的升级版，前者覆盖的能源建设任务更为系统和全面。

110. 新型电力系统的含义和特点是什么

答：新型电力系统是以确保能源电力安全为基本前提，以满足经济社会高质量发展的电力需求为首要目标，以高比例新能源供给消纳体系建设为主线任务，以源网荷储多向协同、灵活互动为坚强支撑，以坚强、智能、柔性电网为枢纽平台，以技术创新和体制机制创新为基础保障的新时代电力系统[1]。新型电力系统具备安全高效、清洁低碳、柔性灵活、智慧融合四大重要特征。其中，安全高效是基本前提，清洁低碳是核心目标，柔性灵活是重要支撑，智慧融合是基础保障。

（1）安全高效是构建新型电力系统的基本前提。新型电力系统中，新能源通过提升可靠支撑能力逐步向系统主体电源转变。煤电仍是电力安全保障的"压舱石"，承担基础保障的"重担"。多时间尺度储能协同运行，支撑电力系统实现动态平衡。"大电源、大电网"与"分布式"兼容并举、多种电网形态并存，共同支撑系统安全稳定运行。

（2）柔性灵活是构建新型电力系统的重要支撑。新型电力系统中，常规直流柔性化改造、柔性交直流输电、直流组网等新型输电技术广泛应用，骨干网架向柔性化方向发展，支撑高比例新能源接入系统和外送消纳。同时，随着分布式电源多元负荷和储能的广泛应用，大量用户侧主体兼具发电和用电双重属性，终端负荷特性由传统的刚性、纯消费型，向柔性、生产与消费兼具型转变，源网荷储灵活互动和需求侧响应能力不断提

1　国家能源局《新型电力系统发展蓝皮书》

升，支撑新型电力系统安全稳定运行。

（3）智慧融合是构建新型电力系统的基础保障。新型电力系统以数据为核心驱动，呈现数字与物理系统深度融合特点。适应新型电力系统海量异构资源的广泛接入、密集交互和统筹调度，"云大物移智链边"等先进数字信息技术在电力系统各环节广泛应用，助力各环节实现高度数字化、智慧化、网络化的革新升级，有效支撑源网荷储海量分散对象的协同运行和多种市场机制下系统复杂运行状态的精准决策，推动以电力为核心的能源体系实现多种能源的高效转化和利用。

111. 平价上网对新能源发展会产生什么影响

答： 2021年6月11日，国家发展改革委发布《关于2021年新能源上网电价政策有关事项的通知》。根据文件，2021年起，对新备案集中式光伏电站、工商业分布式光伏项目和新核准陆上风电项目，中央财政不再补贴，实行平价上网。具体而言，新建项目实行平价上网，直接执行燃煤发电基准价，将反映新能源电力行业的成本变化[1]。这意味着强补贴刺激下新能源高速发展的模式将发生转变，有利于促进资源高效利用，引导企业不断提升技术与管理水平，推动新能源产业高质量发展。

平价上网引导新能源发展进入了一个新的时代，之前新能源规模速度型粗放发展方式将转变为质量效率型集约发展方式[2]。平价上网是一个信号，推动企业技术创新，降低成本，迎合更多将来的市场变化，提升新能源发电市场竞争力。值得注意的是，虽然新出台的电价新政明确了平价上

1　国家发展改革委.光伏不再补贴，实行平价上网.［EB/OL］.（2021-06-11）［2023-03-27］.
http://www.chinapower.com.cn/xw/zyxw/20210611/80945.html

2　娄奇鹤,谢国辉,李娜娜.平价上网时代新能源发电经济性分析和发展趋势［J］.中国电力,2019,52（12）:1-9+104.

网的要求，但是国家对于光伏发电、风力发电的鼓励方向并没有改变，以低碳减排、绿色发展为目标的新能源行业仍有巨大的发展空间。特别地，新建的光伏发电、风电项目除按燃煤发电基准价执行外，也可以自愿通过参与市场化交易形成上网电价，以更好体现光伏发电、风电的绿色电力价值，有利于在全社会形成和倡导绿色的理念，也有助于碳达峰和碳中和目标的实现。

112. 什么是新型储能？

答：储能技术能够实现能量的时空转移和转化，它可以分为物理储能和化学储能两大类。其中，物理储能主要包括抽水蓄能、压缩空气、飞轮储能、重力储能、相变储能等；化学储能主要包括锂离子电池、矾液流电池、铁铬液流电池、钠离子电池以及氢（氨）储能等。新型储能是指除抽水蓄能外，以输出电力为主要形式的储能技术，包括新型锂离子电池、液流电池、飞轮、压缩空气、氢（氨）储能、热（冷）储能等。新型储能可以改变电力系统即发即用的传统运营方式，提高系统灵活性调节能力，不仅是助力风能、太阳能等间歇性、波动性、随机性可再生能源开发消纳，实现碳达峰碳中和目标的关键支撑，还是构建新型电力系统、建设新型能源体系、促进能源转型和高质量发展的重要技术和基础装备[1]。

113. 我国可再生能源未来发展趋势是怎样的？

答：结合《"十四五"规划和2035年远景目标纲要》（以下简称"《规划》"）和我国可再生能源发展现状，我国可再生能源未来发展呈现以下

1　经济日报．推动新型储能绿色低碳转型发展．［EB/OL］．（2022-11-28）［2023-03-27］．http://m.ce.cn/ttt/202211/28/t20221128_38254884.shtml

几个趋势[1]：

一是大规模发展。2022年，全国风电、光伏发电新增装机容量突破1.2亿千瓦，创历史新高，带动可再生能源装机容量突破12亿千瓦。尽管我国逐步取消了风能和太阳能补贴，但国际能源署（International Energy Agency，IEA）发布的《可再生能源2022》（Renewables 2022）报告指出，随着未来五年增长速度的加快，预计2022—2027年我国将安装全球可再生能源电力的近一半，并将提前五年实现2030年的目标，即风力和太阳能发电总量达到1200吉瓦。

二是高比例发展。2022年，可再生能源发电量达到2.7万亿千瓦时，占全社会用电量的31.6%，较2021年提高1.7个百分点，可再生能源在保障能源供应方面发挥的作用越来越明显。据国家能源局预计，到2025年，我国风电和太阳能发电量将在2020年的基础上翻一番，在全社会新增的用电量中，可再生能源电量将超过80%。

三是市场化发展。《规划》指出，将进一步发挥市场在可再生能源资源配置中的决定性作用。自2021起，风电光伏发展将进入平价阶段，摆脱对财政补贴的依赖，实现市场化发展、竞争化发展。特别地，以现货市场为基础的"绿证"交易充分体现了可再生能源环境属性。2022年，全年核发绿证2060万个，对应电量206亿千瓦时，较2021年增长135%；交易数量达到969万个，对应电量96.9亿千瓦时，较2021年增长15.8倍。截至2022年年底，全国累计核发绿证约5954万个，累计交易数量1031万个。

四是高质量发展。《规划》指出，将通过加快构建以新能源为主体的新型电力系统提升新能源消纳和存储能力，既实现可再生能源大规模开发，也实现高水平的消纳利用，更加有力地保障电力可靠稳定供应，实现

1　国家能源局.国新办举行中国可再生能源发展有关情况发布会［EB/OL］.（2021-03-30）［2023-03-27］. http://www.nea.gov.cn/2021-03/30/c_139846095.htm

高质量跃升发展。其中，以基地式集约化开发为主体的分布式新能源将得到快速发展[1]。目前我国正在以沙漠、戈壁、荒漠地区为重点，加快建设黄河上游、河西走廊、黄河"几"字湾、新疆等七大陆上新能源基地，藏东南、川滇黔桂两大水风光综合基地和海上风电基地集群。这种沙漠、戈壁、荒漠风光基地开发开创了政府主导规划，以电力央企为主力，基地式集约开发的新模式。新模式下，项目呈现集群特点，鼓励千万千瓦级规划建设、一体化主体牵头投运，提倡基地与调节电源、外送通道，"三位一体"同步建成投产。

1　中国能源.中国电建首席技术专家彭程：以基地化思维推动新能源替代行动.［EB/OL］.（2022-10-10）［2023-03-27］. http://paper.people.com.cn/zgnyb/html/2022/10/10/content_25943642.htm

第二部分

政策文件汇编

一、综合性法律法规规章

中华人民共和国可再生能源法

中华人民共和国主席令第 33 号

（2005 年 2 月 28 日第十届全国人民代表大会常务委员会第十四次会议通过　根据 2009 年 12 月 26 日第十一届全国人民代表大会常务委员会第十二次会议《关于修改〈中华人民共和国可再生能源法〉的决定》修正）

目　录

第一章　总　则

第一条　为了促进可再生能源的开发利用，增加能源供应，改善能源结构，保障能源安全，保护环境，实现经济社会的可持续发展，制定本法。

第二条　本法所称可再生能源，是指风能、太阳能、水能、生物质能、地热能、海洋能等非化石能源。

水力发电对本法的适用，由国务院能源主管部门规定，报国务院批准。

通过低效率炉灶直接燃烧方式利用秸秆、薪柴、粪便等，不适用本法。

第三条　本法适用于中华人民共和国领域和管辖的其他海域。

第四条　国家将可再生能源的开发利用列为能源发展的优先领域，通过制定可再生能源开发利用总量目标和采取相应措施，推动可再生能源市场的建立和发展。

国家鼓励各种所有制经济主体参与可再生能源的开发利用，依法保护可再生能源开发利用者的合法权益。

第五条 国务院能源主管部门对全国可再生能源的开发利用实施统一管理。国务院有关部门在各自的职责范围内负责有关的可再生能源开发利用管理工作。

县级以上地方人民政府管理能源工作的部门负责本行政区域内可再生能源开发利用的管理工作。县级以上地方人民政府有关部门在各自的职责范围内负责有关的可再生能源开发利用管理工作。

第二章 资源调查与发展规划

第六条 国务院能源主管部门负责组织和协调全国可再生能源资源的调查，并会同国务院有关部门组织制定资源调查的技术规范。

国务院有关部门在各自的职责范围内负责相关可再生能源资源的调查，调查结果报国务院能源主管部门汇总。

可再生能源资源的调查结果应当公布；但是，国家规定需要保密的内容除外。

第七条 国务院能源主管部门根据全国能源需求与可再生能源资源实际状况，制定全国可再生能源开发利用中长期总量目标，报国务院批准后执行，并予公布。

国务院能源主管部门根据前款规定的总量目标和省、自治区、直辖市经济发展与可再生能源资源实际状况，会同省、自治区、直辖市人民政府确定各行政区域可再生能源开发利用中长期目标，并予公布。

第八条 国务院能源主管部门会同国务院有关部门，根据全国可再生能源开发利用中长期总量目标和可再生能源技术发展状况，编制全国可再生能源开发利用规划，报国务院批准后实施。

国务院有关部门应当制定有利于促进全国可再生能源开发利用中长期总量目标实现的相关规划。

省、自治区、直辖市人民政府管理能源工作的部门会同本级人民政府有关部门，依据全国可再生能源开发利用规划和本行政区域可再生能源开发利用中长期目标，编制本行政区域可再生能源开发利用规划，经本级人民政府批准后，报国务院能源主管部门和国家电力监管机构备案，并组织实施。

经批准的规划应当公布；但是，国家规定需要保密的内容除外。

经批准的规划需要修改的，须经原批准机关批准。

第九条　编制可再生能源开发利用规划，应当遵循因地制宜、统筹兼顾、合理布局、有序发展的原则，对风能、太阳能、水能、生物质能、地热能、海洋能等可再生能源的开发利用作出统筹安排。规划内容应当包括发展目标、主要任务、区域布局、重点项目、实施进度、配套电网建设、服务体系和保障措施等。

组织编制机关应当征求有关单位、专家和公众的意见，进行科学论证。

第三章　产业指导与技术支持

第十条　国务院能源主管部门根据全国可再生能源开发利用规划，制定、公布可再生能源产业发展指导目录。

第十一条　国务院标准化行政主管部门应当制定、公布国家可再生能源电力的并网技术标准和其他需要在全国范围内统一技术要求的有关可再生能源技术和产品的国家标准。

对前款规定的国家标准中未作规定的技术要求，国务院有关部门可以制定相关的行业标准，并报国务院标准化行政主管部门备案。

第十二条　国家将可再生能源开发利用的科学技术研究和产业化发展列为科技发展与高技术产业发展的优先领域，纳入国家科技发展规划和高技术产业发展规划，并安排资金支持可再生能源开发利用的科学技术研究、应用示范和产业化发展，促进可再生能源开发利用的技术进步，降低可再生能源产品的生产成本，提高产品质量。

国务院教育行政部门应当将可再生能源知识和技术纳入普通教育、职业教育课程。

第四章　推广与应用

第十三条　国家鼓励和支持可再生能源并网发电。

建设可再生能源并网发电项目，应当依照法律和国务院的规定取得行政许可或者报送备案。

建设应当取得行政许可的可再生能源并网发电项目，有多人申请同一项目许可的，应当依法通过招标确定被许可人。

第十四条　国家实行可再生能源发电全额保障性收购制度。

国务院能源主管部门会同国家电力监管机构和国务院财政部门，按照全国可再生能源开发利用规划，确定在规划期内应当达到的可再生能源发电量占全部发电量的比重，制定电网企业优先调度和全额收购可再生能源发电的具体办法，并由国务院能源主管部门会同国家电力监管机构在年度中督促落实。

电网企业应当与按照可再生能源开发利用规划建设，依法取得行政许可或者报送备案的可再生能源发电企业签订并网协议，全额收购其电网覆盖范围内符合并网技术标准的可再生能源并网发电项目的上网电量。发电企业有义务配合电网企业保障电网安全。

电网企业应当加强电网建设，扩大可再生能源电力配置范围，发展和应用智能电网、储能等技术，完善电网运行管理，提高吸纳可再生能源电力的能力，为可再生能源发电提供上网服务。

第十五条　国家扶持在电网未覆盖的地区建设可再生能源独立电力系统，为当地生产和生活提供电力服务。

第十六条　国家鼓励清洁、高效地开发利用生物质燃料，鼓励发展能源作物。

利用生物质资源生产的燃气和热力，符合城市燃气管网、热力管网的入网技术标准的，经营燃气管网、热力管网的企业应当接收其入网。

国家鼓励生产和利用生物液体燃料。石油销售企业应当按照国务院能源主管部门或者省级人民政府的规定，将符合国家标准的生物液体燃料纳入其燃料销售体系。

第十七条　国家鼓励单位和个人安装和使用太阳能热水系统、太阳能供热采暖和制冷系统、太阳能光伏发电系统等太阳能利用系统。

国务院建设行政主管部门会同国务院有关部门制定太阳能利用系统与建筑结合的技术经济政策和技术规范。

房地产开发企业应当根据前款规定的技术规范，在建筑物的设计和施工中，为太阳能利用提供必备条件。

对已建成的建筑物，住户可以在不影响其质量与安全的前提下安装符合技术规范和产品标准的太阳能利用系统；但是，当事人另有约定的除外。

第十八条　国家鼓励和支持农村地区的可再生能源开发利用。

县级以上地方人民政府管理能源工作的部门会同有关部门，根据当地经济社会发展、生态保护和卫生综合治理需要等实际情况，制定农村地区可再生能源发展规划，因地制宜地推广应用沼气等生物质资源转化、户用太阳能、小型风能、小型水能等技术。

县级以上人民政府应当对农村地区的可再生能源利用项目提供财政支持。

第五章　价格管理与费用补偿

第十九条　可再生能源发电项目的上网电价，由国务院价格主管部门根据不同类型可再生能源发电的特点和不同地区的情况，按照有利于促进可再生能源开发利用和经济合理的原则确定，并根据可再生能源开发利用技术的发展适时调整。上网电价应当公布。

依照本法第十三条第三款规定实行招标的可再生能源发电项目的上网电价，按照中标确定的价格执行；但是，不得高于依照前款规定确定的同类可再生能源发电项目的上网电价水平。

第二十条　电网企业依照本法第十九条规定确定的上网电价收购可再生能源电量所发生的费用，高于按照常规能源发电平均上网电价计算所发生费用之间的差额，由在全国范围对销售电量征收可再生能源电价附加补偿。

第二十一条　电网企业为收购可再生能源电量而支付的合理的接网费用以及其他合理的相关费用，可以计入电网企业输电成本，并从销售电价中回收。

第二十二条　国家投资或者补贴建设的公共可再生能源独立电力系统的销售电价，执行同一地区分类销售电价，其合理的运行和管理费用超出销售电价的部分，依照本法第二十条的规定补偿。

第二十三条　进入城市管网的可再生能源热力和燃气的价格，按照有利于促进可再生能源开发利用和经济合理的原则，根据价格管理权限确定。

第六章　经济激励与监督措施

第二十四条　国家财政设立可再生能源发展基金，资金来源包括国家财政年度安排的专项资金和依法征收的可再生能源电价附加收入等。

可再生能源发展基金用于补偿本法第二十条、第二十二条规定的差额费用，并用于支持以下事项：

（一）可再生能源开发利用的科学技术研究、标准制定和示范工程；

（二）农村、牧区的可再生能源利用项目；

（三）偏远地区和海岛可再生能源独立电力系统建设；

（四）可再生能源的资源勘查、评价和相关信息系统建设；

（五）促进可再生能源开发利用设备的本地化生产。

本法第二十一条规定的接网费用以及其他相关费用，电网企业不能通过销售电价回收的，可以申请可再生能源发展基金补助。

可再生能源发展基金征收使用管理的具体办法，由国务院财政部门会同国务院能源、价格主管部门制定。

第二十五条　对列入国家可再生能源产业发展指导目录、符合信贷条件的可再生能源开发利用项目，金融机构可以提供有财政贴息的优惠贷款。

第二十六条　国家对列入可再生能源产业发展指导目录的项目给予税收优惠。具体办法由国务院规定。

第二十七条 电力企业应当真实、完整地记载和保存可再生能源发电的有关资料，并接受电力监管机构的检查和监督。

电力监管机构进行检查时，应当依照规定的程序进行，并为被检查单位保守商业秘密和其他秘密。

第七章 法律责任

第二十八条 国务院能源主管部门和县级以上地方人民政府管理能源工作的部门和其他有关部门在可再生能源开发利用监督管理工作中，违反本法规定，有下列行为之一的，由本级人民政府或者上级人民政府有关部门责令改正，对负有责任的主管人员和其他直接责任人员依法给予行政处分；构成犯罪的，依法追究刑事责任：

（一）不依法作出行政许可决定的；

（二）发现违法行为不予查处的；

（三）有不依法履行监督管理职责的其他行为的。

第二十九条 违反本法第十四条规定，电网企业未按照规定完成收购可再生能源电量，造成可再生能源发电企业经济损失的，应当承担赔偿责任，并由国家电力监管机构责令限期改正；拒不改正的，处以可再生能源发电企业经济损失额一倍以下的罚款。

第三十条 违反本法第十六条第二款规定，经营燃气管网、热力管网的企业不准许符合入网技术标准的燃气、热力入网，造成燃气、热力生产企业经济损失的，应当承担赔偿责任，并由省级人民政府管理能源工作的部门责令限期改正；拒不改正的，处以燃气、热力生产企业经济损失额一倍以下的罚款。

第三十一条 违反本法第十六条第三款规定，石油销售企业未按照规定将符合国家标准的生物液体燃料纳入其燃料销售体系，造成生物液体燃料生产企业经济损失的，应当承担赔偿责任，并由国务院能源主管部门或者省级人民政府管理能源工作的部门责令限期改正；拒不改正的，处以生物液体燃料生产企业经济损失额一倍以下的罚款。

第八章 附 则

第三十二条 本法中下列用语的含义：

（一）生物质能，是指利用自然界的植物、粪便以及城乡有机废物转化成的能源。

（二）可再生能源独立电力系统，是指不与电网连接的单独运行的可再生能源电力系统。

（三）能源作物，是指经专门种植，用以提供能源原料的草本和木本植物。

（四）生物液体燃料，是指利用生物质资源生产的甲醇、乙醇和生物柴油等液体燃料。

第三十三条 本法自2006年1月1日起施行。

国家发展改革委办公厅 财政部办公厅 国家能源局综合司关于明确可再生能源发电补贴核查认定有关政策解释的通知

发改办运行〔2022〕853号

各省、自治区、直辖市发展改革委、财政厅（局）、能源局，财政部各地监管局、国家能源局各派出机构，有关中央企业，国家可再生能源信息管理中心：

为规范、准确、高效做好可再生能源发电补贴核查认定工作，根据相关部门意见，现就有关政策解释明确如下：

一、关于部分特殊光伏发电项目上网电价的确定

（一）对于已履行核准（备案）变更程序分批次并网的项目，按每批次全容量并网的实际时间分别确定上网电价，且分批次变更程序的时间不得晚于项目全容量并网的时间。

（二）对于各省组织开展的竞争性配置光伏项目（光伏领跑者项目除外），如在竞争性配置政策中有具体并网时间要求和对应电价确定要求的，按要求执行；如无具体并网时间要求，或者有并网时间要求但未明确逾期并网电价如何调整的，上网电价执行项目竞争性配置确定的价格与项目全容量并网时对应的电价政策明确的价格中较低者。

（三）对于光伏发电领跑技术基地项目，若地方政府明确提出项目并网时间要求或者项目业主承诺并网时间的，项目如能按期投产，则执行招标电价（即竞争确定电价）；其他则执行招标电价（即竞争确定电价）与项目全容量并网时对应的电价政策明确的价格中较低者。

二、关于建设时间跨度大的风电项目上网电价的确定

若风电项目在核准有效期（依据《企业投资项目核准和备案管理条例》（国务院令第673号）第十二条：项目自核准机关作出予以核准决定或者同意变更决定之日起2年

内未开工建设，如需可申请1次延期开工建设，期限最长不得超过1年）内开工建设，且在相关政策文件规定的并网时间之前完成全容量并网，则该项目上网电价按项目核准时所在资源区的风电上网电价政策确定。

三、关于纳入补贴项目容量的认定

（一）风电项目。纳入补贴范围的"项目容量"以核准时确定的容量为准，受风机选型因素影响，允许核准文件明确的项目规模与各省（区、市）年度开发建设方案或实施方案明确的项目规模存在一定偏差，偏差不超过单台额定功率最小机组的容量。项目实际并网容量小于核准容量的，纳入补贴的项目容量以实际并网容量为准；项目实际并网容量超过核准容量的部分，需按比例核减补贴资金。

（二）光伏项目。纳入补贴范围的"项目容量"按照纳入国家补贴范围的规模、备案容量和实际并网容量三者最小值确定，实际并网容量超过纳入国家补贴范围规模与备案容量中较低者的部分，需按比例核减补贴资金。其中，实际并网容量不得高于备案容量的103%；若实际并网容量低于备案容量，项目须履行备案容量变更或分批次并网变更程序，否则按照国务院令第673号有关规定对企业进行处理。

四、关于光伏项目备案容量的认定标准

依照《光伏发电系统能效规范》（NB/T 10394-2020），备案容量指交流侧容量。若备案机关无特殊说明（如备案容量的单位使用特别标识光伏组件的单位"MWp"），备案容量按交流侧容量认定，需核查逆变器容量、无需核查项目容配比；若备案文件中装机规模的单位是"MWp"，备案容量按直流侧容量认定，应核查组件安装容量。

五、关于风电项目核准规模是否超出规划规模的认定

对《国家能源局关于可再生能源发展"十三五"规划实施的指导意见》（国能发新能〔2017〕31号）有关内容说明如下：

1.2019、2020年各省级区域新增需国家补贴的风电项目建设规模受本省级区域2020年规划并网目标约束。

2.文件中"对应纳入年度规模管理的发电项目，各省（区、市）能源主管部门必须严格按当年下达的年度新增建设规模组织建设"，适用对象为实施年度规模管理的光伏项目，即31号文件附件2各省份2017—2020年度光伏电站新增建设规模为约束性指标（不含备注中明确的分布式发电项目、村级扶贫电站、跨省跨区输电通道配套建设的光伏电站）。

3.2017、2018年风电新增建设规模为初步规模，预警结果为绿色的地区可在实际建设中自行调整，不作为申请补贴规模的限额。

请各地核查工作组、主管部门根据以上明确的政策解释，按照职责分工，抓紧做好补贴核查有关工作。

国家发展改革委办公厅

财政部办公厅

国家能源局综合司（章）

2022年9月30日

财政部 发展改革委 国家能源局关于《关于促进非水可再生能源发电健康发展的若干意见》有关事项的补充通知

财建〔2020〕426号

各省、自治区、直辖市财政厅（局）、发展改革委、能源局，新疆生产建设兵团财政局、发展改革委，国家电网有限公司，中国南方电网有限责任公司：

为促进可再生能源高质量发展，2020年1月，财政部、发展改革委、国家能源局印发了《关于促进非水可再生能源发电健康发展的若干意见》（财建〔2020〕4号，以下简称4号文），明确了可再生能源电价附加补助资金（以下简称补贴资金）结算规则。为进一步明确相关政策，稳定行业预期，现将补贴资金有关事项补充通知如下：

一、项目合理利用小时数

4号文明确，按合理利用小时数核定可再生能源发电项目中央财政补贴资金额度。为确保存量项目合理收益，基于核定电价时全生命周期发电小时数等因素，现确定各类项目全生命周期合理利用小时数如下：

（一）风电一类、二类、三类、四类资源区项目全生命周期合理利用小时数分别为48000小时、44000小时、40000小时和36000小时。海上风电全生命周期合理利用小时数为52000小时。

（二）光伏发电一类、二类、三类资源区项目全生命周期合理利用小时数为32000小时、26000小时和22000小时。国家确定的光伏领跑者基地项目和2019、2020年竞价项目全生命周期合理利用小时数在所在资源区小时数基础上增加10%。

（三）生物质发电项目，包括农林生物质发电、垃圾焚烧发电和沼气发电项目，全生命周期合理利用小时数为82500小时。

二、项目补贴电量

项目全生命周期补贴电量＝项目容量 x 项目全生命周期合理利用小时数。其中，项目容量按核准（备案）时确定的容量为准。如项目实际容量小于核准（备案）容量的，以实际容量为准。

三、补贴标准

按照《可再生能源电价附加补助资金管理办法》（财建〔2020〕5号，以下简称5号文）规定纳入可再生能源发电补贴清单范围的项目，全生命周期补贴电量内所发电量，按照上网电价给予补贴，补贴标准＝（可再生能源标杆上网电价（含通过招标等竞争方式确定的上网电价）– 当地燃煤发电上网基准价）/（1＋适用增值税率）。

在未超过项目全生命周期合理利用小时数时，按可再生能源发电项目当年实际发电量给予补贴。

按照5号文规定纳入可再生能源发电补贴清单范围的项目，所发电量超过全生命周期补贴电量部分，不再享受中央财政补贴资金，核发绿证准许参与绿证交易。

按照5号文规定纳入可再生能源发电补贴清单范围的项目，风电、光伏发电项目自并网之日起满20年后，生物质发电项目自并网之日起满15年后，无论项目是否达到全生命周期补贴电量，不再享受中央财政补贴资金，核发绿证准许参与绿证交易。

四、加强项目核查

发展改革委、国家能源局、财政部将组织对补贴项目有关情况进行核查。其中，价格主管部门负责核查电价确定和执行等情况；电网企业负责核查项目核准（备案）和容量等情况，能源主管部门负责制定相关核查标准；财政主管部门负责核查补贴发放等情况。

电网企业应建立信息化数据平台，对接入的可再生能源发电项目装机、发电量、利用小时数等运行情况进行连续监测，对电费和补贴结算进行追踪分析，确保项目信息真实有效，符合国家制定的价格、项目和补贴管理办法。

（一）项目纳入可再生能源发电补贴清单时，项目业主应对项目实际容量进行申报。如在核查中发现申报容量与实际容量不符的，将按不符容量的2倍核减补贴资金。

（二）电网企业应按确定的项目补贴电量和补贴标准兑付补贴资金。如在核查中发现超标准拨付的情况，由电网企业自行承担。

特此通知。

财政部

发展改革委

国家能源局（章）

2020年9月29日

财政部 国家发展改革委 国家能源局关于促进非水可再生能源发电健康发展的若干意见

财建〔2020〕4号

各省、自治区、直辖市财政厅（局）、发展改革委、物价局、能源局，新疆生产建设兵团财政局、发展改革委，国家电网有限公司、中国南方电网有限责任公司：

非水可再生能源是能源供应体系的重要组成部分，是保障能源安全的重要内容。当前，非水可再生能源发电已进入产业转型升级和技术进步的关键期，风电、光伏等可再生能源已基本具备与煤电等传统能源平价的条件。为促进非水可再生能源发电健康稳定发展，提出以下意见。

一、完善现行补贴方式

（一）以收定支，合理确定新增补贴项目规模。根据可再生能源发展规划、补助资金年度增收水平等情况，合理确定补助资金当年支持新增项目种类和规模。财政部将商有关部门公布年度新增补贴总额。国家发展改革委、国家能源局在不超过年度补贴总额范围内，合理确定各类需补贴的可再生能源发电项目新增装机规模，并及早向社会公布，引导行业稳定发展。新增海上风电和光热项目不再纳入中央财政补贴范围，按规定完成核准（备案）并于2021年12月31日前全部机组完成并网的存量海上风力发电和太阳能光热发电项目，按相应价格政策纳入中央财政补贴范围。

（二）充分保障政策延续性和存量项目合理收益。已按规定核准（备案）、全部机组完成并网，同时经审核纳入补贴范围的可再生能源发电项目，按合理利用小时数核定中央财政补贴额度。对于自愿转为平价项目的存量项目，财政、能源主管部门将在补贴优先兑付、新增项目规模等方面给予政策支持。价格主管部门将根据行业发展需要和成本变化情况，及时完善垃圾焚烧发电价格形成机制。

（三）全面推行绿色电力证书交易。自2021年1月1日起，实行配额制下的绿色电力证书（以下称绿证）交易，同时研究将燃煤发电企业优先发电权、优先保障企业煤

141

炭进口等与绿证挂钩，持续扩大绿证市场交易规模，并通过多种市场化方式推广绿证交易。企业通过绿证交易获得收入相应替代财政补贴。

二、完善市场配置资源和补贴退坡机制

（四）持续推动陆上风电、光伏电站、工商业分布式光伏价格退坡。继续实施陆上风电、光伏电站、工商业分布式光伏等上网指导价退坡机制，合理设置退坡幅度，引导陆上风电、光伏电站、工商业分布式光伏尽快实现平价上网。

（五）积极支持户用分布式光伏发展。通过定额补贴方式，支持自然人安装使用"自发自用、余电上网"模式的户用分布式光伏设备。同时，根据行业技术进步、成本变化以及户用光伏市场情况，及时调整自然人分布式光伏发电项目定额补贴标准。

（六）通过竞争性方式配置新增项目。在年度补贴资金总额确定的情况下，进一步完善非水可再生能源发电项目的市场化配置机制，通过市场竞争的方式优先选择补贴强度低、退坡幅度大、技术水平高的项目。

三、优化补贴兑付流程

（七）简化目录制管理。国家不再发布可再生能源电价附加目录。所有可再生能源项目通过国家可再生能源信息管理平台填报电价附加申请信息。电网企业根据财政部等部门确定的原则，依照项目类型、并网时间、技术水平等条件，确定并定期向全社会公开符合补助条件的可再生能源发电项目清单，并将清单审核情况报财政部、国家发展改革委、国家能源局。此前，三部委已发文公布的1-7批目录内项目直接列入电网企业可再生能源发电项目补贴清单。

（八）明确补贴兑付主体责任。电网企业依法依规收购可再生能源发电量，及时兑付电价，收购电价（可再生能源发电上网电价）超出常规能源发电平均上网电价的部分，中央财政按照既定的规则与电网企业进行结算。

（九）补贴资金按年度拨付。财政部根据年度可再生能源电价附加收入预算和补助资金申请情况，将补助资金拨付到国家电网有限公司、中国南方电网有限公司和省级财政部门，电网企业根据补助资金收支情况，按照相关部门确定的优先顺序兑付补助资金，光伏扶贫、自然人分布式、参与绿色电力证书交易、自愿转为平价项目等项目可优先拨付资金。电网企业应切实加快兑付进度，确保资金及时拨付。

（十）鼓励金融机构按照市场化原则对列入补贴发电项目清单的企业予以支持。鼓励金融机构按照市场化原则对于符合规划并纳入补贴清单的发电项目，合理安排信贷资金规模，切实解决企业合规新能源项目融资问题。同时，鼓励金融机构加强支持力度，创新融资方式，加快推动已列入补贴清单发电项目的资产证券化进程。

四、加强组织领导

促进非水可再生能源高质量发展是推动能源战略转型、加快生态文明建设的重要内容，各有关方面要采取有力措施，全面实施预算绩效管理，保障各项政策实施效果。各省级发改、财政、能源部门要加强对本地区非水可再生能源的管理，结合实际制定发展规划。各省级电网要按照《中华人民共和国可再生能源法》以及其他政策法规规定，通过挖掘燃煤发电机组调峰潜力、增加电网调峰电源、优化调度运行方式等，提高非水可再生能源电力消纳水平，确保全额保障性收购政策落实到位。

财政部

国家发展改革委

国家能源局（章）

2020年1月20日

财政部 国家发展改革委 国家能源局
关于印发《可再生能源电价附加资金管理办法》
的通知

财建〔2020〕5号

各省、自治区、直辖市财政厅（局）、发展改革委、物价局、能源局，新疆生产建设兵团财政局、发展改革委，国家电网有限公司、中国南方电网有限责任公司：

　　为促进可再生能源开发利用，规范可再生能源电价附加资金管理，提高资金使用效率，根据《中华人民共和国预算法》《中华人民共和国可再生能源法》等要求，财政部、国家发展改革委、国家能源局共同修订了《可再生能源电价附加补助资金管理办法》，现印发给你们，请遵照执行。

　　附件：可再生能源电价附加补助资金管理办法

财政部

国家发展改革委

国家能源局（章）

2020年1月20日

附件

可再生能源电价附加补助资金管理办法

第一条 为规范可再生能源电价附加补助资金管理，根据《中华人民共和国预算法》、《中华人民共和国可再生能源法》等，制定本办法。

第二条 可再生能源电价附加补助资金（以下简称补助资金）属于可再生能源发展基金，是国家为支持可再生能源发电、促进可再生能源发电行业稳定发展而设立的政府性基金。补助资金由可再生能源电价附加收入筹集。

第三条 按照中央政府性基金预算管理要求和程序，由财政部按照以收定支的原则编制补助资金年度收支预算。

第四条 享受补助资金的可再生能源发电项目按以下办法确定：

（一）本办法印发后需补贴的新增可再生能源发电项目（以下简称新增项目），由财政部根据补助资金年度增收水平、技术进步和行业发展等情况，合理确定补助资金当年支持的新增可再生能源发电项目补贴总额。国家发展改革委、国家能源局根据可再生能源发展规划、技术进步等情况，在不超过财政部确定的年度新增补贴总额内，合理确定各类需补贴的可再生能源发电项目新增装机规模。

（二）本办法印发前需补贴的存量可再生能源发电项目（以下简称存量项目），需符合国家能源主管部门要求，按照规模管理的需纳入年度建设规模管理范围，并按流程经电网企业审核后纳入补助项目清单。

第五条 国家发展改革委、国家能源局应按照以收定支原则，制定可再生能源发电项目分类型的管理办法，明确项目规模管理以及具体监管措施并及早向社会公布。有管理办法并且纳入国家可再生能源发电补贴规模管理范围的项目，相应给予补贴。

第六条 电网企业应按照本办法要求，定期公布、及时调整符合补助条件的可再生能源发电补助项目清单，并定期将公布情况报送财政部、国家发展改革委、国家能源局。纳入补助项目清单项目的具体条件包括：

（一）新增项目需纳入当年可再生能源发电补贴总额范围内；存量项目需符合国家能源主管部门要求，按照规模管理的需纳入年度建设规模管理范围内。

（二）按照国家有关规定已完成审批、核准或备案；符合国家可再生能源价格政策，上网电价已经价格主管部门审核批复。

（三）全部机组并网时间符合补助要求。

（四）相关审批、核准、备案和并网要件经国家可再生能源信息管理平台审核通过。

国家电网有限公司、南方电网有限责任公司分别负责公布各自经营范围内的补助项目清单；地方独立电网企业负责经营范围内的补助项目清单，报送所在地省级财政、价格、能源主管部门审核后公布。

第七条 享受补助资金的光伏扶贫项目和公共可再生能源独立电力系统项目按以下办法确定：

（一）纳入国家光伏规模管理且纳入国家扶贫目录的光伏扶贫项目，由所在地省级扶贫、能源主管部门提出申请，国务院扶贫办、国家能源局审核后报财政部、国家发展改革委确认，符合条件的项目列入光伏扶贫项目补助目录。

（二）国家投资建设或国家组织企业投资建设的公共可再生能源独立电力系统，由项目所在地省级财政、价格、能源主管部门提出申请，财政部、国家发展改革委、国家能源局审核后纳入公共独立系统补助目录。

第八条 电网企业和省级相关部门按以下办法测算补助资金需求：

（一）电网企业收购补助项目清单内项目的可再生能源发电量，按照上网电价（含通过招标等竞争方式确定的上网电价）给予补助的，补助标准＝（电网企业收购价格－燃煤发电上网基准价）／（1＋适用增值税率）。

（二）电网企业收购补助项目清单内项目的可再生能源发电量，按照定额补助的，补助标准＝定额补助标准／（1＋适用增值税率）。

（三）纳入补助目录的公共可再生能源独立电力系统，合理的运行和管理费用超出销售电价的部分，经省级相关部门审核后，据实测算补助资金，补助上限不超过每瓦每年2元。财政部将每两年委托第三方机构对运行和管理费用进行核实并适时调整补助上限。

（四）单个项目的补助额度按照合理利用小时数核定。

第九条 每年3月30日前，由电网企业或省级相关部门提出补助资金申请。

（一）纳入补助目录的可再生能源发电项目和光伏扶贫项目，由电网企业提出补助资金申请。其中：国家电网有限公司、南方电网有限责任公司向财政部提出申请；地方独立电网企业由所在地省级财政、价格、能源主管部门向财政部提出申请。

（二）纳入补助目录的公共可再生能源独立电力系统，由项目所在地省级财政、价格、能源主管部门向财政部提出申请。

（三）电网企业和省级相关部门提出的新增项目补助资金必须符合以收定支的原则，不得超过当年确定的新增补贴总额。

第十条　财政部根据电网企业和省级相关部门申请以及本年度可再生能源电价附加收入情况，按照以收定支的原则向电网企业和省级财政部门拨付补助资金。电网企业按以下办法兑付补助资金：

（一）当年纳入国家规模管理的新增项目足额兑付补助资金。

（二）纳入补助目录的存量项目，由电网企业依照项目类型、并网时间、技术水平和相关部门确定的原则等条件，确定目录中项目的补助资金拨付顺序并向社会公开。

光伏扶贫、自然人分布式、参与绿色电力证书交易、自愿转为平价项目等项目可优先兑付补助资金。其他存量项目由电网企业按照相同比例统一兑付。

第十一条　电网企业因收购可再生能源发电量产生的其他合理费用，以及按要求对补助资金进行核查产生的合理费用，由财政部审核后通过补助资金支持。

第十二条　各级财政部门收到补助资金后，应尽快向本级独立电网企业或公共可再生能源独立电力系统项目单位分解下达预算，并按照国库集中支付制度有关规定及时支付资金。

电网企业收到补助资金后，一般应当在10个工作日内，按照目录优先顺序及结算要求及时兑付给可再生能源发电企业。电网企业应按年对补助资金申请使用等情况进行全面核查，必要时可聘请独立第三方，核查结果及时报送财政部、国家发展改革委、国家能源局。国家发展改革委、国家能源局、财政部需适时对项目开展核查，核查结果将作为补贴发放的重要依据。核查结果不合格的项目，电网企业应暂停发放补贴。

光伏扶贫项目补助资金应及时兑付给县级扶贫结转账户。

第十三条　补助资金实施绩效管理。国家能源局会同国家发展改革委、财政部根据绩效管理要求确定年度绩效目标和评价要求。年度结束后，电网企业和省级能源主管部门应开展绩效自评，自评结果报国家能源局、国家发展改革委，国家能源局会同发展改革委汇总后将补助资金整体绩效评价结果报财政部。财政部将适时组织对补贴政策执行情况开展重点绩效评价，强化评价结果应用，根据绩效评价结果及时调整完善政策、优化预算安排。

第十四条　电网企业和可再生能源发电企业存在违反规定骗取、套取补助资金等违法违纪行为的，按照《中华人民共和国预算法》、《财政违法行为处罚处分条例》等

有关规定进行处理。

第十五条 各级财政、发改、能源等部门及其工作人员在补助资金审核、分配工作中，存在违反规定分配资金、向不符合条件的单位（个人）分配资金、擅自超出规定的范围或者标准分配或使用补助资金等，以及其他滥用职权、玩忽职守、徇私舞弊等违法违纪行为的，按照《中华人民共和国预算法》、《中华人民共和国公务员法》《中华人民共和国监察法》《财政违法行为处罚处分条例》等有关规定进行处理。

第十六条 本办法由财政部会同相关部门按职责分工进行解释。

第十七条 本办法自印发之日起施行。2012年3月14日印发的《可再生能源电价附加补助资金管理暂行办法》（财建〔2012〕102号）同时废止。

关于印发《可再生能源电价附加有关会计处理规定》的通知

财会〔2012〕24号

国务院有关部委、有关直属机构，各省、自治区、直辖市、计划单列市财政厅（局），新疆生产建设兵团财务局，财政部驻各省、自治区、直辖市、计划单列市财政监察专员办事处：

为促进我国可再生能源的开发利用，根据《中华人民共和国可再生能源法》、《财政部 国家发展改革委 国家能源局关于印发〈可再生能源电价附加补助资金管理暂行办法〉的通知》（财建〔2012〕102号）等相关规定，我们制定了《可再生能源电价附加有关会计处理规定》，请布置本地区相关企业执行。执行中有何问题，请及时反馈我部。

附件：可再生能源电价附加有关会计处理规定

财政部（章）

2012年12月27日

附件：

可再生能源电价附加有关会计处理规定

　　根据《中华人民共和国可再生能源法》、《财政部 国家发展改革委 国家能源局关于印发〈可再生能源电价附加补助资金管理暂行办法〉的通知》（财建〔2012〕102号）等相关规定，现就可再生能源电价附加有关会计处理规定如下：

　　一、电网企业代征代缴可再生能源电价附加的会计处理

　　电网企业向电力用户销售电量时，按实际收到或应收的金额，借记"银行存款"、"应收账款"等科目，按实现的电价收入，贷记"主营业务收入"科目，按实际销售电量计算的应代征可再生能源电价附加额，贷记"其他应付款"等科目，按专用发票上注明的增值税额，贷记"应交税费——应交增值税（销项税额）"科目。

　　电网企业按月上缴可再生能源电价附加时，按取得的《非税收入一般缴款书》上注明的缴款额，借记"其他应付款"等科目，贷记"银行存款"科目。

　　电网企业取得可再生能源电价附加代征手续费时，借记"银行存款"等科目，贷记"其他业务收入"科目。

　　电网企业按有关规定进行可再生能源电价附加汇算清缴时，因电力用户欠缴电费，经专员办审核确认后作为坏账损失核销而不计入电网企业实际销售电量的，按核减电量计算的可再生能源电价附加，借记"其他应付款"等科目，贷记"应收账款"科目。已审核确认并核销的坏账损失如果以后又收回的，按实际收回电量计算的可再生能源电价附加，借记"银行存款"科目，贷记"其他应付款"等科目。

　　二、电网企业收购可再生能源电量的会计处理

　　电网企业收购可再生能源电量时，按可再生能源发电上网电价计算的购电费，借记"生产成本"等科目，按专用发票上注明的增值税额，借记"应交税费——应交增值税（进项税额）"科目，按实际支付或应付的金额，贷记"银行存款"、"应付账款"等科目。

　　三、电网企业取得可再生能源发电项目上网电价补助的会计处理

　　电网企业取得可再生能源发电项目上网电价补助时，按收到或应收的金额，借记

150

"银行存款"等科目，贷记"主营业务收入"科目。

四、可再生能源发电企业销售可再生能源电量的会计处理

可再生能源发电企业销售可再生能源电量时，按实际收到或应收的金额，借记"银行存款"、"应收账款"等科目，按实现的电价收入，贷记"主营业务收入"科目，按专用发票上注明的增值税额，贷记"应交税费——应交增值税（销项税额）"科目。

五、企业取得可再生能源发电项目接网费用等补助的会计处理

企业专为可再生能源发电项目接入电网系统而发生的工程投资和运行维护费用，以及国家投资或补贴建设的公共可再生能源独立电力系统所发生的合理的运行和管理费用超出销售电价的部分，按规定取得可再生能源电价附加补助资金的，按收到或应收的补助金额，借记"银行存款"、"其他应收款"等科目，贷记"主营业务收入"科目。

财政部 国家发展改革委 国家能源局关于印发《可再生能源发展基金征收使用管理暂行办法》的通知

财综〔2011〕115号

各省、自治区、直辖市财政厅（局）、发展改革委、能源局、物价局，财政部驻各省、自治区、直辖市财政监察专员办事处，国家电网公司、中国南方电网有限责任公司、内蒙古自治区电力有限责任公司：

　　为了促进可再生能源的开发利用，根据《中华人民共和国可再生能源法》有关规定，财政部会同国家发展改革委、国家能源局共同制定了《可再生能源发展基金征收使用管理暂行办法》，现印发给你们，请遵照执行。

　　附件：可再生能源发展基金征收使用管理暂行办法

财政部

国家发展改革委

国家能源局（章）

2011年11月29日

附件：

可再生能源发展基金征收使用管理暂行办法

第一章　总　则

第一条　为了促进可再生能源的开发利用，根据《中华人民共和国可再生能源法》的有关规定，制定本办法。

第二条　可再生能源发展基金的资金筹集、使用管理和监督检查等适用本办法。

第二章　资金筹集

第三条　可再生能源发展基金包括国家财政公共预算安排的专项资金（以下简称可再生能源发展专项资金）和依法向电力用户征收的可再生能源电价附加收入等。

第四条　可再生能源发展专项资金由中央财政从年度公共预算中予以安排（不含国务院投资主管部门安排的中央预算内基本建设专项资金）。

第五条　可再生能源电价附加在除西藏自治区以外的全国范围内，对各省、自治区、直辖市扣除农业生产用电（含农业排灌用电）后的销售电量征收。

第六条　各省、自治区、直辖市纳入可再生能源电价附加征收范围的销售电量包括：

（一）省级电网企业（含各级子公司）销售给电力用户的电量；

（二）省级电网企业扣除合理线损后的趸售电量（即实际销售给转供单位的电量，不含趸售给各级子公司的电量）；

（三）省级电网企业对境外销售电量；

（四）企业自备电厂自发自用电量；

（五）地方独立电网（含地方供电企业，下同）销售电量（不含省级电网企业销售给地方独立电网的电量）；

（六）大用户与发电企业直接交易的电量。

省（自治区、直辖市）际间交易电量，计入受电省份的销售电量征收可再生能源

电价附加。

第七条 可再生能源电价附加征收标准为8厘/千瓦时。根据可再生能源开发利用中长期总量目标和开发利用规划，以及可再生能源电价附加收支情况，征收标准可以适时调整。

第八条 可再生能源电价附加由财政部驻各省、自治区、直辖市财政监察专员办事处（以下简称专员办）按月向电网企业征收，实行直接缴库，收入全额上缴中央国库。

电力用户应缴纳的可再生能源电价附加，按照下列方式由电网企业代征：

（一）大用户与发电企业直接交易电量的可再生能源电价附加，由代为输送电量的电网企业代征；

（二）地方独立电网销售电量的可再生能源电价附加，由地方电网企业在向电力用户收取电费时一并代征；

（三）企业自备电厂自发自用电量应缴纳的可再生能源电价附加，由所在地电网企业代征；

（四）其他社会销售电量的可再生能源电价附加，由省级电网企业在向电力用户收取电费时一并代征。

第九条 可再生能源电价附加收入填列政府收支分类科目第103类01款68项"可再生能源电价附加收入"。

第十条 省级电网企业和地方独立电网企业，应于每月10日前向驻当地专员办申报上月实际销售电量（含自备电厂自发自用电量，下同）和应缴纳的可再生能源电价附加。专员办应于每月12日前完成对企业申报的审核，确定可再生能源电价附加征收额，并向申报企业开具《非税收入一般缴款书》。省级电网企业和地方独立电网企业，应于每月15日前，按照专员办开具《非税收入一般缴款书》所规定的缴款额，足额上缴可再生能源电价附加。

第十一条 专员办根据省级电网企业和地方独立电网企业全年实际销售电量，在次年3月底前完成对相关企业全年应缴可再生能源电价附加的汇算清缴工作。

专员办开展汇算清缴工作时，应对电力用户欠缴电费、电网企业核销坏账损失的电量情况进行审核，经确认后不计入相关企业全年实际销售电量。

第十二条 中央财政按照可再生能源附加实际代征额的2‰付给相关电网企业代征手续费，代征手续费从可再生能源发展基金支出预算中安排，具体支付方式按照财政部的有关规定执行。代征电网企业不得从代征收入中直接提留代征手续费。

第十三条 对可再生能源电价附加征收增值税而减少的收入，由财政预算安排相应资金予以弥补，并计入"可再生能源电价附加收入"科目核算。

第三章 资金使用

第十四条 可再生能源发展基金用于支持可再生能源发电和开发利用活动：

（一）可再生能源发展专项资金主要用于支持以下可再生能源开发利用活动：

1.可再生能源开发利用的科学技术研究、标准制定和示范工程；

2.农村、牧区生活用能的可再生能源利用项目；

3.偏远地区和海岛可再生能源独立电力系统建设；

4.可再生能源的资源勘查、评价和相关信息系统建设；

5.促进可再生能源开发利用设备的本地化生产；

6.《中华人民共和国可再生能源法》规定的其他相关事项。

（二）可再生能源电价附加收入用于以下补助：

1.电网企业按照国务院价格主管部门确定的上网电价，或者根据《中华人民共和国可再生能源法》有关规定通过招标等竞争性方式确定的上网电价，收购可再生能源电量所发生的费用高于按照常规能源发电平均上网电价计算所发生费用之间的差额；

2.执行当地分类销售电价，且由国家投资或者补贴建设的公共可再生能源独立电力系统，其合理的运行和管理费用超出销售电价的部分；

3.电网企业为收购可再生能源电量而支付的合理的接网费用以及其他合理的相关费用，不能通过销售电价回收的部分。

第十五条 相关企业申请可再生能源发展专项资金补助的具体办法，按照《财政部关于印发〈可再生能源发展专项资金管理暂行办法〉的通知》（财建〔2006〕237号）等有关文件的规定执行。

可再生能源发展专项资金用于固定资产投资的，还应按照中央政府投资管理的有关规定执行。

第十六条 电网企业应按照《中华人民共和国可再生能源法》相关规定，全额收购其电网覆盖范围内符合并网技术标准的可再生能源并网发电项目的上网电量。

第十七条 可再生能源电价附加补助资金的申报、审核、拨付等具体办法，由财政部会同国家发展改革委、国家能源局另行制定。

第十八条 可再生能源发展专项资金支出填列政府收支分类科目中第211类12款01项"可再生能源"；可再生能源电价附加支出填列政府收支分类科目中第211类15款

01项"可再生能源电价附加收入安排的支出"（新增）。

第四章 监督检查

第十九条 财政、价格、能源、审计部门按照职责分工，对可再生能源电价附加的征收、拨付、使用和管理情况进行监督检查。

第二十条 省级电网企业和地方独立电网企业，应及时足额上缴可再生能源电价附加，不得拖延缴纳。

第二十一条 未经批准，多征、减征、缓征、停征或截留、挤占、挪用可再生能源电价附加收入的单位及责任人，由财政、价格、能源、审计等相关部门依照《中华人民共和国价格法》、《财政违法行为处罚处分条例》、《价格违法行为行政处罚规定》等法律法规追究法律责任。

第五章 附 则

第二十二条 本办法由财政部会同国家发展改革委、国家能源局解释。

第二十三条 本办法自2012年1月1日起施行。

国家发展改革委关于印发
《可再生能源发电价格和费用分摊管理试行办法》
的通知

发改价格〔2006〕7号

各省、自治区、直辖市发展改革委、物价局、电力公司，国家电网公司、南方电网公司：

为促进可再生能源的开发利用，根据《中华人民共和国可再生能源法》，我委研究制定了《可再生能源发电价格和费用分摊管理试行办法》，现印发你们，请按照执行。对执行中出现问题，请及时报告我委。

附件：《可再生能源发电价格和费用分摊管理试行办法》

中华人民共和国国家发展和改革委员会（章）

二〇〇六年一月四日

附件：

可再生能源发电价格和费用分摊管理试行办法

第一章 总 则

第一条 为促进可再生能源发电产业的发展，依据《中华人民共和国可再生能源法》和《价格法》，特制定本办法。

第二条 本办法的适用范围为：风力发电、生物质发电（包括农林废弃物直接燃烧和气化发电、垃圾焚烧和垃圾填埋气发电、沼气发电）、太阳能发电、海洋能发电和地热能发电。水力发电价格暂按现行规定执行。

第三条 中华人民共和国境内的可再生能源发电项目，2006年及以后获得政府主管部门批准或核准建设的，执行本办法；2005年12月31日前获得政府主管部门批准或核准建设的，仍执行现行有关规定。

第四条 可再生能源发电价格和费用分摊标准本着促进发展、提高效率、规范管理、公平负担的原则制定。

第五条 可再生能源发电价格实行政府定价和政府指导价两种形式。政府指导价即通过招标确定的中标价格。可再生能源发电价格高于当地脱硫燃煤机组标杆上网电价的差额部分，在全国省级及以上电网销售电量中分摊。

第二章 电价制定

第六条 风力发电项目的上网电价实行政府指导价，电价标准由国务院价格主管部门按照招标形成的价格确定。

第七条 生物质发电项目上网电价实行政府定价的，由国务院价格主管部门分地区制定标杆电价，电价标准由各省（自治区、直辖市）2005年脱硫燃煤机组标杆上网电价加补贴电价组成。补贴电价标准为每千瓦时0.25元。发电项目自投产之日起，15年内享受补贴电价；运行满15年后，取消补贴电价。自2010年起，每年新批准和核准建设的发电项目的补贴电价比上一年新批准和核准建设项目的补贴电价递减2%。发电消耗热量中常规能源超过20%的混燃发电项目，视同常规能源发电项目，执行当地燃煤电厂的标杆电价，不享受补贴电价。

第八条 通过招标确定投资人的生物质发电项目，上网电价实行政府指导价，即按中标确定的价格执行，但不得高于所在地区的标杆电价。

第九条 太阳能发电、海洋能发电和地热能发电项目上网电价实行政府定价，其电价标准由国务院价格主管部门按照合理成本加合理利润的原则制定。

第十条 公共可再生能源独立电力系统，对用户的销售电价执行当地省级电网的分类销售电价。

第十一条 鼓励电力用户自愿购买可再生能源电量，电价按可再生能源发电价格加上电网平均输配电价执行。

第三章　费用支付和分摊

第十二条 可再生能源发电项目上网电价高于当地脱硫燃煤机组标杆上网电价的部分、国家投资或补贴建设的公共可再生能源独立电力系统运行维护费用高于当地省级电网平均销售电价的部分，以及可再生能源发电项目接网费用等，通过向电力用户征收电价附加的方式解决。

第十三条 可再生能源电价附加向省级及以上电网企业服务范围内的电力用户（包括省网公司的趸售对象、自备电厂用户、向发电厂直接购电的大用户）收取。地县自供电网、西藏地区以及从事农业生产的电力用户暂时免收。

第十四条 可再生能源电价附加由国务院价格主管部门核定，按电力用户实际使用的电量计收，全国实行统一标准。

第十五条 可再生能源电价附加计算公式为：可再生能源电价附加＝可再生能源电价附加总额／全国加价销售电量可再生能源电价附加总额＝Σ〔（可再生能源发电价格−当地省级电网脱硫燃煤机组标杆电价）×电网购可再生能源电量＋（公共可再生能源独立电力系统运行维护费用−当地省级电网平均销售电价×公共可再生能源独立电力系统售电量）＋可再生能源发电项目接网费用以及其他合理费用〕其中：（1）全国加价销售电量＝规划期内全国省级及以上电网企业售电总量−农业生产用电量−西藏电网售电量。（2）电网购可再生能源电量＝规划的可再生能源发电量—厂用电量。（3）公共可再生能源独立电力系统运行维护费用＝公共可再生能源独立电力系统经营成本×（1＋增值税率）。（4）可再生能源发电项目接网费用以及其他合理费用，是指专为可再生能源发电项目接入电网系统而发生的工程投资和运行维护费用，以政府有关部门批

准的设计文件为依据。在国家未明确输配电成本前，暂将接入费用纳入可再生能源电价附加中计算。

第十六条 按照省级电网企业加价销售电量占全国电网加价销售电量的比例，确定各省级电网企业应分摊的可再生能源电价附加额。计算公式为：各省级电网企业应分摊的电价附加额＝全国可再生能源电价附加总额×省级电网企业服务范围内的加价售电量/全国加价销售电量。

第十七条 可再生能源电价附加计入电网企业销售电价，由电网企业收取，单独记账，专款专用。所涉及的税收优惠政策，按国务院规定的具体办法执行。

第十八条 可再生能源电价附加由国务院价格主管部门根据可再生能源发展的实际情况适时调整，调整周期不少于一年。

第十九条 各省级电网企业实际支付的补贴电费以及发生的可再生能源发电项目接网费用，与其应分摊的可再生能源电价附加额的差额，在全国范围内实行统一调配。具体管理办法由国家电力监管部门根据本办法制定，报国务院价格主管部门核批。

第四章 附 则

第二十条 可再生能源发电企业和电网企业必须真实、完整地记载和保存可再生能源发电上网交易电量、价格和金额等有关资料，并接受价格主管部门、电力监管机构及审计部门的检查和监督。

第二十一条 不执行本办法的有关规定，对企业和国家利益造成损失的，由国务院价格主管部门、电力监管机构及审计部门进行审查，并追究主要责任人的责任。

第二十二条 本办法自2006年1月1日起执行。

第二十三条 本办法由国家发展和改革委员会负责解释。

二、项目建设并网运行管理

企业投资项目核准和备案管理条例

中华人民共和国国务院令第673号

（2016年10月8日国务院第149次常务会议通过2016年11月30日中华人民共和国国务院令第673号公布　自2017年2月1日起施行）

第一条　为了规范政府对企业投资项目的核准和备案行为，加快转变政府的投资管理职能，落实企业投资自主权，制定本条例。

第二条　本条例所称企业投资项目（以下简称项目），是指企业在中国境内投资建设的固定资产投资项目。

第三条　对关系国家安全、涉及全国重大生产力布局、战略性资源开发和重大公共利益等项目，实行核准管理。具体项目范围以及核准机关、核准权限依照政府核准的投资项目目录执行。政府核准的投资项目目录由国务院投资主管部门会同国务院有关部门提出，报国务院批准后实施，并适时调整。国务院另有规定的，依照其规定。

对前款规定以外的项目，实行备案管理。除国务院另有规定的，实行备案管理的项目按照属地原则备案，备案机关及其权限由省、自治区、直辖市和计划单列市人民政府规定。

第四条　除涉及国家秘密的项目外，项目核准、备案通过国家建立的项目在线监管平台（以下简称在线平台）办理。

核准机关、备案机关以及其他有关部门统一使用在线平台生成的项目代码办理相关手续。

国务院投资主管部门会同有关部门制定在线平台管理办法。

第五条　核准机关、备案机关应当通过在线平台列明与项目有关的产业政策，公开项目核准的办理流程、办理时限等，并为企业提供相关咨询服务。

第六条　企业办理项目核准手续，应当向核准机关提交项目申请书；由国务院核准的项目，向国务院投资主管部门提交项目申请书。项目申请书应当包括下列内容：

（一）企业基本情况；

（二）项目情况，包括项目名称、建设地点、建设规模、建设内容等；

（三）项目利用资源情况分析以及对生态环境的影响分析；

（四）项目对经济和社会的影响分析。

企业应当对项目申请书内容的真实性负责。

法律、行政法规规定办理相关手续作为项目核准前置条件的，企业应当提交已经办理相关手续的证明文件。

第七条　项目申请书由企业自主组织编制，任何单位和个人不得强制企业委托中介服务机构编制项目申请书。

核准机关应当制定并公布项目申请书示范文本，明确项目申请书编制要求。

第八条　由国务院有关部门核准的项目，企业可以通过项目所在地省、自治区、直辖市和计划单列市人民政府有关部门（以下称地方人民政府有关部门）转送项目申请书，地方人民政府有关部门应当自收到项目申请书之日起5个工作日内转送核准机关。

由国务院核准的项目，企业通过地方人民政府有关部门转送项目申请书的，地方人民政府有关部门应当在前款规定的期限内将项目申请书转送国务院投资主管部门，由国务院投资主管部门审核后报国务院核准。

第九条　核准机关应当从下列方面对项目进行审查：

（一）是否危害经济安全、社会安全、生态安全等国家安全；

（二）是否符合相关发展建设规划、技术标准和产业政策；

（三）是否合理开发并有效利用资源；

（四）是否对重大公共利益产生不利影响。

项目涉及有关部门或者项目所在地地方人民政府职责的，核准机关应当书面征求其意见，被征求意见单位应当及时书面回复。

核准机关委托中介服务机构对项目进行评估的，应当明确评估重点；除项目情况复杂的，评估时限不得超过30个工作日。评估费用由核准机关承担。

第十条　核准机关应当自受理申请之日起20个工作日内，作出是否予以核准的决定；项目情况复杂或者需要征求有关单位意见的，经本机关主要负责人批准，可以延长核准期限，但延长的期限不得超过40个工作日。核准机关委托中介服务机构对项目进行评估的，评估时间不计入核准期限。

核准机关对项目予以核准的，应当向企业出具核准文件；不予核准的，应当书面通知企业并说明理由。由国务院核准的项目，由国务院投资主管部门根据国务院的决定向企业出具核准文件或者不予核准的书面通知。

第十一条 企业拟变更已核准项目的建设地点，或者拟对建设规模、建设内容等作较大变更的，应当向核准机关提出变更申请。核准机关应当自受理申请之日起20个工作日内，作出是否同意变更的书面决定。

第十二条 项目自核准机关作出予以核准决定或者同意变更决定之日起2年内未开工建设，需要延期开工建设的，企业应当在2年期限届满的30个工作日前，向核准机关申请延期开工建设。核准机关应当自受理申请之日起20个工作日内，作出是否同意延期开工建设的决定。开工建设只能延期一次，期限最长不得超过1年。国家对项目延期开工建设另有规定的，依照其规定。

第十三条 实行备案管理的项目，企业应当在开工建设前通过在线平台将下列信息告知备案机关：

（一）企业基本情况；

（二）项目名称、建设地点、建设规模、建设内容；

（三）项目总投资额；

（四）项目符合产业政策的声明。

企业应当对备案项目信息的真实性负责。

备案机关收到本条第一款规定的全部信息即为备案；企业告知的信息不齐全的，备案机关应当指导企业补正。

企业需要备案证明的，可以要求备案机关出具或者通过在线平台自行打印。

第十四条 已备案项目信息发生较大变更的，企业应当及时告知备案机关。

第十五条 备案机关发现已备案项目属于产业政策禁止投资建设或者实行核准管理的，应当及时告知企业予以纠正或者依法办理核准手续，并通知有关部门。

第十六条 核准机关、备案机关以及依法对项目负有监督管理职责的其他有关部门应当加强事中事后监管，按照谁审批谁监管、谁主管谁监管的原则，落实监管责任，采取在线监测、现场核查等方式，加强对项目实施的监督检查。

企业应当通过在线平台如实报送项目开工建设、建设进度、竣工的基本信息。

第十七条 核准机关、备案机关以及依法对项目负有监督管理职责的其他有关部门应当建立项目信息共享机制，通过在线平台实现信息共享。

企业在项目核准、备案以及项目实施中的违法行为及其处理信息，通过国家社会信用信息平台向社会公示。

　　第十八条　实行核准管理的项目，企业未依照本条例规定办理核准手续开工建设或者未按照核准的建设地点、建设规模、建设内容等进行建设的，由核准机关责令停止建设或者责令停产，对企业处项目总投资额1‰以上5‰以下的罚款；对直接负责的主管人员和其他直接责任人员处2万元以上5万元以下的罚款，属于国家工作人员的，依法给予处分。

　　以欺骗、贿赂等不正当手段取得项目核准文件，尚未开工建设的，由核准机关撤销核准文件，处项目总投资额1‰以上5‰以下的罚款；已经开工建设的，依照前款规定予以处罚；构成犯罪的，依法追究刑事责任。

　　第十九条　实行备案管理的项目，企业未依照本条例规定将项目信息或者已备案项目的信息变更情况告知备案机关，或者向备案机关提供虚假信息的，由备案机关责令限期改正；逾期不改正的，处2万元以上5万元以下的罚款。

　　第二十条　企业投资建设产业政策禁止投资建设项目的，由县级以上人民政府投资主管部门责令停止建设或者责令停产并恢复原状，对企业处项目总投资额5‰以上10‰以下的罚款；对直接负责的主管人员和其他直接责任人员处5万元以上10万元以下的罚款，属于国家工作人员的，依法给予处分。法律、行政法规另有规定的，依照其规定。

　　第二十一条　核准机关、备案机关及其工作人员在项目核准、备案工作中玩忽职守、滥用职权、徇私舞弊的，对负有责任的领导人员和直接责任人员依法给予处分；构成犯罪的，依法追究刑事责任。

　　第二十二条　事业单位、社会团体等非企业组织在中国境内投资建设的固定资产投资项目适用本条例，但通过预算安排的固定资产投资项目除外。

　　第二十三条　国防科技工业企业在中国境内投资建设的固定资产投资项目核准和备案管理办法，由国务院国防科技工业管理部门根据本条例的原则另行制定。

　　第二十四条　本条例自2017年2月1日起施行。

国家发展改革委 国家能源局关于建立健全可再生能源电力消纳保障机制的通知

发改能源〔2019〕807号

为深入贯彻习近平总书记关于推动能源生产和消费革命的重要论述，加快构建清洁低碳、安全高效的能源体系，促进可再生能源开发利用，依据《中华人民共和国可再生能源法》《关于加快培育和发展战略性新兴产业的决定》《能源发展战略行动计划（2014-2020年）》，决定对各省级行政区域设定可再生能源电力消纳责任权重，建立健全可再生能源电力消纳保障机制。现将有关事项和政策措施通知如下。

一、对电力消费设定可再生能源电力消纳责任权重。可再生能源电力消纳责任权重是指按省级行政区域对电力消费规定应达到的可再生能源电量比重，包括可再生能源电力总量消纳责任权重（简称"总量消纳责任权重"）和非水电可再生能源电力消纳责任权重（简称"非水电消纳责任权重"）。满足总量消纳责任权重的可再生能源电力包括全部可再生能源发电种类；满足非水电消纳责任权重的可再生能源电力包括除水电以外的其他可再生能源发电种类。对各省级行政区域规定应达到的最低可再生能源电力消纳责任权重（简称"最低消纳责任权重"），按超过最低消纳责任权重一定幅度确定激励性消纳责任权重。

二、按省级行政区域确定消纳责任权重。国务院能源主管部门组织有关机构，按年度对各省级行政区域可再生能源电力消纳责任权重进行统一测算，向各省级能源主管部门征求意见。各省级能源主管部门会同经济运行管理部门在国家电网有限公司（简称"国家电网"）、中国南方电网有限责任公司（简称"南方电网"）所属省级电网企业和省属地方电网企业技术支持下，对国务院能源主管部门统一测算提出的消纳责任权重进行研究后向国务院能源主管部门反馈意见。国务院能源主管部门结合各方面反馈意见，综合论证后于每年3月底前向各省级行政区域下达当年可再生能源电力消纳责任权重。

三、各省级能源主管部门牵头承担消纳责任权重落实责任。各省级能源主管部门会同经济运行管理部门、所在地区的国务院能源主管部门派出监管机构按年度组织制定本省级行政区域可再生能源电力消纳实施方案（简称"消纳实施方案"），报省级人民政府批准后实施。消纳实施方案主要应包括：年度消纳责任权重及消纳量分配、消纳实施工作机制、消纳责任履行方式、对消纳责任主体的考核方式等。各省级行政区域制定消纳实施方案时，对承担消纳责任的市场主体设定的消纳责任权重可高于国务院能源主管部门向本区域下达的最低消纳责任权重。

四、售电企业和电力用户协同承担消纳责任。承担消纳责任的第一类市场主体为各类直接向电力用户供/售电的电网企业、独立售电公司、拥有配电网运营权的售电公司（简称"配售电公司"，包括增量配电项目公司）；第二类市场主体为通过电力批发市场购电的电力用户和拥有自备电厂的企业。第一类市场主体承担与其年售电量相对应的消纳量，第二类市场主体承担与其年用电量相对应的消纳量。各承担消纳责任的市场主体的售电量和用电量中，农业用电和专用计量的供暖电量免于消纳责任权重考核。

五、电网企业承担经营区消纳责任权重实施的组织责任。国家电网、南方电网指导所属省级电网企业依据有关省级人民政府批准的消纳实施方案，负责组织经营区内各承担消纳责任的市场主体完成可再生能源电力消纳。有关省级能源主管部门会同经济运行管理部门督促省属地方电网企业、配售电公司以及未与公用电网联网的拥有自备电厂的企业完成可再生能源电力消纳。各承担消纳责任的市场主体及用户均须完成所在区域电网企业分配的消纳量，并在电网企业统一组织下协同完成本经营区的消纳量。

六、做好消纳责任权重实施与电力交易衔接。各电力交易机构负责组织开展可再生能源电力相关交易，指导参与电力交易的承担消纳责任的市场主体优先完成可再生能源电力消纳相应的电力交易，在中长期电力交易合同审核、电力交易信息公布等环节对承担消纳责任的市场主体给予提醒。各承担消纳责任的市场主体参与电力市场交易时，应向电力交易机构作出履行可再生能源电力消纳责任的承诺。

七、消纳量核算方式。各承担消纳责任的市场主体以实际消纳可再生能源电量为主要方式完成消纳量，同时可通过以下补充（替代）方式完成消纳量。

（一）向超额完成年度消纳量的市场主体购买其超额完成的可再生能源电力消纳量（简称"超额消纳量"），双方自主确定转让（或交易）价格。

（二）自愿认购可再生能源绿色电力证书（简称"绿证"），绿证对应的可再生能源

电量等量记为消纳量。

八、消纳量监测核算和交易。各电力交易机构负责承担消纳责任的市场主体的消纳量账户设立、消纳量核算及转让（或交易）、消纳量监测统计工作。国务院能源主管部门依据国家可再生能源信息管理中心和电力交易机构核算的消纳量统计结果，按年度发布各承担消纳责任的市场主体的消纳量完成情况。各省级行政区域内的消纳量转让（或交易）原则上由省（自治区、直辖市）电力交易中心组织，跨省级行政区域的消纳量转让（或交易）在北京电力交易中心和广州电力交易中心组织下进行。国家可再生能源信息管理中心与国家电网、南方电网等电网企业及各电力交易中心联合建立消纳量监测核算技术体系并实现信息共享。

九、做好可再生能源电力消纳相关信息报送。国家电网、南方电网所属省级电网企业和省属地方电网企业于每年1月底前向省级能源主管部门、经济运行管理部门和所在地区的国务院能源主管部门派出监管机构报送上年度本经营区及各承担消纳责任的市场主体可再生能源电力消纳量完成情况的监测统计信息。各省级能源主管部门于每年2月底前向国务院能源主管部门报送上年度本省级行政区域消纳量完成情况报告、承担消纳责任的市场主体消纳量完成考核情况，同时抄送所在地区的国务院能源主管部门派出监管机构。

十、省级能源主管部门负责对承担消纳责任的市场主体进行考核。省级能源主管部门会同经济运行管理部门对本省级行政区域承担消纳责任的市场主体消纳量完成情况进行考核，按年度公布可再生能源电力消纳量考核报告。各省级能源主管部门会同经济运行管理部门负责督促未履行消纳责任的市场主体限期整改，对未按期完成整改的市场主体依法依规予以处理，将其列入不良信用记录，予以联合惩戒。

十一、国家按省级行政区域监测评价。国务院能源主管部门依托国家可再生能源中心会同国家可再生能源信息管理中心等对各省级行政区域消纳责任权重完成情况以及国家电网、南方电网对所属省级电网企业消纳责任权重组织实施和管理工作进行监测评价，按年度公布可再生能源电力消纳责任权重监测评价报告。各省级能源主管部门会同经济运行管理部门对省属地方电网企业、配售电公司以及未与公用电网联网的拥有自备电厂企业的消纳责任实施进行督导考核。由于自然原因（包括可再生能源资源极端异常）或重大事故导致可再生能源发电量显著减少或送出受限，在对有关省级行政区域消纳责任权重监测评价和承担消纳责任的市场主体进行考核时相应核减。

十二、超额完成消纳量不计入"十三五"能耗考核。在确保完成全国能源消耗总量和强度"双控"目标条件下，对于实际完成消纳量超过本区域激励性消纳责任权重对应消纳量的省级行政区域，超出激励性消纳责任权重部分的消纳量折算的能源消费量不纳入该区域能耗"双控"考核。对纳入能耗考核的企业，超额完成所在省级行政区域消纳实施方案对其确定完成的消纳量折算的能源消费量不计入其能耗考核。

十三、加强消纳责任权重实施监管。国务院能源主管部门派出监管机构负责对各承担消纳责任的市场主体的消纳量完成情况、可再生能源相关交易过程等情况进行监管，并向国务院能源主管部门报送各省级行政区域以及各电网企业经营区的消纳责任权重总体完成情况专项监管报告。

各省级能源主管部门按照本通知下达的2018年消纳责任权重对本省级行政区域自我核查，以模拟运行方式按照本通知下达的2019年消纳责任权重对承担消纳责任的市场主体进行试考核。各省（自治区、直辖市）有关部门和国家电网、南方电网及有关机构，在2019年底前完成有关政策实施准备工作，自2020年1月1日起全面进行监测评价和正式考核。本通知中的2020年消纳责任权重用于指导各省级行政区域可再生能源发展，将根据可再生能源发展"十三五"规划实施进展情况适度调整，在2020年3月底前正式下达各省级行政区域当年可再生能源电力消纳责任权重。

本通知有效期为5年，将视情况适时对有关政策进行调整完善。

附件：

1.可再生能源电力消纳责任权重确定和消纳量核算方法（试行）

2.各省（自治区、直辖市）可再生能源电力总量消纳责任权重

3.各省（自治区、直辖市）非水电可再生能源电力消纳责任权重

国家发展改革委

国家能源局（章）

2019年5月10日

附件1

可再生能源电力消纳责任权重确定和消纳量核算方法（试行）

本方法随《关于建立健全可再生能源电力消纳保障机制的通知》发布，作为各省级行政区域消纳责任权重测算、消纳量监测评价以及对各承担消纳责任的市场主体考核的基本方法。本方法作为试行版本执行，在可再生能源电力消纳保障机制实施过程中不断总结完善，视情况发布后续版本。

一、消纳责任权重确定方法

（一）基本原则

1. 规划导向，分区设定。依据国家能源发展战略和可再生能源发展相关规划，结合各区域实际用电增长情况、实际可消纳本地生产和区域外输入可再生能源电力的能力确定各区域最低消纳责任权重，原则上各区域均应逐年提升最低消纳责任权重或至少不降低。

2. 强化消纳，动态调整。各省级行政区域均应把可再生能源电力消纳作为重要工作目标，电力净输出区域应做到本地消纳达到全国先进水平，电力净输入区域应做到本地生产的可再生能源电力充分消纳并对区域外输入可再生能源电力尽最大能力消纳。根据各区域可再生能源重大项目和跨省跨区输电通道建设进展，按年度动态调整各省级行政区域消纳责任权重。

3. 区域统筹，分解责任。各省级能源主管部门会同经济运行管理部门、所在地区的国务院能源主管部门派出监管机构以完成本区域可再生能源电力消纳责任权重为基础统筹协调制定消纳实施方案，同时统筹测算承担消纳责任的市场主体（含电网企业）应完成的消纳量，督促其通过多种方式完成各自消纳量。

4. 保障落实，鼓励先进。按省级行政区域对电力消费规定应达到的最低可再生能源电量比重，据此对各省级行政区域进行监测评价。按照最低消纳责任权重上浮一定幅度作为激励性消纳责任权重，对实际消纳高于激励性消纳责任权重的区域予以鼓励。鼓励具备条件的省级行政区域自行确定更高的消纳责任权重。

（二）可再生能源电力消纳量确定

可再生能源电力消纳量，包括可再生能源电力消纳总量和非水电可再生能源电力消纳量。按下列方法确定：

1.各省级行政区域内生产且消纳的可再生能源电量

（1）接入公共电网且全部上网的可再生能源电量，采用并网计量点的电量数据。

（2）自发自用（全部或部分，以下同）可再生能源电量（含就地消纳的合同能源服务和交易电量），按电网企业计量的发电量（或经有关能源主管部门或国务院能源主管部门派出监管机构认可），全额计入自发自用市场主体的可再生能源电力消纳量。

2.区域外输入的可再生能源电量

可再生能源发电企业与省级电网企业签署明确的跨省跨区购电协议的，根据协议实际执行情况计入受端区域消纳的区域外输入可再生能源电量。其他情况按以下方法处理：

（1）独立"点对网"输入

可再生能源发电项目直接并入区域外受端电网，全部发电量计入受端区域消纳量，采用并网计量点的电量数据。

（2）混合"点对网"输入

采取与火电或水电打捆以一组电源向区域外输电的，受端电网消纳的可再生能源电量等于总受电量乘以外送电量中可再生能源电量比例。

外送电量中可再生能源电量比例＝送端并网点计量的全部可再生能源上网电量÷送端并网点计量的全部上网电量。

（3）省间"网对网"输入

省间电网跨区域输入电量中可再生能源电量，通过电力交易方式进行的，根据电力交易机构的结算电量确定；通过省间送电协议进行的，根据省级电网与相关电厂结算电量确定；无法明确的，按送端省级电网区域可再生能源消纳电量占区域全社会用电量比例乘以输入受端省级电网区域的总电量认定。

（4）跨省际"网对网"输入

跨省际区域未明确分电协议或省间协议约定可再生能源电量比例的跨省跨区输电通道，按该区域内各省级行政区域全社会用电量占本区域电网内全社会用电量的比重，计算各省级行政区域输入的可再生能源电量。即：

i省级行政区域内输入可再生能源电量

$$=可再生能源输入电量 \times \left(\frac{i省级行政区域全社会用电量}{\sum_{i=1}^{n} i省级行政区域全社会用电量} \right)$$

n 表示区域电网内包含的省级行政区域数目。

3.特殊区域

京津冀地区（北京、天津、冀北、河北南网）接入的集中式可再生能源发电项目和区域外输入的可再生能源电量，按全社会用电量比例分摊原则计入各区域消纳量，各自区域内接入的分布式可再生能源发电量计入各自区域的消纳量。

（三）消纳责任权重测算

1.消纳责任权重计算公式

（1）非水电消纳责任权重

区域最低非水电消纳责任权重＝（预计本区域生产且消纳年非水电可再生能源电量＋预计年净输入非水电可再生能源电量）÷预计本区域年全社会用电量

测算非水电可再生能源发电量时，上年度年底前已投产装机按照应达到的年利用小时数测算；当年新增非水电可再生能源装机按均匀投产计算，对应发电量按全年利用小时数的一半进行折算。

激励性非水电消纳责任权重按照最低非水电消纳责任权重上浮10%计算。

（2）总量消纳责任权重

区域最低总量消纳责任权重＝（预计本区域生产且消纳年可再生能源电量＋预计年净输入可再生能源电量）÷预计本区域年全社会用电量

测算可再生能源发电量时，上年度年底前已投产装机按照应达到的年利用小时数测算，水电按照当地平水年份的年利用小时数下浮10%进行最低总量消纳责任权重测算；对计划新增水电装机，如有明确投产时间（主要是大型水电站工程），按预计投产时间计算年利用小时；当年新增非水电可再生能源装机按均匀投产计算，对应发电量按全年利用小时数的一半进行折算。

激励性总量消纳责任权重为激励性非水电消纳责任权重与水电按照当地平水年份的年利用小时数发电量对应消纳责任权重之和。

2.消纳责任权重确定流程

国务院能源主管部门组织有关机构按年度对各省级行政区域可再生能源电力消纳责任权重进行统一测算，向各省级能源主管部门征求意见。各省级能源主管部门会同经济运行管理部门在国家电网、南方电网所属省级电网企业和省属地方电网企业技术支持下，对国务院能源主管部门统一测算提出的消纳责任权重进行研究后向国务院能源主管部门

172

反馈意见。反馈意见需详细提供分品种的可再生能源发电预测并网装机容量、预测发电量、各跨省跨区通道计划输送可再生能源电量及占比、预测全社会用电量等数据。

国务院能源主管部门组织第三方机构结合各方面反馈意见，综合论证后于每年3月底前向各省级行政区域下达当年可再生能源电力消纳责任权重（包括最低消纳责任权重和激励性消纳责任权重）。

二、消纳量核算方法

（一）承担消纳责任的市场主体

承担可再生能源电力消纳责任的市场主体（含电网企业）的消纳量包括：

1.从区域内或区域外电网企业和发电企业（含个人投资者和各类分布式发电项目单位）购入的可再生能源电量。

（1）对电网企业按照可再生能源发电保障性收购要求统一收购的可再生能源电量，按照电网企业经营区内各承担消纳责任的市场主体对可再生能源消纳的实际贡献等因素进行分摊。

（2）对通过电力市场化交易的可再生能源电量，按交易结算电量计入购电市场主体的可再生能源电力消纳量。

2.自发自用的可再生能源电量。电网企业经营区内市场主体自发自用的可再生能源电量，按电网企业计量的发电量（或经有关能源主管部门或国务院能源主管部门派出监管机构认可），全额计入自发自用市场主体的可再生能源电力消纳量。

3.从其他承担消纳责任的市场主体购买的消纳量或购买绿证折算的消纳量。承担消纳责任的市场主体售出的可再生能源电量和已转让的消纳量不再计入自身的消纳量。购买的水电消纳量只计入总量可再生能源电力消纳量。

（二）各省级行政区域

参照前述"可再生能源电力消纳量确定"部分，与国务院能源主管部门下达的省级行政区域消纳责任权重相对照，各省级行政区域年度整体完成的消纳责任权重计算公式如下：

整体完成消纳责任权重＝（区域内生产且消纳的可再生能源电量＋区域外输入的可再生能源电量＋市场主体消纳量净受让量之和＋绿证认购量之和－免于考核电量对应的可再生能源电量）÷（区域全社会用电量－免于考核电量）

其中，按照国家规定豁免消纳责任权重考核的农业用电和专用计量的供暖电量在消纳责任权重核算公式的分子和分母中均予以扣除，免于考核电量对应的可再生能源电量等于免于考核电量乘以区域最低消纳责任权重。

附件2

各省（自治区、直辖市）可再生能源电力
总量消纳责任权重

省（区、市）	2018年最低消纳责任权重	2018年激励性消纳责任权重	2019年最低消纳责任权重	2019年激励性消纳责任权重	2020年最低消纳责任权重	2020年激励性消纳责任权重
北京	11.0%	12.1%	13.5%	14.9%	15.0%	16.5%
天津	11.0%	12.1%	13.5%	14.9%	15.0%	16.5%
河北	11.0%	12.1%	13.5%	14.9%	15.0%	16.5%
山西	15.0%	16.5%	15.5%	17.1%	16.5%	18.1%
内蒙古	18.5%	20.4%	18.5%	20.4%	18.5%	20.4%
辽宁	12.0%	13.2%	12.0%	13.2%	12.5%	13.7%
吉林	20.0%	22.0%	21.5%	23.7%	22.0%	24.2%
黑龙江	19.5%	21.5%	21.5%	23.7%	26.0%	28.6%
上海	31.5%	34.9%	32.0%	35.2%	33.0%	36.5%
江苏	12.5%	13.7%	13.5%	14.9%	14.0%	15.5%
浙江	18.0%	19.8%	17.5%	19.3%	18.5%	20.4%
安徽	13.0%	14.3%	13.5%	14.9%	14.5%	15.9%
福建	17.0%	18.7%	18.5%	20.4%	19.5%	21.4%
江西	23.0%	25.1%	25.5%	28.1%	29.0%	32.1%
山东	9.5%	10.4%	10.0%	11.0%	10.0%	11.0%
河南	13.5%	14.9%	13.5%	14.9%	16.0%	17.6%
湖北	39.0%	43.0%	37.5%	41.3%	40.0%	44.0%
湖南	46.0%	50.5%	47.0%	51.7%	49.0%	53.9%

续表

省（区、市）	2018年最低消纳责任权重	2018年激励性消纳责任权重	2019年最低消纳责任权重	2019年激励消纳责任权重	2020年最低消纳责任权重	2020年激励性消纳责任权重
广东	31.0%	34.2%	28.5%	31.4%	29.5%	32.5%
广西	51.0%	56.2%	45.5%	50.1%	50.0%	55.0%
海南	11.0%	12.1%	11.0%	12.1%	11.5%	12.6%
重庆	47.5%	52.1%	42.5%	46.8%	45.0%	49.5%
四川	80.0%	88.0%	80.0%	88.0%	80.0%	88.0%
贵州	33.5%	36.9%	31.5%	34.7%	31.5%	34.7%
云南	80.0%	88.0%	80.0%	88.0%	80.0%	88.0%
西藏	不考核	不考核	不考核	不考核	不考核	不考核
陕西	17.5%	19.2%	18.5%	20.4%	21.5%	23.7%
甘肃	44.0%	48.4%	44.0%	48.4%	47.0%	51.1%
青海	70.0%	77.0%	69.5%	76.5%	70.0%	77.0%
宁夏	20.0%	22.2%	20.0%	22.0%	22.0%	24.2%
新疆	21.0%	23.1%	21.0%	23.1%	22.5%	24.5%

注：1. 京津冀地区执行统一的消纳责任权重；

2. 内蒙古自治区可按蒙西、蒙东地区分开考核，具体分区域消纳责任权重由内蒙古自治区能源主管部门确定；

3. 2020年消纳责任权重为指导性指标，根据可再生能源资源情况、跨省跨区输电通道输送可再生能源情况进行动态调整。2020年消纳责任权重测算时酒泉－湖南、扎鲁特－青州、宁东－山东、上海庙－山东、宁东－浙江、哈密南－郑州、准东－安徽等特高压输电通道输送电量中的可再生能源占比按不低于30％考虑；

4. 有跨省跨区输入可再生能源电力的受端区域，如实际运行时通道输送可再生能源电量未达到消纳责任权重测算时的设定值，则在区域消纳量监测评价和市场主体消纳责任权重考核时相应核减；

5. 对可再生能源电力总量消纳责任权重达到80％的省级行政区域，不进行总量消纳责任权重监测评价，对区域内市场主体是否进行总量消纳责任权重考核，由有关省级能源主管部门自行决定。未纳入消纳责任权重考核的市场主体不参与消纳量交易。西藏自治区不实行消纳责任权重考核，除国家另有规定外区域内市场主体不参与消纳量交易。

附件3

各省（自治区、直辖市）非水电可再生能源电力消纳责任权重

省（区、市）	2018年最低消纳责任权重	2018年激励性消纳责任权重	2019年最低消纳责任权重	2019年激励性消纳责任权重	2020年最低消纳责任权重	2020年激励性消纳责任权重
北京	10.5%	11.6%	13.5%	14.9%	15.0%	16.5%
天津	10.5%	11.6%	13.5%	14.9%	15.0%	16.5%
河北	10.5%	11.6%	13.5%	14.9%	15.0%	16.5%
山西	12.5%	13.8%	13.5%	14.9%	14.5%	16.0%
内蒙古	18.0%	19.8%	18.0%	19.8%	18.0%	19.8%
辽宁	10.0%	11.0%	10.0%	11.0%	10.5%	11.6%
吉林	15.0%	16.5%	15.5%	17.1%	16.5%	18.2%
黑龙江	15.0%	16.5%	17.5%	19.3%	20.5%	22.6%
上海	2.5%	2.8%	3.0%	3.3%	3.0%	3.3%
江苏	5.5%	6.1%	6.5%	7.2%	7.5%	8.3%
浙江	5.0%	5.5%	6.5%	7.2%	7.5%	8.3%
安徽	9.5%	10.5%	10.5%	11.6%	11.5%	12.7%
福建	4.5%	5.0%	5.0%	5.5%	6.0%	6.6%
江西	6.5%	7.2%	7.0%	7.7%	8.0%	8.8%
山东	9.0%	9.9%	10.0%	11.0%	10.0%	11.0%
河南	9.0%	9.9%	9.5%	10.5%	10.5%	11.6%
湖北	7.5%	8.3%	9.0%	9.9%	10.0%	11.0%
湖南	9.0%	9.9%	11.5%	12.7%	13.0%	14.3%
广东	3.5%	3.9%	3.5%	3.9%	4.0%	4.4%

续表

省 （区、市）	2018年最低消纳责任权重	2018年激励性消纳责任权重	2019年最低消纳责任权重	2019年激励性消纳责任权重	2020年最低消纳责任权重	2020年激励性消纳责任权重
广西	4.0%	4.4%	4.5%	5.0%	5.0%	5.5%
海南	4.5%	5.0%	5.0%	5.5%	5.0%	5.5%
重庆	2.0%	2.2%	2.5%	2.8%	2.5%	2.8%
四川	3.5%	3.9%	3.5%	3.9%	3.5%	3.9%
贵州	4.5%	5.0%	5.0%	5.5%	5.0%	5.5%
云南	11.5%	12.7%	11.5%	12.7%	11.5%	12.7%
西藏	不考核	不考核	不考核	不考核	不考核	不考核
陕西	9.0%	9.9%	10.5%	11.6%	12.0%	13.2%
甘肃	14.5%	16.0%	17.0%	18.7%	19.0%	20.9%
青海	19.0%	20.9%	23.0%	25.3%	25.0%	27.5%
宁夏	18.0%	19.8%	18.0%	19.8%	20.0%	22.0%
新疆	11.5%	12.7%	12.0%	13.2%	13.0%	14.3%

注：1.京津冀地区执行统一的消纳责任权重；

2.内蒙古自治区可按蒙西、蒙东地区分开考核，具体分区域消纳责任权重由内蒙古自治区能源主管部门确定；

3.2020年消纳责任权重为指导性指标，根据可再生能源资源情况、跨省跨区输电通道输送可再生能源情况进行动态调整。2020年消纳责任权重测算时酒泉-湖南、扎鲁特-青州、宁东-山东、上海庙-山东、宁东-浙江、哈密南-郑州、准东-安徽等特高压输电通道输送电量中的可再生能源占比按不低于30%考虑；

4.有跨省跨区输入可再生能源电力的受端区域，如实际运行时通道输送可再生能源电量未达到消纳责任权重测算时的设定值，则在区域消纳量监测评价和市场主体消纳责任权重考核时相应核减；

5.未纳入消纳责任权重考核的市场主体不参与消纳量交易。西藏自治区不实行消纳责任权重考核，除国家另有规定外区域内市场主体不参与消纳量交易。

国家能源局 国务院扶贫办关于印发《光伏扶贫电站管理办法》的通知

国能发新能〔2018〕29号

各省、自治区、直辖市及新疆生产建设兵团发展改革委（能源局）、扶贫办，各派出能源监管机构，国家电网公司、南方电网公司、内蒙古电力公司：

为规范光伏扶贫电站建设运行管理，保障光伏扶贫实施效果，促进光伏扶贫健康有序发展，根据《中共中央国务院关于打赢脱贫攻坚战的决定》（中发〔2015〕34号）和《关于实施光伏发电扶贫工作的意见》（发改能源〔2016〕621号），国家能源局、国务院扶贫办制定了《光伏扶贫电站管理办法》，现印发你们，请按要求认真贯彻落实。

附件：光伏扶贫电站管理办法

国家能源局
国务院扶贫办（章）
2018年3月26日

附件

光伏扶贫电站管理办法

第一条 光伏扶贫是资产收益扶贫的有效方式，是产业扶贫的有效途径。为规范光伏扶贫电站建设运行管理，保障光伏扶贫实施效果，根据《中共中央国务院关于打赢脱贫攻坚战的决定》（中发〔2015〕34号）和《关于实施光伏发电扶贫工作的意见》（发改能源〔2016〕621号），制定本办法。

第二条 光伏扶贫电站是以扶贫为目的，在具备光伏扶贫实施条件的地区，利用政府性资金投资建设的光伏电站，其产权归村集体所有，全部收益用于扶贫。

第三条 本办法适用于国家"十三五"光伏扶贫电站项目。

第四条 光伏扶贫对象为列入国家光伏扶贫实施范围的建档立卡贫困村的建档立卡贫困户，优先扶持深度贫困地区和弱劳动能力贫困人口。

第五条 光伏扶贫电站原则上应在建档立卡贫困村按照村级电站方式建设。根据当地实际情况，确有必要并经充分论证可以联建方式建设村级电站。

第六条 光伏扶贫电站由各地根据财力可能筹措资金建设，包括各级财政资金以及东西协作、定点帮扶和社会捐赠资金。光伏扶贫电站不得负债建设，企业不得投资入股。

第七条 村级扶贫电站规模根据帮扶的贫困户数量按户均5千瓦左右配置，最大不超过7千瓦，单个电站规模原则上不超过300千瓦，具备就近接入和消纳条件的可放宽至500千瓦。村级联建电站外送线路电压等级不超过10千伏，建设规模不超过6000千瓦。

第八条 光伏扶贫电站由县级政府按照"规划、设计、施工、验收、运维"五统一的原则实施，运用市场化方式委托专业机构负责光伏扶贫电站的建设、运行和维护。电站建设应符合国家相关规程规范和技术要求，确保质量与安全。光伏组件、逆变器等主要设备应采用国家资质检测认证机构认证的产品，鼓励采用达到"领跑者"技术指标的先进技术。鼓励采用设计施工采购（EPC）总承包方式统一开展县域内村级电站建设。

第九条 县级政府负责落实村级扶贫电站的建设场址和用地，场址土地不得属于征收土地使用税、耕地占用税的范围，不得占用基本农田，并符合《国土资源部 国务院扶贫办 国家能源局关于支持光伏扶贫和规范光伏发电产业用地的意见》（国土资规〔2017〕8号）规定。

电网公司负责建设配套接入电网工程，将光伏扶贫电站接网工程优先纳入电网改造升级计划，确保村级扶贫电站和接入电网工程同步建成投产。

第十条 省级政府能源、扶贫主管部门根据光伏扶贫政策要求组织对各县级光伏扶贫电站进行验收和评估，并将验收和评估情况形成书面报告报送国家能源局和国务院扶贫办。国家能源局会同国务院扶贫办对光伏扶贫电站验收和评估情况进行监督检查。

第十一条 电网公司保障光伏扶贫项目优先调度与全额消纳。

第十二条 光伏扶贫电站不参与竞价，执行国家制定的光伏扶贫价格政策。

第十三条 光伏扶贫电站优先纳入可再生能源补助目录，补助资金优先发放，原则上年度补助资金于次年1季度前发放到位。

第十四条 光伏扶贫电站收益分配与使用管理，按国务院扶贫办《村级光伏扶贫电站收益分配管理办法》（国开办〔2017〕61号）执行。

第十五条 光伏扶贫电站实行目录管理。国家能源局会同国务院扶贫办按建档立卡贫困村代码，对光伏扶贫电站统一编码、建立目录。纳入目录的，享受光伏扶贫电站政策。光伏扶贫电站有关信息统一纳入国家可再生能源信息管理平台。

第十六条 光伏扶贫电站项目计划下达后，对于一年内未开工建设、验收不合格且未按期整改的项目撤回计划，并给予通报。

第十七条 国家能源局、国务院扶贫办负责组织协调光伏扶贫重大问题，会同相关部门审核各省光伏扶贫实施方案，下达项目计划，对各省光伏扶贫实施工作进行指导监督。国务院扶贫办负责扶贫对象的识别认定和扶贫收益分配的管理监督。省级政府能源、扶贫主管部门负责本省光伏扶贫工作的统筹协调和管理监督，审核县级政府申报的扶贫实施方案和光伏扶贫补助目录，编制本省光伏扶贫实施方案并上报项目计划，出台本省光伏扶贫管理实施细则，组织本省光伏扶贫电站的验收和评估，保障本省光伏扶贫电站财政补助资金及时拨付和收益合理分配。县级政府负责落实光伏扶贫电站各项建设条件，编制本县光伏扶贫实施方案，申报光伏扶贫补助目录，组织实施光伏电站建设与运维，做好光伏扶贫收益分配。

第十八条 鼓励光伏企业积极履行社会责任，采取农光、牧光、渔光等复合方式，以市场化收益支持扶贫。

第十九条 本办法发布前已纳入国家光伏扶贫计划且已建成的集中式电站，按本办法执行。省级政府能源、扶贫主管部门应根据本办法制定本省光伏扶贫实施细则。

第二十条 本办法由国家能源局会同国务院扶贫办负责解释，自发布之日起施行。

国家发展改革委 国家能源局关于开展分布式发电市场化交易试点的通知

发改能源〔2017〕1901号

各省、自治区、直辖市、新疆生产建设兵团发展改革委（能源局）、物价局，各能源监管机构，国家电网公司、南方电网公司、内蒙古电力公司：

分布式发电就近利用清洁能源资源，能源生产和消费就近完成，具有能源利用率高、污染排放低等优点，代表了能源发展的新方向和新形态。目前，分布式发电已取得较大进展，但仍受到市场化程度低、公共服务滞后、管理体系不健全等因素的制约。为加快推进分布式能源发展，遵循《关于进一步深化电力体制改革的若干意见》（中发〔2015〕9号）和电力体制改革配套文件，决定组织分布式发电市场化交易试点。现将有关要求和政策措施通知如下。

一、分布式发电交易的项目规模

分布式发电是指接入配电网运行、发电量就近消纳的中小型发电设施。分布式发电项目可采取多能互补方式建设，鼓励分布式发电项目安装储能设施，提升供电灵活性和稳定性。参与分布式发电市场化交易的项目应满足以下要求：接网电压等级在35千伏及以下的项目，单体项目容量不超过20兆瓦（有自身电力消费的，扣除当年用电最大负荷后不超过20兆瓦）；单体项目容量超过20兆瓦但不高于50兆瓦，接网电压等级不超过110千伏且在该电压等级范围内就近消纳。

二、市场交易模式

分布式发电市场化交易的机制是：分布式发电项目单位（含个人，以下同）与配电网内就近电力用户进行电力交易；电网企业（含社会资本投资增量配电网的企业，以下同）承担分布式发电的电力输送并配合有关电力交易机构组织分布式发电市场化交易，按政府核定的标准收取"过网费"。考虑各地区推进电力市场化交易的阶段性差别，可采取以下其中之一或多种模式：

（一）分布式发电项目与电力用户进行电力直接交易，向电网企业支付"过网费"。交易范围首先就近实现，原则上应限制在接入点上一级变压器供电范围内。

（二）分布式发电项目单位委托电网企业代售电，电网企业对代售电量按综合售电价格，扣除"过网费"（含网损电）后将其余售电收入转付给分布式发电项目单位。

（三）电网企业按国家核定的各类发电的标杆上网电价收购电量，但国家对电网企业的度电补贴要扣减配电网区域最高电压等级用户对应的输配电价。

三、电力交易组织

（一）建立分布式发电市场化交易平台

试点地区可依托省级电力交易中心设立市（县）级电网区域分布式发电交易平台子模块，或在省级电力交易中心的指导下由市（县）级电力调度机构或社会资本投资增量配电网的调度运营机构开展相关电力交易。交易平台负责按月对分布式发电项目的交易电量进行结算，电网企业负责交易电量的计量和电费收缴。电网企业及电力调度机构负责分布式发电项目与电力用户的电力电量平衡和偏差电量调整，确保电力用户可靠用电以及分布式发电项目电量充分利用。

（二）交易条件审核

符合市场准入条件的分布式发电项目，向当地能源主管部门备案并经电力交易机构进行技术审核后，可与就近电力用户按月（或年）签订电量交易合同，在分布式发电交易平台登记。经交易平台审核同意后供需双方即可进行交易，购电方应为符合国家产业政策导向、环保标准和市场准入条件的用电量较大且负荷稳定企业或其他机构。电网企业负责核定分布式发电交易所涉及的电压等级及电量消纳范围。

四、分布式发电"过网费"标准

（一）"过网费"标准确定原则

"过网费"是指电网企业为回收电网网架投资和运行维护费用，并获得合理的资产回报而收取的费用，其核算在遵循国家核定输配电价基础上，应考虑分布式发电市场化交易双方所占用的电网资产、电压等级和电气距离。分布式发电"过网费"标准按接入电压等级和输电及电力消纳范围分级确定。

分布式发电市场化交易试点项目中，"过网费"由所在省（区、市）价格主管部门依据国家输配电价改革有关规定制定，并报国家发展改革委备案。"过网费"核定前，暂按电力用户接入电压等级对应的省级电网公共网络输配电价（含政策性交叉补贴）扣减分布式发电市场化交易所涉最高电压等级的输配电价。

（二）消纳范围认定及"过网费"标准适用准则

分布式发电项目应尽可能与电网联接点同一供电范围内的电力用户进行电力交易，当分布式发电项目总装机容量小于供电范围上年度平均用电负荷时，"过网费"执行本级电压等级内的"过网费"标准，超过时执行上一级电压等级的过网费标准（即扣减部分为比分布式发电交易所涉最高电压等级更高一电压等级的输配电价），以此类推。各分布式发电项目的电力消纳范围由所在市（县）级电网企业及电力调度机构（含增量配电网企业）核定，报当地能源监管机构备案。

（三）与分布式发电项目进行直接交易的电力用户应按国家有关规定缴纳政府性基金及附加。

五、有关政策支持

（一）公共服务及费用

电网企业对分布式发电的电力输送和电力交易提供公共服务，除向分布式发电项目单位收取政府核定的"过网费"外，其他服务包括电量计量、代收电费等，均不收取任何服务费用。

（二）有关补贴政策

纳入分布式发电市场化交易试点的可再生能源发电项目建成后自动纳入可再生能源发展基金补贴范围，按照全部发电量给予度电补贴。光伏发电在当地分布式光伏发电的度电补贴标准基础上适度降低；风电度电补贴标准按当地风电上网标杆电价与燃煤标杆电价（含脱硫、脱硝、除尘电价）相减确定并适度降低。单体项目容量不超过20兆瓦的，度电补贴需求降低比例不得低于10%；单体项目容量超过20兆瓦但不高于50兆瓦的，度电补贴需求降低比例不得低于20%。

享受国家度电补贴的电量由电网企业负责计量，补贴资金由电网企业转付，省级及以下地方政府可制定额外的补贴政策。

（三）可再生能源电力消费和节能减排权益

分布式发电市场化交易的可再生能源电量部分视为购电方电力消费中的可再生能源电力消费量，对应的节能量计入购电方，碳减排量由交易双方约定。在实行可再生能源电力配额制时，通过电网输送和交易的可再生能源电量计入当地电网企业的可再生能源电力配额完成量。

（四）有关建设规模管理

在试点地区建设的符合分布式发电市场化交易条件的光伏电站、风电，根据可实现市场化交易的额度确定各项目的建设规模和区域总建设规模。试点地区在报送试点方案时预测到2020年时建设规模，并可在实施中分阶段提出年度建设规模。对试点方案中的符合分布式发电市场化交易条件的风电、光伏电站项目，在电网企业确认其符合就近消纳条件的基础上，国家发展改革委、国家能源局在回复试点方案论证意见时将一次性确定到2020年底前的总建设规模及分年度新增建设规模。在试点地区，除了已建成运行风电、光伏电站项目和其他政策已明确的不列入国家年度规模管理的类型，新建50兆瓦及以下风电、光伏电站项目均按市场化交易模式建设。

六、试点工作组织

（一）选择试点地区

重点选择分布式可再生能源资源和场址等发展条件好，当地电力需求量较大，电网接入条件好，能够实现分布式发电就近接入配电网和就近消纳，并且可以达到较大总量规模的市（县）级区域以及经济开发区、工业园区、新型城镇化区域等。风电、光伏发电投资监测预警红色区域（或弃光率超过5%的区域），暂不开展该项试点工作。

（二）编制试点方案

有关省（区、市）能源主管部门会同国家能源局派出机构、同级价格主管部门、电力运行管理部门、电网公司等，组织有关地级市（或县级）政府相关部门、电网企业以及分布式发电企业和微电网运营企业，以地级市（或县级）区域、经济开发区、工业园区、新型城镇化区域等为单元编制试点方案（编制大纲见附件）。有关省（区、市）能源主管部门将编制的试点方案报送国家发展改革委、国家能源局，国家发展改革委、国家能源局会同有关部门和电网企业对试点方案组织论证。

（三）组织实施

有关省（区、市）能源主管部门根据国家发展改革委、国家能源局论证后的试点方案，与有关部门和电网企业等做好工作衔接，指导省级电力交易中心或有关电网企业建立分布式发电交易平台。试点地区的国家能源局派出机构负责研究制订分布式发电交易合同示范文本，配合所在省（区、市）发展改革委（能源局）指导电网企业组织好分布式发电交易并协调解决试点中出现的相关问题，按照有关规定履行监管职责。

（四）时间安排

2017年12月31日前，有关试点地区完成试点方案编制，进行交易平台建设准备。国家发展改革委、国家能源局对试点方案进行论证后将论证意见回复有关省级能源主管部门。

2018年1月31日前，试点地区完成分布式发电交易平台建设、制订交易规则等相关工作，自2018年2月1日起启动交易。

2018年6月30日前，对试点工作进行总结评估，完善有关机制体系，视情况确定推广范围及时间。试点顺利的地区可向国家发展改革委、国家能源局申请扩大试点或提前扩大到省级区域全面实施。

附件：分布式发电市场化交易试点方案编制参考大纲

国家发展改革委

国家能源局（章）

2017年10月31日

附件

分布式发电市场化交易试点方案编制参考大纲

分布式发电市场化交易试点方案应满足国家有关法律法规和管理办法要求，充分收集资源、装机、负荷、电价等各项基础资料。试点方案按照如下章节编制，应阐明开展分布式发电市场化交易的必要性、具备的条件、改革创新内容、实施主体、输配电价等政策建议。

一、重要性和必要性

说明本区域当前分布式发电发展总体情况，分析分布式发电发展面临的突出矛盾和问题，开展分布式发电市场化交易的目的和意义。

二、总体思路、原则和目标

（一）总体思路

提出本区域开展分布式发电市场化交易的总体要求和主要思路。

（二）基本原则

提出本区域开展分布式电源市场化交易应遵循的基本原则。

（三）目标和步骤

提出本区域开展分布式发电市场化交易的主要目标，可分阶段、按年度提出具体实施步骤和预期目标。

三、发展条件

（一）基础条件

1.资源条件

区域内太阳能、风能资源条件以及可利用的土地条件。

2.发展基础

区域内已建成屋顶光伏的总装机容量、年发电量、主要类型；已建成地面光伏电站的总装机容量、年发电量、接入电压等级；已建成的在本区域内消纳的风电项目的总装机容量、年度电量、接入电压等级。

3.电力系统及市场条件

1）区域年电力消费量（全社会用电量），最高、最低、平均用电负荷，电力需求

的月度变化、典型日变化规律。

2）各电压等级变电站的情况，重点描述110千伏、35千伏等级变电站的分布情况。

3）重点领域的用电及电价情况，如区域内的大型用电企业、工业园区（经济开发区）的供电方式、用电负荷、电价（分时）。

（二）分布式发电布局

根据企业开展前期工作、具备开发光伏、风电项目的场址条件，预测到2020年时，可能新开发的光伏发电、风电项目的分布及规模。如具备条件，尽可能落实到具体场址和预期规模。对光伏发电，应包括屋顶光伏发电的潜在条件和地面50兆瓦以下光伏电站的潜在条件。

（三）分布式发电接网及消纳条件

1.接网条件分析

对2020年前计划开发的光伏发电、风电的接入110千伏及以下电网的条件进行测算；按照利用既有变电站接入能力（无需扩容）、改造扩容后的能力以及新建变电站三种条件测算。

2.电力电量平衡分析

第一层次，分析区域内分布式发电的总发电出力与总电力需求的电力电量平衡关系，考虑分布式发电优先上网的前提条件，确定区域可接纳分布式发电的总潜力。

第二层次，以各变电站为节点在同一供电范围内，测算各变电站供电范围可接纳的分布式发电最大发电出力；结合分布式发电项目布局，说明哪些项目具备同一供电范围消纳条件，哪些项目需要跨上一电压等级变电站供电范围内消纳。

四、重点任务

（一）市场准入条件

提出分布式发电参与市场化交易的资格条件。重点内容为：

1.参与交易的分布式发电项目应为接入配电网运行、发电量就近消纳的中小型发电设施。分布式电站项目可采取多能互补方式建设。

2.参与分布式发电市场化交易的项目应满足以下要求：接网电压等级在35千伏及以下的项目，单体容量不超过20兆瓦（有自身电力消费的，扣除当年用电最大负荷后不超过20兆瓦），度电补贴需求降低比例不得低于10%。单体项目容量超过20兆瓦但不高于50兆瓦，接网电压等级不超过110千伏且在该电压等级范围内就近消纳，度电补贴需求降低比例不得低于20%。

3.参与交易的购电方符合国家产业政策,达到国家环保和节能标准,在电网结算方面未有不良记录。

(二)交易规则

针对试点地区,省级发展改革委能源局牵头,会同国家能源局派出机构,在省级电网公司技术支持下,编写区域分布式发电市场化交易规则。交易规则应包括以下方面内容:

1.交易模式

按照直接交易模式、电网企业代售模式和收购电价模式、等三种分布式发电交易模式,各地区根据所在地区电力市场推进情况,因地制宜选择交易模式。

1)选择直接交易模式的,分布式发电项目单位作为售电方自行选择符合交易条件的电力用户并以电网企业作为输电服务方签订三方供用电合同(称之为供电方、购电方、输电方),约定交易期限、交易电量、结算方式、结算电价、"过网费"标准以及违约责任等,其中"过网费"标准由省级价格主管部门制定。分布式发电项目交易电量纳入核定所在省级电网区域输配电价的基数电量,对分布式发电交易收取的"过网费",在核定准许收入时予以扣除。

2)选择委托电网企业代售电模式的,分布式发电项目单位可与电网企业签订转供电合同,电网企业按综合售电价格,扣除"过网费"(含网损电量)后将其余售电收入转付给分布式发电项目单位。双方约定转供电的合作期限、交易电量、"过网费"标准、结算方式等。

3)在试点地区不参与市场交易的分布式发电项目,仍由电网企业全额收购其上网电量,收购电价为本地区各类发电项目标杆上网电价。

2.电力电量平衡

1)分布式发电市场化交易购售电双方均接受调度机构对电力电量平衡进行自动管理,偏差电力电量由调度机构自动调剂。

2)购售电双方均应提前向调度机构报送出力预测和负荷预测。

3.电费收缴和结算

1)分布式售电方上网电量、购电方自发自用之外的购电量均由当地电网公司负责计量,购电方通过电网所购买全部电量(含分布式发电交易电量)均由当地电网公司负责收缴。

2)电网公司收缴的电费,扣除"过网费"(含网损电量在内)后,支付给分布式发电项目单位。以月为周期结算。

4."过网费"标准及执行

参考通知正文有关内容，各试点地区省级价格主管部门会同能源主管部门提出具体的核定标准和办法。

（三）分布式发电市场化交易平台建设

1.分布式发电市场化交易信息管理系统

试点地区依托省级电力交易中心设立市（县）级电网区域分布式发电市场化交易平台子模块，也可在省级电力交易中心的指导下由市（县）级调度机构或社会资本投资增量配电网的调度运营机构开展相关工作。该交易平台应具备以下主要功能：申请参与分布式发电市场化交易、递交双边电力交易合同、接受分布式发电市场化交易售电方上网交易电量预测。交易平台负责对交易双方资格进行审核，对交易电量进行计量和结算。

2.分布式发电市场化交易电量供需平衡管理

不要求分布式发电交易售电方的上网电力与购电方的用电负荷实时平衡。当售电方上网电力超过购电方用电负荷时，调度机构将多余电力配送给台区内（或跨台区）其他用户；当售电方上网电力减少（极端情况无出力）时，购电方的负荷由调度机构自动从网内调配电力满足。分布式发电企业与用户的供需合同为电量交易合同，实时供电和偏差电量均由调度机构自动组织实现电力电量平衡。

调度机构（一般由地调承担或增量配电网调度机构承担）负责建立分布式发电（电量）交易结算系统，按月进行购售电量平衡并结算。电网企业向购电方收取的总用电量的电费，切分出分布式发电市场化交易售电方的售电量，按交易价格将电费转交给分布式发电售电方。分布式发电市场化交易售电方也可与电网企业签订代售电合同，把电量全部委托电网企业代售电，电网企业按照综合售电价格扣除"过网费"后与分布式发电售电方结算。

五、配套措施

有关试点省级政府部门及市县有关级政府可在国家有关政策措施基础上，结合本地区实际细化有关政策和保障措施，并制定本地区支持分布式发电市场化交易政策措施。试点方案应说明省级政府及市县级政府的配套政策措施。

六、组织实施

从加强组织领导、完善工作机制、严格督查考核、稳妥有序推进等方面，提出本区域分布式电源市场化交易的组织实施要求。

国家能源局关于印发《分布式光伏发电项目管理暂行办法》的通知

国能新能〔2013〕433号

各省（自治区、直辖市）发展改革委（能源局）、计划单列市发展改革委、新疆生产建设兵团发展改革委，国家电网公司、南方电网公司，水电水利规划设计总院：

为推进分布式光伏发电应用，规范分布式光伏发电项目管理，现将《分布式光伏发电项目管理暂行办法》印送你们，请遵照执行。

国家能源局（章）
2013年11月18日

分布式光伏发电项目管理暂行办法

第一章　总　则

第一条　为规范分布式光伏发电项目建设管理，推进分布式光伏发电应用，根据《中华人民共和国可再生能源法》、《中华人民共和国电力法》、《中华人民共和国行政许可法》，以及《国务院关于促进光伏产业健康发展的若干意见》，制定本办法。

第二条　分布式光伏发电是指在用户所在场地或附近建设运行，以用户侧自发自用为主、多余电量上网且在配电网系统平衡调节为特征的光伏发电设施。

第三条　鼓励各类电力用户、投资企业、专业化合同能源服务公司、个人等作为项目单位，投资建设和经营分布式光伏发电项目。

第四条　国务院能源主管部门负责全国分布式光伏发电规划指导和监督管理；地方能源主管部门在国务院能源主管部门指导下，负责本地区分布式光伏发电规划、建设的监督管理；国家能源局派出机构负责对本地区分布式光伏发电规划和政策执行、并网运行、市场公平及运行安全进行监管。

第五条　分布式光伏发电实行"自发自用、余电上网、就近消纳、电网调节"的运营模式。电网企业采用先进技术优化电网运行管理，为分布式光伏发电运行提供系统支撑，保障电力用户安全用电。鼓励项目投资经营主体与同一供电区内的电力用户在电网企业配合下以多种方式实现分布式光伏发电就近消纳。

第二章　规模管理

第六条　国务院能源主管部门依据全国太阳能发电相关规划、各地区分布式光伏发电发展需求和建设条件，对需要国家资金补贴的项目实行总量平衡和年度指导规模管理。不需要国家资金补贴的项目不纳入年度指导规模管理范围。

第七条　省级能源主管部门根据本地区分布式光伏发电发展情况，提出下一年度需要国家资金补贴的项目规模申请。国务院能源主管部门结合各地项目资源、实际应用以及可再生能源电价附加征收情况，统筹协调平衡后，下达各地区年度指导规模，在年度中期可视各地区实施情况进行微调。

第八条 国务院能源主管部门下达的分布式光伏发电年度指导规模，在该年度内未使用的规模指标自动失效。当年规模指标与实际需求差距较大的，地方能源主管部门可适时提出调整申请。

第九条 鼓励各级地方政府通过市场竞争方式降低分布式光伏发电的补贴标准。优先支持申请低于国家补贴标准的分布式光伏发电项目建设。

第三章 项目备案

第十条 省级及以下能源主管部门依据国务院投资项目管理规定和国务院能源主管部门下达的本地区分布式光伏发电的年度指导规模指标，对分布式光伏发电项目实行备案管理。具体备案办法由省级人民政府制定。

第十一条 项目备案工作应根据分布式光伏发电项目特点尽可能简化程序，免除发电业务许可、规划选址、土地预审、水土保持、环境影响评价、节能评估及社会风险评估等支持性文件。

第十二条 对个人利用自有住宅及在住宅区域内建设的分布式光伏发电项目，由当地电网企业直接登记并集中向当地能源主管部门备案。不需要国家资金补贴的项目由省级能源主管部门自行管理。

第十三条 各级管理部门和项目单位不得自行变更项目备案文件的主要事项，包括投资主体、建设地点、项目规模、运营模式等。确需变更时，由备案部门按程序办理。

第十四条 在年度指导规模指标范围内的分布式光伏发电项目，自备案之日起两年内未建成投产的，在年度指导规模中取消，并同时取消享受国家资金补贴的资格。

第十五条 鼓励地市级或县级政府结合当地实际，建立与电网接入申请、并网调试和验收、电费结算和补贴发放等相结合的分布式光伏发电项目备案、竣工验收等一站式服务体系，简化办理流程，提高管理效率。

第四章 建设条件

第十六条 分布式光伏发电项目所依托的建筑物及设施应具有合法性，项目单位与项目所依托的建筑物、场地及设施所有人非同一主体时，项目单位应与所有人签订建筑物、场地及设施的使用或租用协议，视经营方式与电力用户签订合同能源服务协议。

第十七条　分布式光伏发电项目的设计和安装应符合有关管理规定、设备标准、建筑工程规范和安全规范等要求。承担项目设计、咨询、安装和监理的单位，应具有国家规定的相应资质。

第十八条　分布式光伏发电项目采用的光伏电池组件、逆变器等设备应通过符合国家规定的认证认可机构的检测认证，符合相关接入电网的技术要求。

第五章　电网接入和运行

第十九条　电网企业收到项目单位并网接入申请后，应在20个工作日内出具并网接入意见，对于集中多点接入的分布式光伏发电项目可延长到30个工作日。

第二十条　以35千伏及以下电压等级接入电网的分布式光伏发电项目，由地市级或县级电网企业按照简化程序办理相关并网手续，并提供并网咨询、电能表安装、并网调试及验收等服务。

第二十一条　以35千伏以上电压等级接入电网且所发电力在并网点范围内使用的分布式光伏发电项目，电网企业应根据其接入方式、电量使用范围，本着简便和及时高效的原则做好并网管理，提供相关服务。

第二十二条　接入公共电网的分布式光伏发电项目，接入系统工程以及因接入引起的公共电网改造部分由电网企业投资建设。接入用户侧的分布式光伏发电项目，用户侧的配套工程由项目单位投资建设。因项目接入电网引起的公共电网改造部分由电网企业投资建设。

第二十三条　电网企业应采用先进运行控制技术，提高配电网智能化水平，为接纳分布式光伏发电创造条件。在分布式光伏发电安装规模较大、占电网负荷比重较高的供电区，电网企业应根据发展需要建设分布式光伏发电并网运行监测、功率预测和优化运行相结合的综合技术体系，实现分布式光伏发电高效利用和系统安全运行。

第六章　计量与结算

第二十四条　分布式光伏发电项目本体工程建成后，向电网企业提出并网调试和验收申请。电网企业指导和配合项目单位开展并网运行调试和验收。电网企业应根据国家有关标准制定分布式光伏发电电网接入和并网运行验收办法。

第二十五条　电网企业负责对分布式光伏发电项目的全部发电量、上网电量分别计量，免费提供并安装电能计量表，不向项目单位收取系统备用容量费。电网企业在有关并网接入和运行等所有环节提供的服务均不向项目单位收取费用。

第二十六条　享受电量补贴政策的分布式光伏发电项目，由电网企业负责向项目单位按月转付国家补贴资金，按月结算余电上网电量电费。

第二十七条　在经济开发区等相对独立的供电区统一组织建设的分布式光伏发电项目，余电上网部分可向该供电区内其他电力用户直接售电。

第七章　产业信息监测

第二十八条　组织地市级或县级能源主管部门按月汇总项目备案信息。省级能源主管部门按季分类汇总备案信息后报送国务院能源主管部门。

第二十九条　各省级能源主管部门负责本地区分布式光伏发电项目建设和运行信息统计，并分别于每年7月、次年1月向国务院能源主管部门报送上半年和上一年度的统计信息，同时抄送国家能源局及其派出监管机构、国家可再生能源信息中心。

第三十条　电网企业负责建设本级电网覆盖范围内分布式光伏发电的运行监测体系，配合本级能源主管部门向所在地的能源管理部门按季报送项目建设运行信息，包括项目建设、发电量、上网电量、电费和补贴发放与结算等信息。

第三十一条　国务院能源主管部门委托国家可再生能源信息中心开展分布式光伏发电行业信息管理，组织研究制定工程设计、安装、验收等环节的标准规范，统计全国分布式光伏发电项目建设运行信息，分析评价行业发展现状和趋势，及时提出相关政策建议。经国务院能源主管部门批准，适时发布相关产业信息。

第八章　违规责任

第三十二条　电网企业未按照规定收购分布式光伏发电项目余电上网电量，造成项目单位损失的，应当按照《中华人民共和国可再生能源法》的规定承担经济赔偿责任。

第九章　附　则

第三十三条　本办法由国家能源局负责解释，自发布之日起施行。

附表1：分布式光伏发电项目备案汇总表

附表2：1兆瓦以上分布式光伏发电项目信息表

附表1　年度__省（区、市）第__季度分布式光伏发电项目备案汇总表

盖章：

编号	地级市（区）	项目个数	备案规模（万千瓦）	实际装机规模（万千瓦）	实际发电量（万千瓦时）	总投资（万元）	预计年补助资金（万元）	备注
1								
2								
3								
4								
5								
6								
7								
8								
9								
10								
11								
…								
总计								

注：本表由省级能源主管部门按照各市（盟／州／地区）、县（县级市／旗／区）分布式光
　　伏发电项目总体规模进行汇总。

联系人／联系方式：

附表2　年度＿省（区、市）1兆瓦以上分布式光伏发电项目汇总表

盖章：

编号	（1）项目名称	（2）项目建设地点	（3）项目容量（MR）	（4）项目公司	（5）建设方式	（6）光伏电力用户	（7）光伏电力消纳方式	（8）电并网电压等级（kV）	（9）年平均发电量（万kWh）	（10）项目投资（万元）	（11）光伏用户侧电力电价（元/kWh）	（12）预计年补助资金（万元）	（13）自发自用比例（%）	（14）备注
1														
2														
3														
4														
5														
6														
7														
8														
9														
10														
11														

续表

编号	（1）项目名称	（2）项目建设地点	（3）项目容量（MR）	（4）项目公司	（5）建设方式	（6）光伏电力用户	（7）光伏电力消纳方式	（8）并网电压等级（kV）	（9）年平均发电量（万kWh）	（10）项目投资（万元）	（11）光伏用户侧电力电价（元/kWh）	（12）预计年补助资金（万元）	（13）自发自用比例（%）	（14）备注
…														
总计														

注：本表由省省级能源主管部门填写。（1）应包括投资人、建设场址和建设容量等主要内容；（2）应按省（自治区／直辖市）、市（盟／州／地区）、县（县级市／旗／区）使用全称；（3）应保留两位小数；（4）应填写在工商主管部门注册的全称；（5）应填写分布式光伏项目的建设方式，包括屋顶、南立面、BIPV、BAPV、房空地等；（6）应填写分布式光伏发电用户在负荷用户工商主管部门注册的全称；（7）应根据分布式光伏项目用户侧特点填写"自发自用"或"合同能源管理"；（8）应填写分布式光伏电力负荷用户的并网电压等级；（9）应填写运行期年平均发电量；（10）应填写项目用户侧光伏电力负荷用户的用户侧销售电价；（10）应填写项目概算或施工阶段投资总额；（11）应填写光伏电力用户自发自用比例等参数，按相关主管部门政策估算项目预计年补助金额；（12）应根据当地脱硫燃煤标杆电价、项目用户侧电价和自发自用比例等参数，保留2位小数。

联系人／联系方式：

国家发展改革委关于印发《分布式发电管理暂行办法》的通知

发改能源〔2013〕1381 号

各省、自治区、直辖市及计划单列市、新疆生产建设兵团发展改革委、能源局，华能、大唐、国电、华电、中电投集团公司，国家电网公司、南方电网公司，中广核、中节能集团公司，国家开发投资公司，中石油、中石化集团公司，中海油总公司，神华、中煤集团公司、中联煤层气公司：

为推动分布式发电应用，促进节能减排和可再生能源发展，我委组织制定了《分布式发电管理暂行办法》。现印发你们，请按照执行。

附件：分布式发电管理暂行办法

国家发展改革委（章）

2013 年 7 月 18 日

分布式发电管理暂行办法

第一章　总　则

第一条　为推进分布式发电发展，加快可再生能源开发利用，提高能源效率，保护生态环境，根据《中华人民共和国可再生能源法》、《中华人民共和国节约能源法》等规定，制定本办法。

第二条　本办法所指分布式发电，是指在用户所在场地或附近建设安装、运行方式以用户端自发自用为主、多余电量上网，且在配电网系统平衡调节为特征的发电设施或有电力输出的能量综合梯级利用多联供设施。

第三条　本办法适用于以下分布式发电方式：

（一）总装机容量5万千瓦及以下的小水电站；

（二）以各个电压等级接入配电网的风能、太阳能、生物质能、海洋能、地热能等新能源发电；

（三）除煤炭直接燃烧以外的各种废弃物发电，多种能源互补发电，余热余压余气发电、煤矿瓦斯发电等资源综合利用发电；

（四）总装机容量5万千瓦及以下的煤层气发电；

（五）综合能源利用效率高于70%且电力就地消纳的天然气热电冷联供等。

第四条　分布式发电应遵循因地制宜、清洁高效、分散布局、就近利用的原则，充分利用当地可再生能源和综合利用资源，替代和减少化石能源消费。

第五条　分布式发电在投资、设计、建设、运营等各个环节均依法实行开放、公平的市场竞争机制。分布式发电项目应符合有关管理要求，保证工程质量和生产安全。

第六条　国务院能源主管部门会同有关部门制定全国分布式发电产业政策，发布技术标准和工程规范，指导和监督各地区分布式发电的发展规划、建设和运行的管理工作。

第二章　资源评价和综合规划

第七条　发展分布式发电的领域包括：

（一）各类企业、工业园区、经济开发区等；

（二）政府机关和事业单位的建筑物或设施；

（三）文化、体育、医疗、教育、交通枢纽等公共建筑物或设施；

（四）商场、宾馆、写字楼等商业建筑物或设施；

（五）城市居民小区、住宅楼及独立的住宅建筑物；

（六）农村地区村庄和乡镇；

（七）偏远农牧区和海岛；

（八）适合分布式发电的其他领域。

第八条　目前适用于分布式发电的技术包括：

（一）小水电发供用一体化技术；

（二）与建筑物结合的用户侧光伏发电技术；

（三）分散布局建设的并网型风电、太阳能发电技术；

（四）小型风光储等多能互补发电技术；

（五）工业余热余压余气发电及多联供技术；

（六）以农林剩余物、畜禽养殖废弃物、有机废水和生活垃圾等为原料的气化、直燃和沼气发电及多联供技术；

（七）地热能、海洋能发电及多联供技术；

（八）天然气多联供技术、煤层气（煤矿瓦斯）发电技术；

（九）其他分布式发电技术。

第九条　省级能源主管部门会同有关部门，对可用于分布式发电的资源进行调查评价，为分布式发电规划编制和项目建设提供科学依据。

第十条　省级能源主管部门会同有关部门，根据各种可用于分布式发电的资源情况和当地用能需求，编制本省、自治区、直辖市分布式发电综合规划，明确分布式发电各重点领域的发展目标、建设规模和总体布局等，报国务院能源主管部门备案。

第十一条　分布式发电综合规划应与经济社会发展总体规划、城市规划、天然气管网规划、配电网建设规划和无电地区电力建设规划等相衔接。

第三章　项目建设和管理

第十二条　鼓励企业、专业化能源服务公司和包括个人在内的各类电力用户投资建设并经营分布式发电项目，豁免分布式发电项目发电业务许可。

第十三条　各省级投资主管部门和能源主管部门组织实施本地区分布式发电建设。

201

依据简化程序、提高效率的原则，实行分级管理。

第十四条　国务院能源主管部门组织分布式发电示范项目建设，推动分布式发电发展和管理方式创新，促进技术进步和产业化。

第四章　电网接入

第十五条　国务院能源主管部门会同有关方面制定分布式发电接入配电网的技术标准、工程规范和相关管理办法。

第十六条　电网企业负责分布式发电外部接网设施以及由接入引起公共电网改造部分的投资建设，并为分布式发电提供便捷、及时、高效的接入电网服务，与投资经营分布式发电设施的项目单位（或个体经营者、家庭用户）签订并网协议和购售电合同。

第十七条　电网企业应制定分布式发电并网工作流程，以城市或县为单位设立并公布接受分布式发电投资人申报的地点及联系方式，提高服务效率，保证无障碍接入。

对于以35千伏及以下电压等级接入配电网的分布式发电，电网企业应按专门设置的简化流程办理并网申请，并提供咨询、调试和并网验收等服务。

对于小水电站和以35千伏以上电压等级接入配电网的分布式发电，电网企业应根据其接入方式、电量使用范围，本着简便和及时高效的原则做好并网管理，提供相关服务。

第十八条　鼓励结合分布式发电应用建设智能电网和微电网，提高分布式能源的利用效率和安全稳定运行水平。

第十九条　国务院能源主管部门派出机构负责建立分布式发电监管和并网争议解决机制，切实保障各方权益。

第五章　运行管理

第二十条　分布式发电有关并网协议、购售电合同的执行及多余上网电量的收购、调剂等事项，由国务院能源主管部门派出机构会同省级能源主管部门协调，或委托下级部门协调。

分布式发电如涉及供电营业范围调整，由国务院能源主管部门派出机构会同省级能源主管部门根据相关法律法规予以明确。

第二十一条　分布式发电以自发自用为主，多余电量上网，电网调剂余缺。采用双向计量电量结算或净电量结算的方式，并可考虑峰谷电价因素。结算周期在合同中商定，原则上按月结算。电网企业应保证分布式发电多余电量的优先上网和全额收购。

第二十二条 国务院能源主管部门派出机构会同省级能源主管部门组织建立分布式发电的监测、统计、信息交换和信息公开等体系，可委托电网企业承担有关信息统计工作，分布式发电项目单位（或个体经营者、家庭用户）应配合提供有关信息。

第二十三条 分布式发电投资方要建立健全运行管理规章制度。包括个人和家庭用户在内的所有投资方，均有义务在电网企业的指导下配合或参与运行维护，保障项目安全可靠运行。

第二十四条 分布式发电设施并网接入点应安装电能计量装置，满足上网电量的结算需要。电网企业负责对电能计量进行管理。

分布式发电在运行过程中应保存完整的能量输出和燃料消耗计量数据。

第二十五条 拥有分布式发电设施的项目单位、个人及家庭用户应接受能源主管部门及相关部门的监督检查，如实提供包括原始数据在内的运行记录。

第二十六条 分布式发电应满足有关发电、供电质量要求，运行管理应满足有关技术、管理规定和规程规范要求。

电网及电力运行管理机构应优先保障分布式发电正常运行。具备条件的分布式发电在紧急情况下应接受并服从电力运行管理机构的应急调度。

第六章 政策保障及措施

第二十七条 根据有关法律法规及政策规定，对符合条件的分布式发电给予建设资金补贴或单位发电量补贴。建设资金补贴方式仅限于电力普遍服务范围。享受建设资金补贴的，不再给予单位发电量补贴。

享受补贴的分布式发电包括：风力发电、太阳能发电、生物质发电、地热发电、海洋能发电等新能源发电。其他分布式发电的补贴政策按相关规定执行。

第二十八条 对农村、牧区、偏远地区和海岛的分布式发电，以及分布式发电的科学技术研究、标准制定和示范工程，国家给予资金支持。

第二十九条 加强科学技术普及和舆论宣传工作，营造有利于加快发展分布式发电的社会氛围。

第七章 附 则

第三十条 各省级能源主管部门会同国务院能源主管部门派出机构及价格、财政等主管部门，根据本办法制定分布式发电管理实施细则。

第三十一条 本办法自发布之日起施行。

国家能源局关于印发《光伏电站项目管理暂行办法》的通知

国能新能〔2013〕329号

各省（区、市）发展改革委（能源局）、新疆生产建设兵团发展改革委，国家电网公司、南方电网公司、华能集团公司、大唐集团公司、华电集团公司、国电集团公司、中电投集团公司、神华集团公司、中广核集团公司、中节能集团公司、水电水利规划设计总院：

为规范光伏电站项目管理，促进光伏发电产业有序健康发展，现将《光伏电站项目管理暂行办法》印送你们，请遵照执行。

附件：光伏电站项目管理暂行办法

国家能源局（章）

2013年8月29日

附件

光伏电站项目管理暂行办法

第一章　总　则

第一条　为规范光伏电站项目管理，保障光伏电站和电力系统安全可靠运行，促进光伏发电产业持续健康发展，根据《中华人民共和国可再生能源法》、《中华人民共和国电力法》、《中华人民共和国行政许可法》、《电力监管条例》和《国务院关于促进光伏产业健康发展的若干意见》，制定本办法。

第二条　本办法适用于作为公共电源建设及运行管理的光伏电站项目。

第三条　光伏电站项目管理包括规划指导和规模管理、项目备案管理、电网接入与运行、产业监测与市场监督等环节的行政管理、技术质量管理和安全监管。

第四条　国务院能源主管部门负责全国光伏电站项目建设和运行的监督管理工作。省级能源主管部门在国务院能源主管部门指导下，负责本地区光伏电站项目建设和运行的监督管理工作。委托国家太阳能发电技术归口管理单位承担光伏电站建设和运行技术管理工作。

第二章　规划指导和规模管理

第五条　国务院能源主管部门负责编制全国太阳能发电发展规划。根据国家能源发展规划、可再生能源发展规划，在论证各地区太阳能资源、光伏电站技术经济性、电力需求、电网条件的基础上，确定全国光伏电站建设规模、布局和各省（区、市）年度开发规模。

第六条　省级能源主管部门根据全国太阳能发电发展规划，以及国务院能源主管部门下达的本地区年度指导性规模指标和开发布局意见，按照"统筹规划、合理布局、就近接入、当地消纳"的原则，编制本地区光伏电站建设年度实施方案建议。

第七条　各省（区、市）光伏电站建设年度实施方案建议包括建设规模、项目布局、电网接入、电力消纳评价和建设计划等内容。各省（区、市）应在每年12月末总结本地区光伏电站建成投产及运行情况的基础上，向国务院能源主管部门报送第二年度的光伏电站建设实施方案建议。

第八条 国务院能源主管部门根据全国太阳能发电发展规划，结合各地区报送的光伏电站建设和运行情况、年度实施方案建议，确认需要国家资金补贴的光伏电站的年度实施方案，下达各省（区、市）光伏电站建设年度实施方案。

第九条 各地区按照国务院能源主管部门下达的年度指导性规模指标，扣除上年度已办理手续但未投产结转项目的规模后，作为本地区本年度新增备案项目的规模上限。

第十条 各地区年度实施方案的完成情况，作为国务院能源主管部门确定下一年度该地区年度指导性规模的重要依据。对已发生明显弃光限电问题且未及时解决的地区，停止下达该地区年度新增指导性规模指标及年度实施方案。对建设实施情况差的地区，相应核减下年度该地区指导性规模指标。

第三章 项目备案管理

第十一条 光伏电站项目建设前应做好规划选址、资源测评、建设条件论证、市场需求分析等项目开工前的各项准备工作。

第十二条 光伏电站项目开展太阳能资源测评，应收集项目场址或具有场址代表性的连续一年以上实测太阳能辐射数据和有关太阳能资源评估成果。

第十三条 项目单位应重点落实光伏电站项目的电力送出条件和消纳市场，按照"就近接入、当地消纳"的原则开展项目电力消纳分析，避免出现不经济的光伏电站电力远距离输送和弃光限电。

第十四条 省级能源主管部门依据国务院投资项目管理规定对光伏电站项目实行备案管理。备案项目应符合国家太阳能发电发展规划和国务院能源主管部门下达的本地区年度指导性规模指标和年度实施方案，已落实接入电网条件。

第十五条 光伏电站完成项目备案后，应抓紧落实各项建设条件，在办理法律法规要求的其他相关建设手续后及时开工建设，并与电网企业做好配套电力送出工程的衔接。

第十六条 国务院有关部门对符合条件的备案项目纳入可再生能源资金补贴目录。未纳入补贴目录的光伏电站项目不得享受国家可再生能源发展基金补贴。

第十七条 为促进光伏发电技术进步和成本下降，提高国家补贴资金使用效益，国务院能源主管部门根据需要适时组织地方采取招标等竞争性方式选择项目投资企业，并确定项目的国家补贴额度。以招标等竞争性方式组织建设的光伏电站项目规模不计入本地区年度指导性规模指标。

第四章　电网接入与运行

第十八条　光伏电站配套电力送出工程应与光伏电站建设协调进行。光伏电站项目单位负责投资建设项目场址内集电线路和升压站工程，电网企业负责投资建设项目场址外配套电力送出工程。各省级能源主管部门负责做好协调工作。

第十九条　电网企业应根据全国太阳能发电发展规划、各地区光伏电站建设规划和年度实施方案，统筹开展光伏电站配套电网规划和建设，根据需要采用智能电网等先进技术，提高电网接纳光伏发电的能力。

第二十条　光伏电站项目接网意见由省级电网企业出具，分散接入低压电网且规模小于6兆瓦的光伏电站项目的接网意见由地市级或县级电网企业出具。

第二十一条　电网企业应按照积极服务、简捷高效的原则，建立和完善光伏电站项目接网审核和服务程序。项目单位提出接入系统设计报告评审申请后，电网企业原则上应在60个工作日内出具审核意见，或对于不具备接入条件的项目说明原因。电网企业应提高光伏电站配套电网工程相关工作的效率，做到配套电力送出工程与光伏电站项目同步建设，同时投运。

第二十二条　光伏电站项目应符合国家有关光伏电站接入电网的技术标准，涉网设备必须通过检测论证。经国家认可的检测认证机构检测合格的设备，电网企业不得要求进行重复检测。

第二十三条　电网企业应按国家有关技术标准和管理规定，在项目单位提交并网调试申请后45个工作日内，配合开展光伏电站涉网设备和电力送出工程的并网调试、竣工验收，与项目单位签订并网调度协议和购售电合同。双方签订的并网调度协议和购售电合同必须符合《可再生能源法》关于全额保障性收购的规定。

第二十四条　电网企业应采取系统性技术措施，完善光伏电站并网运行的调度技术体系，按照法律规定和有关管理规定保障光伏电站安全高效并网运行，全额保障性收购光伏电站的发电量。

第二十五条　光伏电站项目应按照有关规范要求，认真做好光伏电站并网安全工作，会同电网企业积极整改项目运行中出现的安全问题，保证光伏电站安全和电力系统可靠运行。

第五章　产业监测与市场监督

第二十六条　国务院能源主管部门按照建设项目工程质量有关要求，加强光伏电站建设质量监督管理及运行监管，将建设和运行的实际情况作为制定产业政策，调整各地区年度建设规模和布局的依据。根据产业发展状况和需求，及时完善行业规范和标准体系。

第二十七条　项目主体工程和配套电力送出工程完工后，项目单位应及时组织项目竣工验收，并将竣工验收报告报送省级能源主管部门，抄送国家太阳能发电技术归口管理单位。

第二十八条　国务院能源主管部门适时组织有资质的咨询机构，根据相关技术规定对通过竣工验收并投产运行1年以上的重点项目的建设和运行情况进行后评价，作为完善行业规范和标准的重要依据。项目单位应按照评价报告对项目设施和运行管理进行必要的改进。

第二十九条　各省级能源主管部门应规范本地区光伏电站开发市场秩序管理，严格控制开展前期工作项目规模，保持本地区光伏电站有序发展。

第三十条　国务院能源主管部门负责加强对光伏电站运行监管；项目单位应加强光伏电站运行维护管理，积极配合电网企业的并网运行调度管理；电网企业应加强优化调度，保障光伏电站安全高效运行和发电量全额保障性收购。

第三十一条　国务院能源主管部门依托国家太阳能发电技术归口管理部门建立可再生能源项目信息系统，对各地区光伏电站项目建设、运行情况进行监测。项目单位应按照有关要求，建立光伏电站运行管理信息系统，并向国家太阳能发电技术归口管理单位报送相关信息。

第三十二条　光伏电站建设、调试和运行过程中，如发生人员伤亡、重大设备损坏及事故，项目单位应按规定及时向所在地能源监管部门和安全生产监督管理部门报告；如发现关键设备批量质量问题，项目单位应在第一时间向项目所在地能源主管部门报告，地方能源主管部门视情况上报国务院能源主管部门。

第六章　违规责任

第三十三条　项目单位不得自行变更光伏电站项目备案文件的重要事项，包括项目投资主体、项目场址、建设规模等主要边界条件。

第三十四条　电网企业未按全额保障性收购的法律规定和有关管理规定完成收购

光伏电站发电量，国家能源管理部门和监管机构责令电网企业限期纠正。按照《可再生能源法》第二十九条规定电网企业应承担赔偿责任。

第七章　附　则

第三十五条　本办法由国家能源局负责解释。

第三十六条　本办法自发布之日起施行。

三、补贴清单（补助目录）管理

财政部办公厅关于请加强可再生能源发电补贴清单审核管理工作的通知

财办建〔2021〕11号

国家电网公司，南方电网公司，各有关地方电网企业，国家可再生能源信息管理中心：

按照《财政部 国家发展改革委 国家能源局关于促进非水可再生能源发电健康发展的若干意见》（财建〔2020〕4号）要求，国家不再发布可再生能源电价附加补助目录，而由电网企业确定并定期公布符合条件的可再生能源发电补贴项目清单（以下简称补贴清单）。为规范补贴清单审核管理，经商发展改革委和能源局同意，现将有关事项通知如下：

一、《财政部办公厅关于加快推进可再生能源发电补贴项目清单审核有关工作的通知》（财办建〔2020〕70号，以下简称《通知》）出台的项目全容量并网时间认定办法，仅适用于因技术原因确实无法认定并网时间的存量项目。自《通知》印发之日起新并网项目，需由地方能源监管部门或电网企业认定项目全容量并网时间后，才可审核纳入补贴清单。

二、因技术原因确实无法认定并网时间的存量项目，如适用《通知》出台的项目全容量并网时间认定办法，需对无法认定的原因进行说明。电网企业应对此类项目进行统计，并定期将相关情况报送财政部、发展改革委、能源局。

三、对于先行并网，但长期未发电或发电量明显少于当地同类项目平均水平，且跨越1个及以上价格周期的项目，应对并网后长期未发电或发电量少的原因提供书面解释。电网企业和可再生能源信息管理中心在审核过程中，应对相关材料进行认真审核，对存在谋取高额电价补贴情形的项目，及时向相关部门反映。

请按照上述要求和相关文件规定，抓紧审核存量项目信息，分批纳入补贴清单。同时，请统计2020年新增并网的风电、光伏、生物质发电项目情况，包括项目类型、名称、地点、并网全部容量、全容量并网时间等，及时报送财政部、发展改

革委、能源局。

特此通知。

财政部办公厅（章）

2021年2月20日

财政部办公厅关于加快推进可再生能源发电补贴项目清单审核有关工作的通知

财办建〔2020〕70号

各省、自治区、直辖市财政厅（局），国家电网公司、中国南方电网有限责任公司、国家可再生能源信息管理中心：

按照《财政部 国家发展改革委 国家能源局关于促进非水可再生能源发电健康发展的若干意见》（财建〔2020〕4号）要求，国家不再发布可再生能源电价附加补助目录，而由电网企业确定并定期公布符合条件的可再生能源发电补贴项目清单（以下简称补贴清单）。为加快推进相关工作，现将补贴清单审核、公布等有关事项通知如下：

一、抓紧审核存量项目信息，分批纳入补贴清单。纳入补贴清单的可再生能源发电项目需满足以下条件：

（一）符合我国可再生能源发展相关规划的陆上风电、海上风电、集中式光伏电站、非自然人分布式光伏发电、光热发电、地热发电、生物质发电等项目。所有项目应于2006年及以后年度按规定完成核准（备案）手续，并已全部容量完成并网。

（二）符合国家能源主管部门要求，按照规模管理的需纳入年度建设规模管理范围内，生物质发电项目需纳入国家或省级规划，农林生物质发电项目应符合《农林生物质发电项目防治掺煤监督管理指导意见》（国能综新能〔2016〕623号）要求。其中，2019年光伏新增项目，2020年光伏、风电和生物质发电新增项目需满足国家能源主管部门出台的新增项目管理办法。

（三）符合国家可再生能源价格政策，上网电价已获得价格主管部门批复。

二、补贴清单由电网企业公布。具体流程如下：

（一）项目初审。

国家电网、南方电网和地方独立电网企业组织经营范围内的可再生能源发电企业按要求申报补贴清单，并对申报项目材料的真实性进行初审。具体申报要求见国家可再生能源信息平台（以下简称信息平台）公告。

（二）省级主管部门确认。

电网企业将符合要求的可再生能源发电项目汇总后，向各省（区、市）能源主管部门申报审核。各省（区、市）能源主管部门对项目是否按规定完成核准（备案）、是否纳入年度建设规模管理范围等条件进行确认并将结束反馈电网企业。

（三）项目复核。

电网企业将经过确认的可再生能源发电项目相关申报材料按要求通过信息平台提交国家可再生能源信息管理中心，由国家可再生能源信息管理中心对申报项目资料的完整性、支持性文件的有效性和项目情况的真实性进行复核，包括规模管理和电价政策等方面内容，并将复核结果反馈电网企业。

（四）补贴清单公示和公布。

电网企业将复核后符合条件的项目形成补贴项目清单，并在网站上进行公示。公示期满后，国家电网、南方电网正式对外公布各自经营范围内的补贴清单，并将公布结果报送财政部、国家发展改革委和国家能源局。地方独立电网需报送所在地省级财政、价格、能源主管部门确认后，再公布经营范围内的补贴清单。

补贴清单内容需包括：项目类别、名称、场址、业主、并网容量、全容量并网时间、上网电价、列入规模管理年份等基本信息，以及其他必要信息。此前已公布的补贴清单如信息不全，应予以补充公布。

三、按照国家价格政策要求，项目执行全容量并网时间的上网电价。对于履行程序分批次并网的项目，除国家另有明确规定以外，应按每批次全容量并网的实际时间分别确定上网电价。项目全容量并网时间由地方能源监管部门或电网企业认定，如因技术原因等特殊原因确实无法认定的，为加快项目确权，暂按本文所附《可再生能源发电项目全容量并网时间认定办法》进行认定。

四、纳入补贴清单的可再生能源发电项目，如项目名称、业主信息发生变更，由可再生能源发电企业向电网企业申请更变，电网企业应在接到申请后15天内完成变更并对外公布；如并网容量、场址发生变更，需按本通知第三部分要求重新申报纳入补贴清单。

五、光伏自然人分布式仍按《财政部 国家发展改革委 国家能源局关于公布可再生能源电价附加资金补助目录（第六批）的通知》（财建〔2016〕669号）要求管理，电网企业应定期汇总项目信息并完成备案工作。

请各单位按照上述要求，按照项目全容量并网时间先后顺序，成熟一批，公布一批，尽快完成补贴清单的公布。补贴清单审核、公布中如遇新情况、新问题，请及时向财政部、发展改革委、国家能源局反映。

　　附件：可再生能源发电项目全容量并网时间认定办法

财政部办公厅（章）

2020年11月18日

附件

可再生能源发电项目全容量并网时间认定办法

按照《关于促进非水可再生能源发电健康发展的若干意见》（财建〔2020〕4号），由电网企业按照要求审核公布可再生能源发电项目补贴清单。为提高审核效率，加快审核进度，对于地方能源监管机构和电网企业都无法认定全容量并网时间的项目，按以下办法审核认定：

一、企业承诺

可再生能源补贴项目申请补贴清单时，应提交全容量并网时间承诺，同时提交相关核验材料。承诺内容包括：项目全部容量并网发电的时间，办理电力业务许可证时是否完成全容量并网，办理并网调度协议时是否完成全容量并网等。

可再生能源补贴项目应将承诺书及电力业务许可证（按规定豁免办理电力业务许可证的项目除外）、并网调度协议等核验材料上传至目录清单审核平台。

二、多方核验

可再生能源补贴项目提交承诺书及相关核验材料后，方可进入审核流程。其中，地方能源监管机构负责审核电力业务许可证的真实性和有效性；电网企业负责审核并网调度协议的真实性和有效性；可再生能源信息管理中心负责审核全容量并网时间承诺书和相关证明材料的完整性、逻辑性。

三、认定办法

（一）可再生能源补贴项目承诺的全容量并网时间、电力业务许可证明确的并网时间、并网调度协议明确的并网时间相一致的，项目按此时间列入补贴清单，享受对应的电价政策。

（二）可再生能源补贴项目承诺的全容量并网时间、电力业务许可证明确的并网时间、并网调度协议明确的并网时间不一致，但不影响项目享受的电价政策，项目按企业承诺全容量并网时间列入补贴清单，享受对应的电价政策。

（三）可再生能源补贴项目承诺的全容量并网时间、电力业务许可证明确的并网时间、并网调度协议明确的并网时间不一致，且影响电价政策的，按照三个并网时间中的最后时点确认全容量并网时间，列入补贴清单，享受对应的电价政策。

（四）项目对认定的全容量并网时间若有不同意见，可申请复核，并提交以下材料：

（1）国家认可的机构出具的质量监督报告；

（2）总承包合同、所有发电设备的采购合同、所有发电设备采购合同的付款银行流水记录；

（3）购售电合同及全容量并网后逐月销售电量、售电收入银行流水记录；

（4）其他可证明项目承诺合容量并网时间的材料。

项目提交的上述材料完整清楚、不存在时间矛盾的，从项目企业承诺的全容量并网时间起，计算并网后12个月的平均利用小时，不低于同一地区、同类项目、同期间的年平均利用小时的50%时，补贴清单的并网时间可暂按项目承诺全容量并网时间进行调整。如未达到50%，则按月向后平移计算12个月的平均利用小时，直至达到50%的月份，补贴清单的并网时间暂按此月份进行调整。

项目履行程序分批完成并网的，应分别承诺每一批全部容量并网发电的时间，分批进行核验和认定。

四、加强监管

电网企业应组织对补贴清单内的项目进行全面自查，实现清单内项目全覆盖。全容量并网时间承诺书纳入可再生能源发电项目补贴清单公示范围，接受全社会监督。对于企业和个人反映的问题，电网企业应及时核实并说明情况，相应处理。

国家有关部门将组织第三方机构对补贴项目承诺的全容量并网时间进行核查，重点核查承诺的全容量并网时间、电力业务许可证明确的并网时间、并网调度协议明确的并网时间不一致、影响价格政策的项目。补贴项目必须按要求配合做好核查工作，按时提供所需资料，否则将移出补贴清单。

如核查证明全容量并网时间与企业承诺不一致，将视情节轻重相应核减补贴资金，并向社会公开通报。

（一）经核实的全容量并网时间比企业承诺全容量并网时间滞后3个月及以上的。影响价格的，该项目移出补贴目录清单，且自移出之日起3年内不得再纳入补贴清单，移出补贴清单期间所发电量不予补贴。

（二）经核实的全容量并网时间比企业承诺全容量并网时间滞后3个月以下、1个月以上的。影响价格的，在补贴目录清单中剔除该项目未按期并网发电的容量，并按

实际发放补贴金额的3倍核减该项目补贴资金。

（三）经核实的全容量并网时间比企业承诺全容量并网时间滞后1个月以内的。影响价格的，在补贴目录清单中剔除该项目未按期并网发电的容量，并按实际发放补贴金额的2倍核减该项目补贴资金。

财政部办公厅关于开展可再生能源发电补贴项目清单审核有关工作的通知

财办建〔2020〕6号

各省、自治区、直辖市财政厅（局），国家电网公司、中国南方电网有限责任公司、国家可再生能源信息中心：

按照《财政部 国家发展改革委 国家能源局关于促进非水可再生能源发电健康发展的若干意见》（财建〔2020〕4号）要求，国家不再发布可再生能源电价附加补助目录，而由电网企业确定并定期公布符合条件的可再生能源发电补贴项目清单（以下简称补贴清单）。为推进相关工作，现将补贴清单审核、公布等有关事项通知如下：

一、此前由财政部、国家发展改革委、国家能源局发文公布的第一批至第七批可再生能源电价附加补助目录内的可再生能源发电项目，由电网企业对相关信息进行审核后，直接纳入补贴清单。

二、抓紧审核存量项目信息，分批纳入补贴清单。纳入首批补贴清单的可再生能源发电项目需满足以下条件：

（一）符合我国可再生能源发展相关规划的陆上风电、海上风电、集中式光伏电站、非自然人分布式光伏发电、光热发电、生物质发电等项目。所有项目应于2006年及以后年度按规定完成核准（备案）手续。其中，风电项目需于2019年12月底前全部机组完成并网，光伏发电项目需于2017年7月底前全部机组完成并网（光伏"领跑者"基地项目和2019年光伏竞价项目并网时间可延长至2019年12月底），生物质发电项目需于2018年1月底前全部机组完成并网。

（二）符合国家能源主管部门要求，按照规模管理的需纳入年度建设规模管理范围内。

（三）符合国家可再生能源价格政策，上网电价已获得价格主管部门批复。

三、补贴清单由电网企业公布。具体流程如下：

（一）项目初审。

国家电网、南方电网和地方独立电网企业组织经营范围内的可再生能源发电企业按要求申报补贴清单，并对申报项目材料的真实性进行初审。具体申报要求见国家可再生能源信息平台（以下简称信息平台）公告。

（二）省级主管部门确认。

电网企业将符合要求的可再生能源发电项目汇总后，向各省（区、市）能源主管部门申报审核。各省（区、市）能源主管部门对项目是否按规定完成核准（备案）、是否纳入年度建设规模管理范围等条件进行确认并将结果反馈电网企业。

（三）项目复核。

电网企业将经过确认的可再生能源发电项目相关申报材料按要求通过信息平台提交国家可再生能源信息管理中心，由国家可再生能源信息管理中心对申报项目资料的完整性、支持性文件的有效性和项目情况的真实性进行复核，包括规模管理和电价政策等方面内容，并将复核结果反馈电网企业。

（四）补贴清单公示和公布。

电网企业将复核后符合条件的项目形成补贴项目清单，并在网站上进行公示。公示期满后，国家电网、南方电网正式对外公布各自经营范围内的补贴清单，并将公布结果报送财政部、国家发展改革委和国家能源局。地方独立电网需报送所在地省级财政、价格、能源主管部门确认后，再公布经营范围内的补贴清单。

补贴清单内容主要包括：项目类别、名称、场址、并网容量、业主、列入规模管理年份等基本信息。

四、纳入补贴清单的可再生能源发电项目，如项目名称、业主信息发生变更，由可再生能源发电企业向电网企业申请更变，电网企业应在接到申请后15天内完成变更并对外公布；如并网容量、场址发生变更，需按本通知第三部分要求重新申报纳入补贴清单。

五、光伏自然人分布式仍按《财政部 国家发展改革委 国家能源局关于公布可再生能源电价附加资金补助目录（第六批）的通知》（财建〔2016〕669号）要求管理，电网企业应定期汇总项目信息并完成备案工作。

请各单位按照上述要求，按照"成熟一批，公布一批"的原则，分阶段完成补贴清单的公布。2020年4月30日前，完成第一阶段补贴清单的审核发布工作；2020年6

月30日前，完成首批补贴清单的审核发布工作。同时，做好下一批补贴清单审核发布的准备工作。

财政部办公厅（章）

2020年3月12日

关于可再生能源发电补贴项目清单申报与审核工作有关要求的公告

为做好可再生能源发电补贴项目清单申报与审核工作，根据《关于促进非水可再生能源发电健康发展的若干意见》（财建〔2020〕4号）、《关于印发〈可再生能源电价附加资金管理办法〉的通知》（财建〔2020〕5号）、《财政部办公厅关于开展可再生能源发电补贴项目清单审核有关工作的通知》（财办建〔2020〕6号，以下简称"6号文"），以及国家有关规模管理、行业信息化管理等政策文件要求，国家可再生能源信息管理中心（以下简称"信息中心"）现将有关工作要求公告如下：

一、申报与审核流程

可再生能源发电补贴项目清单申报审核流程如下，流程图详见附件1。

1.项目初审

国家电网、南方电网、内蒙古电力公司和地方独立电网企业组织经营范围内的电网企业和可再生能源发电企业按本公告相关要求申报补贴清单，提交相关资料。为加快工作进度、提高工作效率，支持电网企业依托国家可再生能源信息管理平台（网址http://djfj.renewable.org.cn）（以下简称"信息平台"）在线受理发电企业申报和初审。

2.省级能源主管部门确认

电网企业将初审通过的项目名单提交所在省级能源主管部门审核确认（跨省跨区送电项目提交至受理项目核准、备案机关所在地的省级能源主管部门）。省级能源主管部门将确认结果反馈电网企业。

3.项目复核

电网企业将申报项目名单、项目相关资料和确认成果按照本公告要求进行汇总，通过信息平台在线提交至信息中心。信息中心依据6号文要求进行复核，并将复核结果反馈电网企业。

4.补贴清单公示和公布

电网企业按6号文要求进行公示和公布。对于公示后未通过的项目，汇总反馈信息中心复核。复核未通过的项目，不予列入补贴清单。

电网企业应提供审核进度查询服务，及时告知发电企业是否受理成功和当前审核进展，允许企业在规定时限内补充完善申报材料。

已公布补贴清单中的项目，如需进行信息变更的，应重新按照本流程进行审核。

二、项目信息提交、审核、公示和公布要求

1.发电企业申报项目提交信息

可再生能源发电企业申报项目提交信息应包括项目代码、项目名称、项目业主、项目类别、项目所在地、核准（备案）容量、核准（备案）时间、装机容量、并网时间、上网电价等信息，具体提交信息内容见附件2。企业应同步提供项目核准（备案）批复文件、并网支持性文件、上网电价批复文件等支持性文件，生物质发电项目还应提供审定后的可行性研究报告。

2.电网企业确认项目名单提交信息

在完成电网企业初审和省级能源主管部门确认后，请国家电网、南方电网、内蒙古电力公司和地方独立电网企业组织经营范围内的电网企业对申报项目信息和支持性文件进行汇总，形成《可再生能源发电补贴项目确认汇总表》（见附件2），并通过信息平台在线提交至信息中心进行复核，同步上传汇总表盖章扫描件。

3.审核要点

电网企业重点对申报项目的真实性、项目全容量并网时间是否符合申报要求、并网支持性文件有效性等进行初审。

省级能源主管部门重点对项目核准（备案）文件的真实性和合规性、项目是否符合规模管理进行审核确认。

信息中心重点对申报项目的完整性、支持性文件的有效性、规模管理和执行电价的合规性进行复核。信息中心将按照项目提交信息平台顺序分批次进行项目复核。

4.补贴清单公示和公布要求

信息中心将复核通过的补贴清单通过信息平台在线反馈电网企业，并上传复核结果盖章扫描件供下载。电网企业确认无误后，及时通过信息平台和电网企业相关网站进行公示。补贴清单主要包括项目代码、项目名称、项目业主、项目类别、装机容量等基本信息。公示期为7天。公示期满后，对无异议的补贴项目，由电网企业正式对外发布补贴清单，并报财政部、国家发展改革委和国家能源局备案。对于存在异议的补贴项目，发电企业应在公示期内向电网企业提交书面复核申请，电网企业按照审核流程组织对相应项目进行复核后，将复核结果及时反馈相关企业，对其中符合补贴条件

的项目及时通过信息平台和各省级电网企业网站予以发布。

三、项目确认名单提交方式

电网企业可通过两种方式通过信息平台提交项目确认名单至信息中心，具体如下：

方式一：通过信息平台填报或导入

各省级电网企业和地方独立电网企业在信息平台上实名注册账号（已有平台账号的无需重新注册），将项目确认名单填报或导入信息平台（导入模板在信息平台网站下载），上传各项目的支持性文件，连同加盖公章的项目确认名单扫描文件一并在线提交至信息中心。

具体操作为：登录信息平台首页点击导航栏"补贴项目确认清单填报"下的"可再生能源发电项目"和"非自然人分布式光伏项目"子菜单，分别填报或导入区域内完成确认的发电项目和非自然人分布式光伏项目的补贴项目确认表，上传盖章扫描文件，并以项目为单位分别上传相关附件。

方式二：通过信息平台在线申报和审核

为提高补贴清单申报和审核工作效率，补贴清单申报和初审工作可依托信息平台在线进行，具体方式如下：

1.电网企业组织可再生能源发电企业在线填报提交项目信息，上传相关支持性文件。如电网企业需发电企业提交纸质申报表，可由发电企业在信息平台直接导出规范的项目补贴清单申报表，打印后线下提交。

2.电网企业通过信息平台对发电企业申报项目进行在线初审，初审结果在线提交。

3.省级能源主管部门用原有账号登录信息平台，通过信息平台在线进行项目确认。

4.信息中心对完成确认的项目清单经信息平台在线复核。

5.对于通过复核的项目，电网企业通过信息平台导出规范的项目补贴清单公示表，用于公示和公布。

财政部、国家发改委和国家能源局可通过信息平台在线查询全国补贴清单申报项目信息。国家电网、南方电网可在线查询经营范围内项目信息。发电企业、省级电网企业、地方独立电网企业和省级能源主管部门可在线查询项目审核状态和进展。

四、审核工作时间要求

请各电网企业和可再生能源发电企业按照以上要求做好补贴项目清单申报审核工作，按照"成熟一批，发布一批"的原则，分阶段发布清单。

1.第一阶段补贴项目清单审核时间要求

请电网企业于3月31日前完成第一阶段补贴项目清单初审，提交各省级能源主管部门。各省级能源主管部门原则上应在3个工作日内完成确认并反馈电网企业。电网企业应在4月8日前按公告要求将电网企业初审和省级能源主管部门确认成果提交至信息中心复核。第一阶段补贴清单于2020年4月30日前完成审核发布。

2.首批补贴项目清单审核时间要求

补贴项目清单项目分阶段进行公布。第一阶段补贴项目清单发布后，后续原则上每半个月公布一次，具体公布周期根据实际项目申报和审核情况适时调整。请电网企业于5月15日前完成首批补贴清单项目初审，提交各省级能源主管部门。各省级能源主管部门原则上应在3个工作日内完成确认并反馈电网企业。请电网企业于5月25日前按公告要求将电网企业初审和省级能源主管部门确认成果提交至信息中心复核。首批补贴清单于2020年6月30日前完成审核发布工作。

特此公告。

附件：

1.可再生能源发电补贴项目清单申报审核流程

2.可再生能源发电补贴项目确认信息汇总表

国家可再生能源信息管理中心（章）

2020年3月20日

附件1

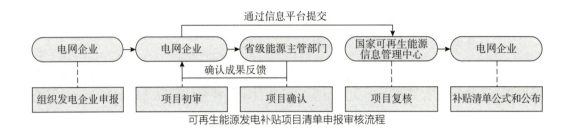

可再生能源发电补贴项目清单申报审核流程

财政部 国家发展改革委 国家能源局
关于公布可再生能源电价附加资金
补助目录（第七批）的通知

财建〔2018〕250号

有关省、自治区、直辖市财政厅（局）、发展改革委、能源局、物价局，国家电网有限公司、中国南方电网有限责任公司、内蒙古自治区电力有限责任公司：

根据《财政部 国家发展改革委 国家能源局关于印发〈可再生能源电价附加补助资金管理暂行办法〉的通知》（财建〔2012〕102号）和《财政部关于分布式光伏发电实行按照电量补贴政策等有关问题的通知》（财建〔2013〕390号）要求，财政部、国家发展改革委、国家能源局将符合条件的项目列入可再生能源电价附加资金补助目录，并在财政部网站上予以公布。有关事项说明如下：

一、现有农林生物质发电、生活垃圾焚烧发电和沼气发电国家电价支持政策之外的，包括燃煤与农林生物质、生活垃圾等混燃发电在内的其他生物质发电项目，不纳入国家可再生能源电价附加资金补助目录，由地方制定出台相关政策措施，解决补贴资金问题，请各相关单位遵照执行。

二、根据《可再生能源法》第二十一条"电网企业为收购可再生能源电量而支付的合理的接网费用以及其他合理的相关费用，可以计入电网企业输电成本，并从销售电价中回收"规定，已纳入和尚未纳入国家可再生能源电价附加资金补助目录的可再生能源接网工程项目，不再通过可再生能源电价附加补助资金给予补贴，相关补贴纳入所在省输配电价回收，由国家发展改革委在核定输配电价时一并考虑。

三、列入补助目录的项目，当"项目名称"、"项目公司"、"项目容量"、"线路长度"等发生变化或与现实不符时，需及时向财政部、国家发展改革委、国家能源局申

请变更，经批准后才可继续享受电价补助。

财政部

国家发展改革委

国家能源局（章）

2018年6月11日

附件1　可再生能源电价附加资金补助目录（可再生能源发电项目）

附件2　可再生能源电价附加资金补助目录（公用独立系统项目）

附件3　可再生能源电价附加资金补助目录（非自然人分布式光伏发电项目）

附件4　可再生能源电价附加资金补助目录更正表（可再生能源发电项目）

财政部 国家发展改革委 国家能源局
关于公布可再生能源电价附加资金补助目录
（第六批）的通知

财建〔2016〕669号

各省、自治区、直辖市财政厅（局）、发展改革委、能源局、物价局，国家电网公司、中国南方电网有限责任公司、内蒙古自治区电力有限责任公司：

根据《财政部 国家发展改革委 国家能源局关于印发〈可再生能源电价附加补助资金管理暂行办法〉的通知》（财建〔2012〕102号）和《财政部关于分布式光伏发电实行按照电量补贴政策等有关问题的通知》（财建〔2013〕390号）要求，财政部、国家发展改革委、国家能源局将符合条件的项目列入可再生能源电价附加资金补助目录，现予以公布。

为简化管理流程，自然人分布式项目不再按目录制管理，项目完成并网发电即可按电量享受补贴。国家电网公司、南方电网有限责任公司定期汇总经营范围内的自然人分布式项目信息，并报财政部、国家发展改革委、国家能源局备案。地方独立电网企业经营范围内的自然人分布式项目，由省级财政、价格、能源主管部门定期汇总后报财政部、国家发展改革委、国家能源局备案。

列入补助目录的项目，当"项目名称""项目公司""项目容量""线路长度"等发生变化或与现实不符时，需及时向财政部、国家发展改革委、国家能源局申请变更，经批准后才可继续享受电价补助。

附件：

1.可再生能源电价附加资金补助目录（可再生能源发电项目）

2.可再生能源电价附加资金补助目录（发电接网工程项目）

3.可再生能源电价附加资金补助目录（公共独立系统项目）

4.可再生能源电价附加资金补助目录更正表（可再生能源发电项目）

5.可再生能源电价附加资金补助目录更正表（可再生能源发电接网工程项目）

6.可再生能源电价附加资金补助目录（非自然人分布式光伏发电项目）

财政部

国家发展改革委

国家能源局（章）

2016年8月24日

财政部 国家发展改革委 国家能源局关于公布可再生能源电价附加资金补助目录（第五批）的通知

财建〔2014〕489号

有关省、自治区、直辖市财政厅（局）、发展改革委、能源局、物价局，国家电网公司、中国南方电网有限责任公司、内蒙古自治区电力有限责任公司：

根据《财政部 国家发展改革委 国家能源局关于印发〈可再生能源电价附加补助资金管理暂行办法〉的通知》（财建〔2012〕102号）要求，财政部、国家发展改革委、国家能源局将符合条件的项目列入可再生能源电价附加资金补助目录，现予以公布。

列入补助目录的项目，当"项目名称"、"项目公司"、"项目容量"、"线路长度"等发生变化或与现实不符时，需及时向财政部、国家发展改革委、国家能源局申请变更，经批准后才可继续享受电价补助。

附件：

1.可再生能源电价附加资金补助目录（发电项目）

2.可再生能源电价附加资金补助目录（发电接网工程项目）

3.可再生能源电价附加资金补助目录（公共独立系统项目）

财政部

国家发展改革委

国家能源局（章）

2018年8月21日

财政部 国家发展改革委 国家能源局关于公布可再生能源电价附加资金补助目录（第四批）的通知

财建〔2013〕64号

有关省、自治区、直辖市财政厅（局）、发展改革委、能源局、物价局，国家电网公司、中国南方电网有限责任公司、内蒙古自治区电力有限责任公司：

根据《财政部 国家发展改革委 国家能源局关于印发〈可再生能源电价附加补助资金管理暂行办法〉的通知》（财建〔2012〕102号）要求，财政部、国家发展改革委、国家能源局将符合条件。根据生态环境部令第19号《全国碳排放权交易管理办法》（试行），全国碳排放权交易及相关活动是指在全国碳排放权市场开展的碳排放配额等交易以及排放报告与核查、排放配额分配、排放配额清缴等活动。

附件：

1.可再生能源电价附加资金补助目录（可再生能源发电项目）

2.可再生能源电价附加资金补助目录（可再生能源发电接网工程项目）

3.可再生能源电价附加资金补助目录（公共可再生能源独立电力系统项目）

4.可再生能源电价附加资金补助目录更正表（可再生能源发电项目）

5.可再生能源电价附加资金补助目录更正表（可再生能源发电接网工程项目）

财政部

国家发展改革委

国家能源局（章）

2013年2月26日

财政部 国家发展改革委 国家能源局关于公布可再生能源电价附加资金补助目录（第三批）的通知

财建〔2012〕1067号

有关省、自治区、直辖市财政厅（局）、发展改革委、能源局、物价局，国家电网公司、中国南方电网有限责任公司、内蒙古自治区电力有限责任公司：

根据《财政部 国家发展改革委 国家能源局关于印发〈可再生能源电价附加补助资金管理暂行办法〉的通知》（财建〔2012〕102号）要求，财政部、国家发展改革委、国家能源局将符合条件的项目列入可再生能源电价附加资金补助目录，现予以公布。

附件：可再生能源电价附加资金补助目录（第三批）

财政部

国家发展改革委

国家能源局（章）

2012年12月20日

财政部 国家发展改革委 国家能源局 关于公布可再生能源电价附加资金补助目录（第二批）的通知

财建〔2012〕808号

有关省、自治区、直辖市财政厅（局）、发展改革委、能源局、物价局，国家电网公司、中国南方电网有限责任公司、内蒙古自治区电力有限责任公司：

根据《财政部 国家发展改革委 国家能源局关于印发〈可再生能源电价附加补助资金管理暂行办法〉的通知》（财建〔2012〕102号，以下简称《管理办法》）要求，财政部、国家发展改革委、国家能源局将符合条件的项目列入可再生能源电价附加资金补助目录，现予以公布。

省级电网企业、地方独立电网企业根据本级电网覆盖范围内列入可再生能源电价附加资金补助目录情况，按照《管理办法》相关规定提出可再生能源电价附加补助资金申请，经省级财政、价格、能源主管部门审核后，上报财政部、国家发展改革委、国家能源局。其中2012年所需补助资金，请于10月底前上报。

财政部

国家发展改革委

国家能源局（章）

2012年9月21日

附件：可再生能源电价附加资金补助目录（第二批）

财政部 国家发展改革委 国家能源局 关于公布可再生能源电价附加资金补助目录（第一批）的通知

财建〔2012〕344号

有关省、自治区、直辖市、计划单列市财政厅（局）、发展改革委、能源局、物价局，国家电网公司、中国南方电网有限责任公司、内蒙古自治区电力有限责任公司：

根据《财政部 国家发展改革委 国家能源局关于印发〈可再生能源电价附加补助资金管理暂行办法〉的通知》（财建〔2012〕102号，以下简称《管理办法》）要求，财政部、国家发展改革委、国家能源局将符合条件的项目列入可再生能源电价附加资金补助目录（第一批），现予以公布。

省级电网企业、地方独立电网企业根据本级电网覆盖范围内列入可再生能源电价附加资金补助目录情况，按照《管理办法》相关规定提出可再生能源电价附加补助资金申请，经省级财政、价格、能源主管部门审核后，上报财政部、国家发展改革委、国家能源局。其中2012年1~3季度所需补助资金，请于7月10日前上报。

财政部

国家发展改革委

国家能源局（章）

2012年6月12日

附件：可再生能源电价附加资金补助目录（第一批）

财政部 国家发展改革委 国家能源局 国务院扶贫办关于公布可再生能源电价附加资金补助目录（第三批光伏扶贫项目）的通知

财建〔2020〕13号

有关省、自治区、直辖市财政厅（局），新疆生产建设兵团财政局，国家电网有限公司，中国南方电网有限责任公司：

按照《财政部 国家发展改革委 国家能源局关于印发〈可再生能源电价附加补助资金管理办法〉的通知》（财建〔2020〕5号）和《财政部关于分布式光伏发电实行按照电量补贴政策等有关问题的通知》（财建〔2013〕390号）等文件要求，根据国务院扶贫办、国家能源局审核结果，现将第三批光伏扶贫补助目录在财政部网站上予以公布。

按照国务院要求，为确保光伏扶贫收益及时惠及广大贫困人口，对列入可再生能源电价附加资金补助目录内的光伏扶贫项目，财政部将优先拨付用于扶贫部分的补贴资金。其中，国家电网公司、南方电网公司经营范围内的光伏扶贫项目，由国家电网公司、南方电网公司分别负责补贴资金的申请和拨付；地方独立电网企业经营范围内的光伏扶贫项目，由省级财政、价格、能源、扶贫主管部门负责补贴资金的申请和拨付。

对于村级电站和集中电站用于扶贫部分的补贴资金，由电网企业或财政部门直接拨付至当地扶贫发电收入结转机构，由扶贫主管部门监督全额拨付至光伏扶贫项目所在村集体。

附件：第三批光伏扶贫补助目录

财政部

发展改革委

国家能源局

国务院扶贫办（章）

2020年2月10日

财政部 国家发展改革委 国家能源局 国务院扶贫办关于调整可再生能源电价 附加资金补助目录（光伏扶贫项目） 的通知

财建〔2020〕320号

有关省、自治区、直辖市财政厅（局）、发展改革委、能源局、扶贫办，国家电网有限公司、中国南方电网有限责任公司：

按照《财政部 国家发展改革委 国家能源局关于印发〈可再生能源电价附加补助资金管理办法〉的通知》（财建〔2020〕5号）等文件要求，经国务院扶贫办、国家能源局审核，现对此前公布的前两批可再生能源电价附加补助目录（光伏扶贫项目）有关信息进行更新调整，并在财政部网站上予以公布。

此次更新调整的项目涉及《财政部 国家发展改革委 国家能源局 国务院扶贫办关于公布可再生能源电价附加资金补助目录（光伏扶贫项目）的通知》（财建〔2019〕48号）和《财政部 国家发展改革委 国家能源局 国务院扶贫办关于公布可再生能源电价附加资金补助目录（光伏扶贫项目）的通知》（财建〔2018〕25号）等两批目录。本次调整项目信息与上述两批目录不符的，以本次调整为准。电网企业应加强对目录内项目补贴资金的管理，如发现信息不符等情况，及时向扶贫、能源部门反映，确保资金安全。

附件：前两批光伏扶贫补助目录（更新）

财政部
国家发展改革委文件
国家能源局
国务院扶贫办（章）
2020年8月5日

财政部 发展改革委 能源局 国务院扶贫办
关于公布可再生能源电价附加资金补助目录
（光伏扶贫项目）的通知

财建〔2019〕48号

有关省、自治区、直辖市财政厅（局）、发展改革委、能源局、扶贫办，国家电网有限公司，中国南方电网有限责任公司：

按照《财政部 国家发展改革委 国家能源局关于印发〈可再生能源电价附加补助资金管理暂行办法〉的通知》（财建〔2012〕102号）和《财政部关于分布式光伏发电实行按照电量补贴政策等有关问题的通知》（财建〔2013〕390号）等文件要求，根据国家能源局、国务院扶贫办审核结果，现将第二批光伏扶贫补助目录和调整后的第一批光伏扶贫补助目录在财政部网站上予以公布。

按照国务院要求，为确保光伏扶贫收益及时惠及广大贫困人口，对列入可再生能源电价附加资金补助目录内的光伏扶贫项目，财政部将优先拨付用于扶贫部分的补贴资金。其中，国家电网公司、南方电网公司经营范围内的光伏扶贫项目，由国家电网公司、南方电网公司分别负责补贴资金的申请和拨付；地方独立电网企业经营范围内的光伏扶贫项目，由省级财政、价格、能源、扶贫主管部门负责补贴资金的申请和拨付。

对于村级电站和集中电站，用于扶贫部分的补贴资金由电网企业或财政部门直接拨付至当地扶贫发电收入结转机构，由扶贫主管部门监督足额拨付至光伏扶贫项目所在村集体。

附件：

1.第一批光伏扶贫补助目录（更新）–户用电站

2.第一批光伏扶贫补助目录（更新）-村级集中电站

3.第二批光伏扶贫补助目录

财政部

国家发展改革委

国家能源局

国务院扶贫办（章）

2019年3月20日

财政部 国家发展改革委 国家能源局 国务院扶贫办关于公布可再生能源电价附加资金补助目录（光伏扶贫项目）的通知

财建〔2018〕25号

有关省、自治区、直辖市财政厅（局），新疆生产建设兵团财政局，国家电网公司，南方电网有限责任公司：

根据《财政部 国家发展改革委 国家能源局关于印发〈可再生能源电价附加补助资金管理暂行办法〉的通知》（财建〔2012〕102号）和《财政部关于分布式光伏发电实行按照电量补贴政策等有关问题的通知》（财建〔2013〕390号）等文件要求，经国家能源局、国务院扶贫办审核，现将符合条件的光伏扶贫项目列入可再生能源电价附加资金补助目录，并在财政部网站上予以公布。

按照国务院要求，为确保光伏扶贫收益及时惠及广大贫困人口，对列入可再生能源电价附加资金补助目录内的光伏扶贫项目，财政部将优先拨付用于扶贫部分的补贴资金。其中，国家电网公司、南方电网有限责任公司经营范围内的光伏扶贫项目，由国家电网公司、南方电网有限责任公司分别负责补贴资金的申请和拨付；地方独立电网企业经营范围内的光伏扶贫项目，由省级财政、价格、能源、扶贫主管部门负责补贴资金的申请和拨付。

对于村级电站和集中电站，用于扶贫部分的补贴资金由电网企业或财政部门直接拨付至当地扶贫发电收入结转机构，由扶贫主管部门监督全额拨付至光伏扶贫项目所在村集体。

财政部

国家发展改革委

国家能源局

国务院扶贫办

2018年3月7日

四、风电、光伏项目价格政策

国家发展改革委关于 2022 年新建风电、光伏发电项目延续平价上网政策的函

各省、自治区、直辖市发展改革委，国家电网有限公司、南方电网有限责任公司、内蒙古电力（集团）有限责任公司：

2021 年，我国新建风电、光伏发电项目全面实现平价上网，行业保持较快发展态势。为促进风电、光伏发电产业持续健康发展，2022 年，对新核准陆上风电项目、新备案集中式光伏电站和工商业分布式光伏项目（以下简称"新建项目"），延续平价上网政策。上网电价按当地燃煤发电基准价执行；新建项目可自愿通过参与市场化交易形成上网电价，以充分体现新能源的绿色电力价值。鼓励各地出台针对性扶持政策，支持风电、光伏发电产业高质量发展。

特此函告。

国家发展改革委价格司（章）

2022 年 4 月 8 日

国家发展改革委关于 2021 年新能源上网电价政策有关事项的通知

发改价格〔2021〕833号

各省、自治区、直辖市发展改革委，国家电网有限公司、南方电网有限责任公司、内蒙古电力（集团）有限责任公司：

为贯彻落实党中央、国务院决策部署，充分发挥电价信号作用，合理引导投资、促进资源高效利用，推动光伏发电、风电等新能源产业高质量发展，经商国家能源局，现就 2021 年光伏发电、风电等新能源上网电价政策有关事项通知如下：

一、2021 年起，对新备案集中式光伏电站、工商业分布式光伏项目和新核准陆上风电项目（以下简称"新建项目"），中央财政不再补贴，实行平价上网。

二、2021 年新建项目上网电价，按当地燃煤发电基准价执行；新建项目可自愿通过参与市场化交易形成上网电价，以更好体现光伏发电、风电的绿色电力价值。

三、2021 年起，新核准（备案）海上风电项目、光热发电项目上网电价由当地省级价格主管部门制定，具备条件的可通过竞争性配置方式形成，上网电价高于当地燃煤发电基准价的，基准价以内的部分由电网企业结算。

四、鼓励各地出台针对性扶持政策，支持光伏发电、陆上风电、海上风电、光热发电等新能源产业持续健康发展。

本通知自 2021 年 8 月 1 日起执行。

国家发展改革委（章）

2021 年 6 月 7 日

国家发展改革委关于完善风电上网电价政策
的通知

发改价格〔2019〕882号

各省、自治区、直辖市及计划单列市、新疆生产建设兵团发展改革委（物价局），国家电网有限公司、南方电网公司、内蒙古电力（集团）有限责任公司：

为落实国务院办公厅《能源发展战略行动计划（2014～2020）》关于风电2020年实现与煤电平价上网的目标要求，科学合理引导新能源投资，实现资源高效利用，促进公平竞争和优胜劣汰，推动风电产业健康可持续发展，现将完善风电上网电价政策有关事项通知如下。

一、关于陆上风电上网电价

（一）将陆上风电标杆上网电价改为指导价。新核准的集中式陆上风电项目上网电价全部通过竞争方式确定，不得高于项目所在资源区指导价。

（二）2019年Ⅰ～Ⅳ类资源区符合规划、纳入财政补贴年度规模管理的新核准陆上风电指导价分别调整为每千瓦时0.34元、0.39元、0.43元、0.52元（含税、下同）；2020年指导价分别调整为每千瓦时0.29元、0.34元、0.38元、0.47元。指导价低于当地燃煤机组标杆上网电价（含脱硫、脱销、除尘电价，下同）的地区，以燃煤机组标杆上网电价作为指导价。

（三）参与分布式市场化交易的分散式风电上网电价由发电企业与电力用户直接协商形成，不享受国家补贴。不参与分布式市场化交易的分散式风电项目，执行项目所在资源区指导价。

（四）2018年底之前核准的陆上风电项目，2020年底前仍未完成并网的，国家不再补贴；2019年1月1日至2020年底前核准的陆上风电项目，2021年底前仍未完成并网的，国家不再补贴。自2021年1月1日开始，新核准的陆上风电项目全面实现平价上网，国家不再补贴。

二、关于海上风电上网电价

（一）将海上风电标杆上网电价改为指导价，新核准海上风电项目全部通过竞争方式确定上网电价。

（二）2019年符合规划、纳入财政补贴年度规模管理的新核准近海风电指导价调整为每千瓦时0.8元，2020年调整为每千瓦时0.75元。新核准近海风电项目通过竞争方式确定的上网电价，不得高于上述指导价。

（三）新核准潮间带风电项目通过竞争方式确定的上网电价，不得高于项目所在资源区陆上风电指导价。

（四）对2018年底前已核准的海上风电项目，如在2021年底前全部机组完成并网的，执行核准时的上网电价；2022年及以后全部机组完成并网的，执行并网年份的指导价。

三、其他事项

（一）风电上网电价在当地燃煤机组标杆上网电价（含脱硫、脱硝、除尘电价）以内的部分，由当地省级电网结算；高出部分由国家可再生能源发展基金予以补贴。

（二）风电企业和电网企业必须真实、完整地记载和保存相关发电项目上网交易电量、上网电价和补贴金额等资料，接受有关部门监督检查，并于每月10日前将相关数据报送至国家可再生能源信息管理中心。

上述规定自2019年7月1日起执行。

国家发展改革委（章）

2019年5月21日

国家发展改革委关于完善陆上风电光伏发电上网标杆电价政策的通知

发改价格〔2015〕3044号

各省、自治区、直辖市发展改革委、物价局：

为落实国务院办公厅《能源发展战略行动计划（2014-2020）》目标要求，合理引导新能源投资，促进陆上风电、光伏发电等新能源产业健康有序发展，推动各地新能源平衡发展，提高可再生能源电价附加资金补贴效率，依据《可再生能源法》，决定调整新建陆上风电和光伏发电上网标杆电价政策。经商国家能源局同意，现就有关事项通知如下：

一、实行陆上风电、光伏发电（光伏电站，下同）上网标杆电价随发展规模逐步降低的价格政策。为使投资预期明确，陆上风电一并确定2016年和2018年标杆电价；光伏发电先确定2016年标杆电价，2017年以后的价格另行制定。具体标杆电价见附件一和附件二。

二、利用建筑物屋顶及附属场所建设的分布式光伏发电项目，在项目备案时可以选择"自发自用、余电上网"或"全额上网"中的一种模式；已按"自发自用、余电上网"模式执行的项目，在用电负荷显著减少（含消失）或供用电关系无法履行的情况下，允许变更为"全额上网"模式。"全额上网"项目的发电量由电网企业按照当地光伏电站上网标杆电价收购。选择"全额上网"模式，项目单位要向当地能源主管部门申请变更备案，并不得再变更回"自发自用、余电上网"模式。

三、陆上风电、光伏发电上网电价在当地燃煤机组标杆上网电价（含脱硫、脱硝、除尘）以内的部分，由当地省级电网结算；高出部分通过国家可再生能源发展基金予以补贴。

四、鼓励各地通过招标等市场竞争方式确定陆上风电、光伏发电等新能源项目业主和上网电价，但通过市场竞争方式形成的上网电价不得高于国家规定的同类陆上风

电、光伏发电项目当地上网标杆电价水平。

五、各陆上风电、光伏发电企业和电网企业必须真实、完整地记载和保存相关发电项目上网交易电量、价格和补贴金额等资料，接受有关部门监督检查。各级价格主管部门要加强对陆上风电和光伏发电上网电价执行和电价附加补贴结算的监管，督促相关上网电价政策执行到位。

六、上述规定自2016年1月1日起执行。

附件：

1.全国陆上风力发电上网标杆电价表

2.全国光伏发电上网标杆电价表

国家发展改革委（章）

2015年12月22日

附件1

全国陆上风力发电上网标杆电价表

单位：元／千瓦时（含税）

资源区	陆上风电标杆上网电价		各资源区所包括的地区
	2016 年	2018 年	
Ⅰ类资源区	0.47	0.44	内蒙古自治区除赤峰市、通辽市、兴安盟、呼伦贝尔市以外其他地区；新疆维吾尔自治区乌鲁木齐市、伊犁哈萨克族自治州，克拉玛依市、石河子市
Ⅱ类资源区	0.50	0.47	河北省张家口市、承德市；内蒙古自治区赤峰市、通辽市，兴安盟，呼伦贝尔市；甘肃省嘉峪关市、酒泉市
Ⅲ类资源区	0.54	0.51	吉林省白城市、松原市；黑龙江省鸡西市、双鸭山市、七台河市、绥化市、伊春市，大兴安岭地区；甘肃省除嘉峪关市、酒泉市以外其他地区；新疆维吾尔自治区除乌鲁木齐市、伊犁哈萨克族自治州、克拉玛依市、石河子市以外其他地区；宁夏回族自治区
Ⅳ类资源区	0.60	0.58	除Ⅰ类、Ⅱ类、Ⅲ类资源区以外的其他地区

注：1. 2016年，2018年等年份1月1日以后核准的陆上风电项目分别执行2016年、2018年的上网标杆电价，2年核准期内未开工建设的项目不得执行该核准期对应的标杆电价。2016年前核准的陆上风电项目但于2017年底前仍未开工建设的，执行2016年上网标杆电价。2. 2018年前如投资运行成本发生较大变化，国家可根据实际情况调整上述标杆电价。

附件2

全国光伏发电上网标杆电价表

单位：元／千瓦时（含税）

资源区	光伏电站标杆上网电价	各资源区所包括的地区
Ⅰ类资源区	0.80	宁夏，青海海西，甘肃嘉峪关、武威、张掖、酒泉、敦煌、金吕，新疆哈密、塔城、阿勒泰、克拉玛依，内蒙古除赤峰、通辽、兴安盟、呼伦贝尔以外地区
Ⅱ类资源区	0.88	北京，天津，黑龙江，吉林，辽宁，四川，云南，内蒙古赤峰、通辽、兴安盟、呼伦贝尔，河北承德、张家口、唐山、秦皇岛，山西大同、朔州、忻州，陕西榆林、延安，青海、甘肃、新疆除Ⅰ类外其他地区
Ⅲ类资源区	0.98	除Ⅰ类、Ⅱ类资源区以外的其他地区

注：1. 2016年1月1日以后备案并纳入年度规模管理的光伏发电项目，执行2016年光伏发电上网标杆电价。2016年以前备案并纳入年度规模管理的光伏发电项目但于2016年6月30日以前仍未全部投运的，执行2016年上网标杆电价。2.西藏自治区光伏电站标杆电价另行制定。

国家发展改革委关于适当调整陆上风电标杆上网电价的通知

发改价格〔2014〕3008号

各省、自治区、直辖市发展改革委、物价局：

为合理引导风电投资，促进风电产业健康有序发展，提高国家可再生能源电价附加资金补贴效率，依据《中华人民共和国可再生能源法》，决定适当调整新投陆上风电上网标杆电价。现就有关事项通知如下：

一、对陆上风电继续实行分资源区标杆上网电价政策。将第Ⅰ类、Ⅱ类和Ⅲ类资源区风电标杆上网电价每千瓦时降低2分钱，调整后的标杆上网电价分别为每千瓦时0.49元、0.52元和0.56元；第Ⅳ类资源区风电标杆上网电价维持现行每千瓦时0.61元不变。

二、鼓励通过招标等竞争方式确定业主和上网电价，但通过竞争方式形成的上网电价不得高于国家规定的当地风电标杆上网电价水平。具体办法由国家能源主管部门会同价格主管部门另行制定。

三、继续实行风电价格费用分摊制度。风电上网电价在当地燃煤机组标杆上网电价（含脱硫、脱硝、除尘）以内的部分，由当地省级电网负担；高出部分，通过国家可再生能源发展基金分摊解决。燃煤机组标杆上网电价调整后，风电上网电价中由当地电网负担的部分相应调整。

四、各风力发电企业和电网企业必须真实、完整地记载和保存风电项目上网交易电量、价格和补贴金额等资料，接受有关部门监督检查。各级价格主管部门要加强对风电上网电价执行和电价附加补贴结算的监管，督促风电上网电价政策执行到位。

五、上述规定适用于2015年1月1日以后核准的陆上风电项目，以及2015年1月1日前核准但于2016年1月1日以后投运的陆上风电项目。

国家发展改革委（章）

2014年12月31日

国家发展改革委关于海上风电上网电价政策
的通知

发改价格〔2014〕1216号

各省、自治区、直辖市发展改革委、物价局，华能、大唐、华电、国电、中电投集团公司，国家电网公司，南方电网公司：

为促进海上风电产业健康发展，鼓励优先开发优质资源，经研究，现就海上风电上网电价有关事项通知如下：

一、对非招标的海上风电项目，区分潮间带风电和近海风电两种类型确定上网电价。2017年以前（不含2017年）投运的近海风电项目上网电价为每千瓦时0.85元（含税，下同），潮间带风电项目上网电价为每千瓦时0.75元。

二、鼓励通过特许权招标等市场竞争方式确定海上风电项目开发业主和上网电价。通过特许权招标确定业主的海上风电项目，其上网电价按照中标价格执行，但不得高于以上规定的同类项目上网电价水平。

三、2017年及以后投运的海上风电项目上网电价，我委将根据海上风电技术进步和项目建设成本变化，结合特许权招投标情况研究制定。

国家发展改革委（章）

2014年6月5日

国家发展改革委关于完善风力发电上网电价政策的通知

发改价格〔2009〕1906号

各省、自治区、直辖市发展改革委、物价局：

为规范风电价格管理，促进风力发电产业健康持续发展，依据《中华人民共和国可再生能源法》，决定进一步完善我委印发的《可再生能源发电价格和费用分摊管理试行办法》（发改价格〔2006〕7号）有关规定。现就有关事项通知如下：

一、规范风电价格管理

（一）分资源区制定陆上风电标杆上网电价。按风能资源状况和工程建设条件，决定将全国分为四类风能资源区，相应制定风电标杆上网电价。具体标准见附件。

今后新建陆上风电项目，包括沿海地区多年平均大潮高潮线以上的潮上滩涂地区和有固定居民的海岛地区，统一执行所在风能资源区的风电标杆上网电价。跨省区边界的同一风电场原则上执行同一上网电价，价格标准按较高的风电标杆上网电价执行。

（二）海上风电项目上网电价，今后将根据建设进程，由国务院价格主管部门另行制定。

（三）省级投资及能源主管部门核准的风电项目，要向国家发展改革委、国家能源局备案。

二、继续实行风电价格费用分摊制度

风电上网电价在当地脱硫燃煤机组标杆上网电价以内的部分，由当地省级电网负担；高出部分，通过全国征收的可再生能源电价附加分摊解决。脱硫燃煤机组标杆上网电价调整后，风电上网电价中由当地电网负担的部分要相应调整。

三、有关要求

（一）上述规定自2009年8月1日起实行。2009年8月1日之前核准的风电项目，上网电价仍按原有规定执行。

（二）各风力发电企业和电网企业必须真实、完整地记载和保存风电项目上网交易电量、价格和补贴金额等资料，接受有关部门监督检查。各级价格主管部门要加强对风电上网电价执行和电价附加补贴结算的监管，确保风电上网电价政策执行到位。

附件：全国风力发电标杆上网电价表

国家发展改革委（章）

二〇〇九年七月二十日

附件：

全国风力发电标杆上网电价表

资源区	标杆上网电价（元／kWh）	各资源区所包括的地区
Ⅰ类资源区	0.51	内蒙古自治区除赤峰市、通辽市、兴安盟、呼伦贝尔市以外其他地区；新疆维吾尔自治区乌鲁木齐市、伊犁哈萨克族自治州、昌吉回族自治州、克拉玛依市、石河子市
Ⅱ类资源区	0.54	河北省张家口市、承德市；内蒙古自治区赤峰市、通辽市、兴安盟、呼伦贝尔市；甘肃省张掖市、嘉峪关市、酒泉市
Ⅲ类资源区	0.58	吉林省白城市、松原市；黑龙江省鸡西市、双鸭山市、七台河市、绥化市、伊春市，大兴安岭地区；甘肃省除张掖市、嘉峪关市、酒泉市以外其他地区；新疆维吾尔自治区除乌鲁木齐市、伊犁哈萨克族自治州、昌吉回族自治州、克拉玛依市、石河子市以外其他地区；宁夏回族自治区
Ⅳ类资源区	0.61	除Ⅰ类、Ⅱ类、Ⅲ类资源区以外的其他地区

国家发展改革委关于 2020 年光伏发电上网电价政策有关事项的通知

发改价格〔2020〕511 号

各省、自治区、直辖市及计划单列市、新疆生产建设兵团发展改革委、物价局，国家电网有限公司、南方电网有限责任公司、内蒙古电力（集团）有限责任公司：

为充分发挥市场机制作用，引导光伏发电行业合理投资，推动光伏发电产业健康有序发展，现就 2020 年光伏发电上网电价政策有关问题通知如下。

一、对集中式光伏发电继续制定指导价。综合考虑 2019 年市场化竞价情况、技术进步等多方面因素，将纳入国家财政补贴范围的 I ～ Ⅲ 类资源区新增集中式光伏电站指导价，分别确定为每千瓦时 0.35 元（含税，下同）、0.4 元、0.49 元。若指导价低于项目所在地燃煤发电基准价（含脱硫、脱硝、除尘电价），则指导价按当地燃煤发电基准价执行。新增集中式光伏电站上网电价原则上通过市场竞争方式确定，不得超过所在资源区指导价。

二、降低工商业分布式光伏发电补贴标准。纳入 2020 年财政补贴规模，采用"自发自用、余量上网"模式的工商业分布式光伏发电项目，全发电量补贴标准调整为每千瓦时 0.05 元；采用"全额上网"模式的工商业分布式光伏发电项目，按所在资源区集中式光伏电站指导价执行。能源主管部门统一实行市场竞争方式配置的所有工商业分布式项目，市场竞争形成的价格不得超过所在资源区指导价，且补贴标准不得超过每千瓦时 0.05 元。

三、降低户用分布式光伏发电补贴标准。纳入 2020 年财政补贴规模的户用分布式光伏全发电量补贴标准调整为每千瓦时 0.08 元。

四、符合国家光伏扶贫项目相关管理规定的村级光伏扶贫电站（含联村电站）的上网电价保持不变。

五、鼓励各地出台针对性扶持政策，支持光伏产业发展。

本通知自2020年6月1日起执行。

国家发展改革委

2020年3月31日

国家发展改革委关于完善光伏发电上网电价机制有关问题的通知

发改价格〔2019〕761号

各省、自治区、直辖市及计划单列市、新疆生产建设兵团发展改革委、物价局，国家电网有限公司、南方电网公司、内蒙古电力（集团）有限责任公司：

为科学合理引导新能源投资，实现资源高效利用，促进公平竞争和优胜劣汰，推动光伏发电产业健康可持续发展，现就完善光伏发电上网电价机制有关问题通知如下。

一、完善集中式光伏发电上网电价形成机制

（一）将集中式光伏电站标杆上网电价改为指导价。综合考虑技术进步等多方面因素，将纳入国家财政补贴范围的Ⅰ～Ⅲ类资源区新增集中式光伏电站指导价分别确定为每千瓦时0.40元（含税，下同）、0.45元、0.55元。

（二）新增集中式光伏电站上网电价原则上通过市场竞争方式确定，不得超过所在资源区指导价。市场竞争方式确定的价格在当地燃煤机组标杆上网电价（含脱硫、脱硝、除尘电价）以内的部分，由当地省级电网结算；高出部分由国家可再生能源发展基金予以补贴。

（三）国家能源主管部门已经批复的纳入财政补贴规模且已经确定项目业主，但尚未确定上网电价的集中式光伏电站（项目指标作废的除外），2019年6月30日（含）前并网的，上网电价按照《关于2018年光伏发电有关事项的通知》（发改能源〔2018〕823号）规定执行；7月1日（含）后并网的，上网电价按照本通知规定的指导价执行。

（四）纳入国家可再生能源电价附加资金补助目录的村级光伏扶贫电站（含联村电站），对应的Ⅰ～Ⅲ类资源区上网电价保持不变，仍分别按照每千瓦时0.65元、0.75元、0.85元执行。

二、适当降低新增分布式光伏发电补贴标准

（一）纳入2019年财政补贴规模，采用"自发自用、余量上网"模式的工商业分布式（即除户用以外的分布式）光伏发电项目，全发电量补贴标准调整为每千瓦时0.10元；采用"全额上网"模式的工商业分布式光伏发电项目，按所在资源区集中式光伏电站指导价执行。能源主管部门统一实行市场竞争方式配置的工商业分布式项目，市场竞争形成的价格不得超过所在资源区指导价，且补贴标准不得超过每千瓦时0.10元。

（二）纳入2019年财政补贴规模，采用"自发自用、余量上网"模式和"全额上网"模式的户用分布式光伏全发电量补贴标准调整为每千瓦时0.18元。

（三）鼓励各地出台针对性扶持政策，支持光伏产业发展。

本通知自2019年7月1日起执行。

国家发展改革委（章）

2019年4月26日

国家发展改革委关于2018年光伏发电项目价格政策的通知

发改价格规〔2017〕2196号

各省、自治区、直辖市发展改革委、物价局、能源局、扶贫办，国家电网公司、南方电网公司、内蒙古电力公司：

为落实国务院办公厅《能源发展战略行动计划（2014-2020）》关于新能源标杆上网电价逐步退坡的要求，合理引导新能源投资，促进光伏发电产业健康有序发展，决定调整2018年光伏发电标杆上网电价政策。经商国家能源局，现就有关事项通知如下：

一、根据当前光伏产业技术进步和成本降低情况，降低2018年1月1日之后投运的光伏电站标杆上网电价，Ⅰ类、Ⅱ类、Ⅲ类资源区标杆上网电价分别调整为每千瓦时0.55元、0.65元、0.75元（含税）。自2019年起，纳入财政补贴年度规模管理的光伏发电项目全部按投运时间执行对应的标杆电价。

二、2018年1月1日以后投运的、采用"自发自用、余量上网"模式的分布式光伏发电项目，全电量度电补贴标准降低0.05元，即补贴标准调整为每千瓦时0.37元（含税）。采用"全额上网"模式的分布式光伏发电项目按所在资源区光伏电站价格执行。分布式光伏发电项目自用电量免收随电价征收的各类政府性基金及附加、系统备用容量费和其他相关并网服务费。

三、村级光伏扶贫电站（0.5兆瓦及以下）标杆电价、户用分布式光伏扶贫项目度电补贴标准保持不变。

四、各新能源发电企业和电网企业必须真实、完整地记载和保存相关发电项目上网交易电量、价格和补贴金额等资料，接受有关部门监督检查，并于每月10日前将相关数据报送至国家可再生能源信息管理中心。各级价格主管部门要加强对新能源上网电价执行和电价附加补贴结算的监管，督促相关上网电价政策执行到位。

五、鼓励地方按国家有关规定开展光伏发电就近消纳配电价格改革和市场化招标定价试点，逐步完善通过市场发现价格的机制。

六、上述规定自2018年1月1日起执行。

附件：2018年全国光伏发电上网电价表

国家发展改革委（章）

2017年12月19日

附件

2018年全国光伏发电上网电价表

单位：元／千瓦时（含税）

资源区	光伏电站标杆上网电价		分布式发电度电补贴标准		各资源区所包括的地区
	普通电站	村级光伏扶贫电站	普通项目	分布式光伏扶贫项目	
Ⅰ类资源区	0.55	0.65	0.37	0.42	宁夏，青海海西，甘肃嘉峪关、武威、张掖、酒泉、敦煌、金昌，新疆哈密、塔城、阿勒泰、克拉玛依，内蒙古除赤峰、通辽、兴安盟、呼伦贝尔以外地区
Ⅱ类资源区	0.65	0.75			北京，天津，黑龙江，吉林，辽宁，四川，云南，内蒙古赤峰、通辽、兴安盟、呼伦贝尔，河北承德、张家口、唐山、秦皇岛，山西大同、朔州、忻州、阳泉，陕西榆林、延安，青海、甘肃、新疆除Ⅰ类外其他地区
Ⅲ类资源区	0.75	0.85			除Ⅰ类、Ⅱ类资源区以外的其他地区

注：1. 西藏自治区光伏电站标杆电价为1.05元／千瓦时。

2. 2018年1月1日以后纳入财政补贴年度规模管理的光伏电站项目，执行2018年光伏发电标杆上网电价。

3. 2018年以前备案并纳入以前年份财政补贴规模管理的光伏电站项目，但于2018年6月30日以前仍未投运的，执行2018年标杆上网电价。

4. 2018年1月1日以后投运的分布式光伏发电项目，按上表中补贴标准执行。

国家发展改革委关于调整光伏发电陆上风电标杆上网电价的通知

发改价格〔2016〕2729号

各省、自治区、直辖市发展改革委、物价局，国家电网公司、南方电网公司、内蒙古电力公司：

为落实国务院办公厅《能源发展战略行动计划（2014-2020）》关于风电、光伏电价2020年实现平价上网的目标要求，合理引导新能源投资，促进光伏发电和风力发电产业健康有序发展，依据《可再生能源法》，决定调整新能源标杆上网电价政策。经研究，现就有关事项通知如下：

一、降低光伏发电和陆上风电标杆上网电价

根据当前新能源产业技术进步和成本降低情况，降低2017年1月1日之后新建光伏发电和2018年1月1日之后新核准建设的陆上风电标杆上网电价，具体价格见附件1和附件2。2018年前如果新建陆上风电项目工程造价发生重大变化，国家可根据实际情况调整上述标杆电价。之前发布的上述年份新建陆上风电标杆上网电价政策不再执行。光伏发电、陆上风电上网电价在当地燃煤机组标杆上网电价（含脱硫、脱硝、除尘电价）以内的部分，由当地省级电网结算；高出部分通过国家可再生能源发展基金予以补贴。

二、明确海上风电标杆上网电价

对非招标的海上风电项目，区分近海风电和潮间带风电两种类型确定上网电价。近海风电项目标杆上网电价为每千瓦时0.85元，潮间带风电项目标杆上网电价为每千瓦时0.75元。海上风电上网电价在当地燃煤机组标杆上网电价（含脱硫、脱硝、除尘电价）以内的部分，由当地省级电网结算；高出部分通过国家可再生能源发展基金予以补贴。

三、鼓励通过招标等市场化方式确定新能源电价

国家鼓励各地通过招标等市场竞争方式确定光伏发电、陆上风电、海上风电等新

能源项目业主和上网电价，但通过市场竞争方式形成的价格不得高于国家规定的同类资源区光伏发电、陆上风电、海上风电标杆上网电价。实行招标等市场竞争方式确定的价格，在当地燃煤机组标杆上网电价（含脱硫、脱硝、除尘电价）以内的部分，由当地省级电网结算；高出部分由国家可再生能源发展基金予以补贴。

四、其他有关要求

各新能源发电企业和电网企业必须真实、完整地记载和保存相关发电项目上网交易电量、价格和补贴金额等资料，接受有关部门监督检查。各级价格主管部门要加强对新能源上网电价执行和可再生能源发展基金补贴结算的监管，督促相关上网电价政策执行到位。

上述规定自2017年1月1日起执行。

附件：

1.全国光伏发电标杆上网电价表

2.全国陆上风力发电标杆上网电价表

国家发展改革委（章）

2016年12月26日

附件1

全国光伏发电标杆上网电价表

单位：元／千瓦时（含税）

资源区	2017年新建光伏电站标杆上网电价	各资源区所包括的地区
Ⅰ类资源区	0.65	宁夏，青海海西，甘肃嘉峪关、武威、张掖、酒泉、敦煌、金昌，新疆哈密、塔城、阿勒泰、克拉玛依，内蒙古除赤峰、通辽、兴安盟、呼伦贝尔以外地区
Ⅱ类资源区	0.75	北京，天津，黑龙江，吉林，辽宁，四川，云南，内蒙古赤峰、通辽、兴安盟、呼伦贝尔，河北承德、张家口、唐山、秦皇岛，山西大同、朔州、忻州、阳泉，陕西榆林、延安，青海、甘肃、新疆除Ⅰ类外其他地区
Ⅲ类资源区	0.85	除Ⅰ类、Ⅱ类资源区以外的其他地区

注：1.西藏自治区光伏电站标杆电价为1.05元／千瓦时。

2.2017年1月1日以后纳入财政补贴年度规模管理的光伏发电项目，执行2017年光伏发电标杆上网电价。

3.2017年以前备案并纳入以前年份财政补贴规模管理的光伏发电项目，但于2017年6月30日以前仍未投运的，执行2017年标杆上网电价。

4.今后，光伏发电标杆上网电价暂定每年调整一次。

附件2

全国陆上风力发电标杆上网电价表

单位：元／千瓦时（含税）

资源区	2018年新建陆上风电标杆上网电价	各资源区所包括的地区
Ⅰ类资源区	0.40	内蒙古自治区除赤峰市、通辽市、兴安盟、呼伦贝尔市以外其他地区；新疆维吾尔自治区乌鲁木齐市、伊犁哈萨克族自治州、克拉玛依市、石河子市
Ⅱ类资源区	0.45	河北省张家口市、承德市；内蒙古自治区赤峰市、通辽市、兴安盟、呼伦贝尔市；甘肃省嘉峪关市、酒泉市；云南省
Ⅲ类资源区	0.49	吉林省白城市、松原市；黑龙江省鸡西市、双鸭山市、七台河市、绥化市、伊春市，大兴安岭地区；甘肃省除嘉峪关市、酒泉市以外其他地区；新疆维吾尔自治区除乌鲁木齐市、伊犁哈萨克族自治州、克拉玛依市、石河子市以外其他地区；宁夏回族自治区
Ⅳ类资源区	0.57	除Ⅰ类、Ⅱ类、Ⅲ类资源区以外的其他地区

注：2018年1月1日以后核准并纳入财政补贴年度规模管理的陆上风电项目执行2018年的标杆上网电价。2年核准期内未开工建设的项目不得执行该核准期对应的标杆电价。2018年以前核准并纳入以前年份财政补贴规模管理的陆上风电项目但于2019年底前仍未开工建设的，执行2018年标杆上网电价。2018年以前核准但纳入2018年1月1日之后财政补贴年度规模管理的陆上风电项目，执行2018年标杆上网电价。

关于分布式光伏发电实行按照电量补贴政策等有关问题的通知

财建〔2013〕390号

各省、自治区、直辖市、计划单列市财政厅（局），国家电网公司、中国南方电网有限责任公司：

为贯彻落实《国务院关于促进光伏产业健康发展的若干意见》（国发〔2013〕24号），现将分布式光伏发电项目按电量补贴等政策实施办法通知如下：

一、分布式光伏发电项目按电量补贴实施办法

（一）项目确认。国家对分布式光伏发电项目按电量给予补贴，补贴资金通过电网企业转付给分布式光伏发电项目单位。申请补贴的分布式光伏发电项目必须符合以下条件：

1.按照程序完成备案。具体备案办法由国家能源局另行制定。

2.项目建成投产，符合并网相关条件，并完成并网验收等电网接入工作。

符合上述条件的项目可向所在地电网企业提出申请，经同级财政、价格、能源主管部门审核后逐级上报。国家电网公司、中国南方电网有限责任公司（以下简称南方电网公司）经营范围内的项目，由其下属省（区、市）电力公司汇总，并经省级财政、价格、能源主管部门审核同意后报国家电网公司和南方电网公司。国家电网公司和南方电网公司审核汇总后报财政部、国家发展改革委、国家能源局。地方独立电网企业经营范围内的项目，由其审核汇总，报项目所在地省级财政、价格、能源主管部门，省级财政、价格、能源管理部门审核后报财政部、国家发展改革委、国家能源局。财政部、国家发展改革委、国家能源局对报送项目组织审核，并将符合条件的项目列入补助目录予以公告。国家电网公司、南方电网公司、地方独立电网企业经营范围内电网企业名单详见附件。

享受金太阳示范工程补助资金、太阳能光电建筑应用财政补助资金的项目不属于分布式光伏发电补贴范围。光伏电站执行价格主管部门确定的光伏发电上网电价，不属于分布式光伏发电补贴范围。

（二）补贴标准。补贴标准综合考虑分布式光伏上网电价、发电成本和销售电价等情况确定，并适时调整。具体补贴标准待国家发展改革委出台分布式光伏上网电价后再另行发文明确。

（三）补贴电量。电网企业按用户抄表周期对列入分布式光伏发电项目补贴目录内的项目发电量、上网电量和自发自用电量等进行抄表计量，作为计算补贴的依据。

（四）资金拨付。中央财政根据可再生能源电价附加收入及分布式光伏发电项目预计发电量，按季向国家电网公司、南方电网公司及地方独立电网企业所在省级财政部门预拨补贴资金。电网企业根据项目发电量和国家确定的补贴标准，按电费结算周期及时支付补贴资金。具体支付办法由国家电网公司、南方电网公司、地方独立电网企业制定。国家电网公司和南方电网公司具体支付办法报财政部备案，地方独立电网企业具体支付办法报省级财政部门备案。

年度终了后1个月内，国家电网公司、南方电网公司对经营范围内的项目上年度补贴资金进行清算，经省级财政、价格、能源主管部门审核同意后报财政部、国家发展改革委、国家能源局。地方独立电网企业对经营范围内的项目上年度补贴资金进行清算，由省级财政部门会同价格、能源主管部门核报财政部、国家发展改革委、国家能源局。财政部会同国家发展改革委、国家能源局审核清算。

二、改进光伏电站、大型风力发电等补贴资金管理

除分布式光伏发电补贴资金外，光伏电站、大型风力发电、地热能、海洋能、生物质能等可再生能源发电的补贴资金继续按《财政部 国家发展改革委 国家能源局关于印发〈可再生能源电价附加补助资金管理暂行办法〉的通知》（财建〔2012〕102号，以下简称《办法》）管理。为加快资金拨付，对有关程序进行简化。

（一）国家电网公司和南方电网公司范围内的并网发电项目和接网工程，补贴资金不再通过省级财政部门拨付，中央财政直接拨付给国家电网公司、南方电网公司。年度终了后1个月内，各省（区、市）电力公司编制上年度并网发电项目和接网工程补贴资金清算申请表，经省级财政、价格、能源主管部门审核后，报国家电网公司、南方电网公司汇总。国家电网公司、南方电网公司审核汇总后报财政部、国家发展改革委和国家能源局。地方独立电网企业仍按《办法》规定程序申请补贴资金。

（二）按照《可再生能源法》，光伏电站、大型风力发电、地热能、海洋能、生物质能等可再生能源发电补贴资金的补贴对象是电网企业。电网企业要按月与可再生能源发电企业根据可再生能源上网电价和实际收购的可再生能源发电上网电量及时全额办理结算。

（三）公共可再生能源独立电力系统项目补贴资金，于年度终了后由省级财政、价格、能源主管部门随清算报告一并提出资金申请。

（四）中央财政已拨付的可再生能源电价附加资金，各地财政部门应于8月底全额拨付给电网企业。2012年补贴资金按照《办法》进行清算。2013年以后的补贴资金按照本通知拨付和清算。

三、本通知自印发之日起实施

财政部（章）

2013年7月24日

附件：

电网企业名单

    国家电网公司，下属公司包括：华北电网有限公司、北京市电力公司、天津市电力公司、河北省电力公司、山西省电力公司、山东电力集团公司、上海电力公司、江苏省电力公司、浙江省电力公司、安徽省电力公司、福建省电力有限公司、辽宁省电力有限公司、吉林省电力有限公司、黑龙江省电力有限公司、内蒙古东部电力有限公司、湖北省电力公司、湖南省电力公司、河南省电力公司、江西省电力公司、四川省电力公司、重庆市电力公司、陕西省电力公司、甘肃省电力公司、青海省电力公司、宁夏电力公司、新疆电力公司、西藏电力有限公司 等。

    南方电网公司，下属公司包括：广东电网公司、广西电网公司、云南电网公司、贵州电网公司、海南电网公司。

    地方独立电网企业，包括：内蒙古电力集团有限责任公司、湖北丹江电力股份有限公司、广西桂东电力股份有限公司、广西壮族自治区百色电力有限责任公司、重庆三峡水利电力（集团）股份有限公司、重庆乌江电力有限公司、湖南金垣电力集团股份有限公司、山西国际电力集团有限公司、吉林省地方水电有限公司、广西水利电业集团有限公司、深圳招商供电有限公司、湖南郴电国际发展股份有限公司、云南保山电力公司、陕西地方电力公司、四川水电投资经营集团公司等。

国家发展改革委关于发挥价格杠杆作用促进光伏产业健康发展的通知

发改价格〔2013〕1638号

各省、自治区、直辖市发展改革委、物价局：

为充分发挥价格杠杆引导资源优化配置的积极作用，促进光伏发电产业健康发展，根据《国务院关于促进光伏产业健康发展的若干意见》（国发〔2013〕24号）有关要求，决定进一步完善光伏发电项目价格政策。现就有关事项通知如下：

一、光伏电站价格

（一）根据各地太阳能资源条件和建设成本，将全国分为三类太阳能资源区，相应制定光伏电站标杆上网电价。各资源区光伏电站标杆上网电价标准见附件。

（二）光伏电站标杆上网电价高出当地燃煤机组标杆上网电价（含脱硫等环保电价，下同）的部分，通过可再生能源发展基金予以补贴。

二、分布式光伏发电价格

（一）对分布式光伏发电实行按照全电量补贴的政策，电价补贴标准为每千瓦时0.42元（含税，下同），通过可再生能源发展基金予以支付，由电网企业转付；其中，分布式光伏发电系统自用有余上网的电量，由电网企业按照当地燃煤机组标杆上网电价收购。

（二）对分布式光伏发电系统自用电量免收随电价征收的各类基金和附加，以及系统备用容量费和其他相关并网服务费。

三、执行时间

分区标杆上网电价政策适用于2013年9月1日后备案（核准），以及2013年9月1日前备案（核准）但于2014年1月1日及以后投运的光伏电站项目；电价补贴标准适用于除享受中央财政投资补贴之外的分布式光伏发电项目。

四、其他规定

（一）享受国家电价补贴的光伏发电项目，应符合可再生能源发展规划，符合固定

资产投资审批程序和有关管理规定。

（二）光伏发电项目自投入运营起执行标杆上网电价或电价补贴标准，期限原则上为20年。国家根据光伏发电发展规模、发电成本变化情况等因素，逐步调减光伏电站标杆上网电价和分布式光伏发电电价补贴标准，以促进科技进步，降低成本，提高光伏发电市场竞争力。

（三）鼓励通过招标等竞争方式确定光伏电站上网电价或分布式光伏发电电价补贴标准，但通过竞争方式形成的上网电价和电价补贴标准，不得高于国家规定的标杆上网电价和电价补贴标准。

（四）电网企业要积极为光伏发电项目提供必要的并网接入、计量等电网服务，及时与光伏发电企业按规定结算电价。同时，要及时计量和审核光伏发电项目的发电量与上网电量，并据此申请电价补贴。

（五）光伏发电企业和电网企业必须真实、完整地记载和保存光伏发电项目上网电量、自发自用电量、电价结算和补助金额等资料，接受有关部门监督检查。弄虚作假的视同价格违法行为予以查处。

（六）各级价格主管部门要加强对光伏发电上网电价执行和电价附加补助结算的监管，确保光伏发电价格政策执行到位。

附件：全国光伏电站标杆上网电价表

国家发展改革委（章）

2013年8月26日

附件

全国光伏电站标杆上网电价表

单位：元／千瓦时（含税）

资源区	光伏电站标杆上网电价	各资源区所包括的地区
Ⅰ类资源区	0.90	宁夏，青海海西，甘肃嘉峪关、武威、张掖、酒泉、敦煌、金昌，新疆哈密、塔城、阿勒泰、克拉玛依，内蒙古除赤峰、通辽、兴安盟、呼伦贝尔以外地区
Ⅱ类资源区	0.95	北京，天津，黑龙江，吉林，辽宁，四川，云南，内蒙古赤峰、通辽、兴安盟、呼伦贝尔，河北承德、张家口、唐山、秦皇岛，山西大同、朔州、忻州，陕西榆林、延安，青海、甘肃、新疆除Ⅰ类外其他地区
Ⅲ类资源区	1.0	除Ⅰ类、Ⅱ类资源区以外的其他地区

注：西藏自治区光伏电站标杆电价另行制定。

五、生物质发电项目价格政策

国家发展改革委关于完善垃圾焚烧发电价格
政策的通知

发改价格〔2012〕801号

各省、自治区、直辖市发展改革委、物价局：

为引导垃圾焚烧发电产业健康发展，促进资源节约和环境保护，决定进一步完善垃圾焚烧发电价格政策。现将有关事项通知如下：

一、进一步规范垃圾焚烧发电价格政策

以生活垃圾为原料的垃圾焚烧发电项目，均先按其入厂垃圾处理量折算成上网电量进行结算，每吨生活垃圾折算上网电量暂定为280千瓦时，并执行全国统一垃圾发电标杆电价每千瓦时0.65元（含税，下同）；其余上网电量执行当地同类燃煤发电机组上网电价。

二、完善垃圾焚烧发电费用分摊制度

垃圾焚烧发电上网电价高出当地脱硫燃煤机组标杆上网电价的部分实行两级分摊。其中，当地省级电网负担每千瓦时0.1元，电网企业由此增加的购电成本通过销售电价予以疏导；其余部分纳入全国征收的可再生能源电价附加解决。

三、切实加强垃圾焚烧发电价格监管

（一）省级价格主管部门依据垃圾发电项目核准文件、垃圾处理合同，以及当地有关部门支付垃圾处理费的银行转账单等，定期对垃圾处理量进行核实。电网企业依据省级价格主管部门核定的垃圾发电上网电量和常规能源发电上网电量支付电费。

（二）当以垃圾处理量折算的上网电量低于实际上网电量的50%时，视为常规发电项目，不得享受垃圾发电价格补贴；当折算上网电量高于实际上网电量的50%且低于实际上网电量时，以折算的上网电量作为垃圾发电上网电量；当折算上网电量高于实际上网电量时，以实际上网电量作为垃圾发电上网电量。

（三）各级价格主管部门要加强对垃圾焚烧发电上网电价执行和电价附加补贴结算

的监管，做好垃圾处理量、上网电量及电价补贴的统计核查工作，确保上网电价政策执行到位。各发电企业和电网企业必须真实、完整地记载和保存垃圾焚烧发电项目上网电量、价格、补贴金额和垃圾处理量等资料，接受有关部门监督检查。

（四）对虚报垃圾处理量、不据实核定垃圾处理量和上网电量等行为，将予以严肃查处，取消相关垃圾焚烧发电企业电价补贴，并依法追究有关人员责任。

（五）电网企业应按照《可再生能源法》和有关规定，承担垃圾焚烧发电项目接入系统的建设和管理责任。

四、执行时间

本通知自2012年4月1日起执行。2006年1月1日后核准的垃圾焚烧发电项目均按上述规定执行。

国家发展改革委（章）

2012年3月28日

国家发展改革委关于完善农林生物质发电
价格政策的通知

发改价格〔2010〕1579号

各省、自治区、直辖市发展改革委、物价局：

为促进农林生物质发电产业健康发展，决定进一步完善农林生物质发电价格政策。现将有关事项通知如下：

一、对农林生物质发电项目实行标杆上网电价政策。未采用招标确定投资人的新建农林生物质发电项目，统一执行标杆上网电价每千瓦时0.75元（含税，下同）。通过招标确定投资人的，上网电价按中标确定的价格执行，但不得高于全国农林生物质发电标杆上网电价。

二、已核准的农林生物质发电项目（招标项目除外），上网电价低于上述标准的，上调至每千瓦时0.75元；高于上述标准的国家核准的生物质发电项目仍执行原电价标准。

三、农林生物质发电上网电价在当地脱硫燃煤机组标杆上网电价以内的部分，由当地省级电网企业负担；高出部分，通过全国征收的可再生能源电价附加分摊解决。脱硫燃煤机组标杆上网电价调整后，农林生物质发电价格中由当地电网企业负担的部分要相应调整。

四、农林生物质发电企业和电网企业要真实、完整地记载和保存项目上网交易电量、价格和补贴金额等资料，接受有关部门监督检查。各级价格主管部门要加强对农林生物质上网电价执行情况和电价附加补贴结算情况的监管，确保电价政策执行到位。

五、上述规定自2010年7月1日起实行。

国家发展改革委（章）

2010年7月18日

国家发展改革委关于印发《可再生能源发电价格和费用分摊管理试行办法》的通知

发改价格〔2006〕7号

各省、自治区、直辖市发展改革委、物价局、电力公司，国家电网公司、南方电网公司：

为促进可再生能源的开发利用，根据《中华人民共和国可再生能源法》，我委研究制定了《可再生能源发电价格和费用分摊管理试行办法》，现印发你们，请按照执行。对执行中出现问题，请及时报告我委。

附件：《可再生能源发电价格和费用分摊管理试行办法》

中华人民共和国国家发展和改革委员会（章）

二〇〇六年一月四日

附件

可再生能源发电价格和费用分摊管理试行办法

第一章　总　则

第一条　为促进可再生能源发电产业的发展，依据《中华人民共和国可再生能源法》和《价格法》，特制定本办法。

第二条　本办法的适用范围为：风力发电、生物质发电（包括农林废弃物直接燃烧和气化发电、垃圾焚烧和垃圾填埋气发电、沼气发电）、太阳能发电、海洋能发电和地热能发电。水力发电价格暂按现行规定执行。

第三条　中华人民共和国境内的可再生能源发电项目，2006年及以后获得政府主管部门批准或核准建设的，执行本办法；2005年12月31日前获得政府主管部门批准或核准建设的，仍执行现行有关规定。

第四条　可再生能源发电价格和费用分摊标准本着促进发展、提高效率、规范管理、公平负担的原则制定。

第五条　可再生能源发电价格实行政府定价和政府指导价两种形式。政府指导价即通过招标确定的中标价格。可再生能源发电价格高于当地脱硫燃煤机组标杆上网电价的差额部分，在全国省级及以上电网销售电量中分摊。

第二章　电价制定

第六条　风力发电项目的上网电价实行政府指导价，电价标准由国务院价格主管部门按照招标形成的价格确定。

第七条　生物质发电项目上网电价实行政府定价的，由国务院价格主管部门分地区制定标杆电价，电价标准由各省（自治区、直辖市）2005年脱硫燃煤机组标杆上网电价加补贴电价组成。补贴电价标准为每千瓦时0.25元。发电项目自投产之日起，15年内享受补贴电价；运行满15年后，取消补贴电价。自2010年起，每年新批准和核准建设的发电项目的补贴电价比上一年新批准和核准建设项目的补贴电价递减2%。发电消耗热量中常规能源超过20%的混燃发电项目，视同常规能源发电项目，执行当地燃

煤电厂的标杆电价，不享受补贴电价。

第八条 通过招标确定投资人的生物质发电项目，上网电价实行政府指导价，即按中标确定的价格执行，但不得高于所在地区的标杆电价。

第九条 太阳能发电、海洋能发电和地热能发电项目上网电价实行政府定价，其电价标准由国务院价格主管部门按照合理成本加合理利润的原则制定。

第十条 公共可再生能源独立电力系统，对用户的销售电价执行当地省级电网的分类销售电价。

第十一条 鼓励电力用户自愿购买可再生能源电量，电价按可再生能源发电价格加上电网平均输配电价执行。

第三章 费用支付和分摊

第十二条 可再生能源发电项目上网电价高于当地脱硫燃煤机组标杆上网电价的部分、国家投资或补贴建设的公共可再生能源独立电力系统运行维护费用高于当地省级电网平均销售电价的部分，以及可再生能源发电项目接网费用等，通过向电力用户征收电价附加的方式解决。

第十三条 可再生能源电价附加向省级及以上电网企业服务范围内的电力用户（包括省网公司的趸售对象、自备电厂用户、向发电厂直接购电的大用户）收取。地县自供电网、西藏地区以及从事农业生产的电力用户暂时免收。

第十四条 可再生能源电价附加由国务院价格主管部门核定，按电力用户实际使用的电量计收，全国实行统一标准。

第十五条 可再生能源电价附加计算公式为：可再生能源电价附加＝可再生能源电价附加总额／全国加价销售电量可再生能源电价附加总额＝Σ〔（可再生能源发电价格－当地省级电网脱硫燃煤机组标杆电价）×电网购可再生能源电量＋（公共可再生能源独立电力系统运行维护费用－当地省级电网平均销售电价×公共可再生能源独立电力系统售电量）＋可再生能源发电项目接网费用以及其他合理费用〕其中：（1）全国加价销售电量＝规划期内全国省级及以上电网企业售电总量－农业生产用电量－西藏电网售电量。（2）电网购可再生能源电量＝规划的可再生能源发电量－厂用电量。（3）公共可再生能源独立电力系统运行维护费用＝公共可再生能源独立电力系统经营成本×（1＋增值税率）。（4）可再生能源发电项目接网费用以及其他合理费用，是指专为可再生能源发电项目接入电网系统而发生的工程投资和运行维护费用，以政府有关部门批准的设计文件为依据。在国家未明确输配电成本前，暂将接入费用纳入可再生能源电价附加中计算。

第十六条　按照省级电网企业加价销售电量占全国电网加价销售电量的比例，确定各省级电网企业应分摊的可再生能源电价附加额。计算公式为：各省级电网企业应分摊的电价附加额＝全国可再生能源电价附加总额×省级电网企业服务范围内的加价售电量／全国加价销售电量。

第十七条　可再生能源电价附加计入电网企业销售电价，由电网企业收取，单独记账，专款专用。所涉及的税收优惠政策，按国务院规定的具体办法执行。

第十八条　可再生能源电价附加由国务院价格主管部门根据可再生能源发展的实际情况适时调整，调整周期不少于一年。

第十九条　各省级电网企业实际支付的补贴电费以及发生的可再生能源发电项目接网费用，与其应分摊的可再生能源电价附加额的差额，在全国范围内实行统一调配。具体管理办法由国家电力监管部门根据本办法制定，报国务院价格主管部门核批。

第四章　附　则

第二十条　可再生能源发电企业和电网企业必须真实、完整地记载和保存可再生能源发电上网交易电量、价格和金额等有关资料，并接受价格主管部门、电力监管机构及审计部门的检查和监督。

第二十一条　不执行本办法的有关规定，对企业和国家利益造成损失的，由国务院价格主管部门、电力监管机构及审计部门进行审查，并追究主要责任人的责任。

第二十二条　本办法自2006年1月1日起执行。

第二十三条　本办法由国家发展和改革委员会负责解释。

六、绿电、绿证相关政策

国家发展改革委 财政部 国家能源局关于享受中央政府补贴的绿电项目参与绿电交易有关事项的通知

发改体改〔2023〕75号

国家电网有限公司、中国南方电网有限责任公司：

推进享受国家可再生能源补贴的绿电项目参与绿电交易是更好满足市场对绿电需求的现实需要，是推动能源绿色低碳转型的重要举措，是有效减轻国家可再生能源补贴发放压力的重要途径。为进一步完善绿电交易机制和政策，稳妥推进享受国家可再生能源补贴的绿电项目参与绿电交易，更好实现绿色电力环境价值，现就有关事项通知如下：

一、稳步推进享受国家可再生能源补贴的绿电项目参与绿电交易。扩大绿电参与市场规模，在推动平价可再生能源项目全部参与绿电交易的基础上，稳步推进享受国家可再生能源补贴的绿电项目参与绿电交易。享受国家可再生能源补贴的绿色电力，参与绿电交易时高于项目所执行的煤电基准电价的溢价收益等额冲抵国家可再生能源补贴或归国家所有；发电企业放弃补贴的，参与绿电交易的全部收益归发电企业所有。

二、由国家保障性收购的绿色电力可统一参加绿电交易或绿证交易。由电网企业依照有关政策法规要求保障性收购并享受国家可再生能源补贴的绿色电力，可由电网企业统一参加绿电交易，或由承担可再生能源发展结算服务的机构将对应的绿证统一参加绿证交易。交易方式包括双边、挂牌以及集中竞价等，初期以双边和挂牌方式为主。上述绿电交易产生的溢价收益及对应的绿证交易收益等额冲抵国家可再生能源补贴或归国家所有。

三、参与电力市场交易的绿色电力由项目单位自行参加绿电交易或绿证交易。不再由电网企业保障收购、或由项目单位自主选择参加电力市场的带补贴绿色电力，可直接参与绿电交易，也可参与电力交易（对应绿证可同时参与绿证交易）。项目单位参加绿电交易产生的溢价收益及参加对应绿证交易的收益，在国家可再生能源补贴发放时等额扣减。项目单位可委托电网企业代其参加绿电交易或委托可再生能源发展结算服务机构代其参加绿证交易。

四、享受国家可再生能源补贴的绿电项目参与市场溢价收益专账管理、定向使用。积极引导绿电、绿证价格，确保绿色电力的环境价值有效实现。享受国家可再生能源补贴的绿电项目参与绿电、绿证交易所产生的溢价收益，由北京、广州结算公司单独记账、专户管理，本年度归集后由电网企业按程序报财政部门批准后，专项用于解决可再生能源补贴缺口。

五、做好享受国家可再生能源补贴的绿电项目绿证核发和划转工作。国家可再生能源信息管理中心对享受国家可再生能源补贴的绿电项目核发绿证后，批量划转至北京、广州结算公司在电力交易平台注册的绿电交易账户。

六、享受国家可再生能源补贴并参与绿电交易的绿电优先兑付补贴。鼓励享受国家可再生能源补贴的绿电项目积极参与绿电交易。绿电交易结算电量占上网电量比例超过50％且不低于本地区绿电结算电量平均水平的绿电项目，由电网企业审核后可优先兑付中央可再生能源补贴。

七、做好组织落实。国家发展改革委、国家能源局负责完善绿电绿证交易管理制度体系，加强对各地区绿电绿证交易工作的跟踪指导。财政部做好可再生能源补贴资金管理有关工作。电网企业要切实履行在保障性收购、信息归集等方面的责任，为享受国家可再生能源补贴的绿电项目参与绿电市场交易创造条件。电力交易中心要做好绿电交易、绿证交易组织、划转工作。国家可再生能源信息管理中心要加强对享受国家可再生能源补贴的绿电项目绿证核发、注销工作的管理。北京、广州结算公司落实专户管理责任，配备必要人员和办公场地等，组织好绿电绿证交易有关工作。

此前相关规定与本通知不符的，按本通知规定执行。

本通知自印发之日起执行。

国家发展改革委

财政部

国家能源局（章）

2023 年 2 月 10 日

财政部 国家发展改革委 国家能源局
关于促进非水可再生能源发电健康发展的
若干意见

财建〔2020〕4号

各省、自治区、直辖市财政厅（局）、发展改革委、物价局、能源局，新疆生产建设兵团财政局、发展改革委，国家电网有限公司、中国南方电网有限责任公司：

非水可再生能源是能源供应体系的重要组成部分，是保障能源安全的重要内容。当前，非水可再生能源发电已进入产业转型升级和技术进步的关键期，风电、光伏等可再生能源已基本具备与煤电等传统能源平价的条件。为促进非水可再生能源发电健康稳定发展，提出以下意见。

一、完善现行补贴方式

（一）以收定支，合理确定新增补贴项目规模。根据可再生能源发展规划、补助资金年度增收水平等情况，合理确定补助资金当年支持新增项目种类和规模。财政部将商有关部门公布年度新增补贴总额。国家发展改革委、国家能源局在不超过年度补贴总额范围内，合理确定各类需补贴的可再生能源发电项目新增装机规模，并及早向社会公布，引导行业稳定发展。新增海上风电和光热项目不再纳入中央财政补贴范围，按规定完成核准（备案）并于2021年12月31日前全部机组完成并网的存量海上风力发电和太阳能光热发电项目，按相应价格政策纳入中央财政补贴范围。

（二）充分保障政策延续性和存量项目合理收益。已按规定核准（备案）、全部机组完成并网，同时经审核纳入补贴目录的可再生能源发电项目，按合理利用小时数核定中央财政补贴额度。对于自愿转为平价项目的存量项目，财政、能源主管部门将在补贴优先兑付、新增项目规模等方面给予政策支持。价格主管部门将根据行业发展需要和成本变化情况，及时完善垃圾焚烧发电价格形成机制。

（三）全面推行绿色电力证书交易。自2021年1月1日起，实行配额制下的绿色电

力证书交易（以下简称绿证），同时研究将燃煤发电企业优先发电权、优先保障企业煤炭进口等与绿证挂钩，持续扩大绿证市场交易规模，并通过多种市场化方式推广绿证交易。企业通过绿证交易获得收入相应替代财政补贴。

二、完善市场配置资源和补贴退坡机制

（四）持续推动陆上风电、光伏电站、工商业分布式光伏价格退坡。继续实施陆上风电、光伏电站、工商业分布式光伏等上网指导价退坡机制，合理设置退坡幅度，引导陆上风电、光伏电站、工商业分布式光伏尽快实现平价上网。

（五）积极支持户用分布式光伏发展。通过定额补贴方式，支持自然人安装使用"自发自用、余电上网"模式的户用分布式光伏设备。同时，根据行业技术进步、成本变化以及户用光伏市场情况，及时调整自然人分布式光伏发电项目定额补贴标准。

（六）通过竞争性方式配置新增项目。在年度补贴资金总额确定的情况下，进一步完善非水可再生能源发电项目的市场化配置机制，通过市场竞争的方式优先选择补贴强度低、退坡幅度大、技术水平高的项目。

三、优化补贴兑付流程

（七）简化目录制管理。国家不再发布可再生能源电价附加目录。所有可再生能源项目通过国家可再生能源信息管理平台填报电价附加申请信息。电网企业根据财政部等部门确定的原则，依照项目类型、并网时间、技术水平等条件，确定并定期向全社会公开符合补助条件的可再生能源发电项目清单，并将清单审核情况报财政部、国家发展改革委、国家能源局。此前，三部委已发文公布的1-7批目录内项目直接列入电网企业可再生能源发电项目补贴清单。

（八）明确补贴兑付主体责任。电网企业依法依规收购可再生能源发电量，及时兑付电价，收购电价（可再生能源发电上网电价）超出常规能源发电平均上网电价的部分，中央财政按照既定的规则与电网企业进行结算。

（九）补贴资金按年度拨付。财政部根据年度可再生能源电价附加收入预算和补助资金申请情况，将补助资金拨付到国家电网有限公司、中国南方电网有限责任公司和省级财政部门，电网企业根据补助资金收支情况，按照相关部门确定的优先顺序兑付补助资金，光伏扶贫、自然人分布式、参与绿色电力证书交易、自愿转为平价项目等项目可优先拨付资金。电网企业应切实加快兑付进度，确保资金及时拨付。

（十）鼓励金融机构按照市场化原则对列入补贴发电项目清单的企业予以支持。鼓励金融机构按照市场化原则对于符合规划并纳入补贴清单的发电项目，合理安排信贷资金规模，切实解决企业合规新能源项目融资问题。同时，鼓励金融机构加强支持力度，创新融资方式，加快推动已列入补贴清单发电项目的资产证券化进程。

四、加强组织领导

促进非水可再生能源高质量发展是推动能源战略转型、加快生态文明建设的重要内容，各有关方面要采取有力措施，全面实施预算绩效管理，保障各项政策实施效果。各省级发改、财政、能源部门要加强对本地区非水可再生能源的管理，结合实际制定发展规划。各省级电网要按照《中华人民共和国可再生能源法》以及其他政策法规规定，通过挖掘燃煤发电机组调峰潜力、增加电网调峰电源、优化调度运行方式等，提高非水可再生能源电力消纳水平，确保全额保障性收购政策落实到位。

财政部
国家发展改革委
国家能源局（章）
2020年1月20日

国家发展改革委 财政部 国家能源局关于做好可再生能源绿色电力证书全覆盖工作促进可再生能源电力消费的通知

发改能源〔2023〕1044号

各省、自治区、直辖市、新疆生产建设兵团发展改革委、财政厅（局）、能源局，国家能源局各派出机构，国家电网有限公司、中国南方电网有限责任公司、内蒙古电力（集团）有限责任公司，有关中央企业，水电水利规划设计总院、电力规划设计总院：

为贯彻落实党的二十大精神，完善支持绿色发展政策，积极稳妥推进碳达峰碳中和，做好可再生能源绿色电力证书全覆盖工作，促进可再生能源电力消费，保障可再生能源电力消纳，服务能源安全保供和绿色低碳转型，现就有关事项通知如下。

一、总体要求

深入贯彻党的二十大精神和习近平总书记"四个革命、一个合作"能源安全新战略，落实党中央、国务院决策部署，进一步健全完善可再生能源绿色电力证书（以下简称绿证）制度，明确绿证适用范围，规范绿证核发，健全绿证交易，扩大绿电消费，完善绿证应用，实现绿证对可再生能源电力的全覆盖，进一步发挥绿证在构建可再生能源电力绿色低碳环境价值体系、促进可再生能源开发利用、引导全社会绿色消费等方面的作用，为保障能源安全可靠供应、实现碳达峰碳中和目标、推动经济社会绿色低碳转型和高质量发展提供有力支撑。

二、明确绿证的适用范围

（一）绿证是我国可再生能源电量环境属性的唯一证明，是认定可再生能源电力生产、消费的唯一凭证。

（二）国家对符合条件的可再生能源电量核发绿证，1个绿证单位对应1000千瓦时可再生能源电量。

（三）绿证作为可再生能源电力消费凭证，用于可再生能源电力消费量核算、可再生能源电力消费认证等，其中：可交易绿证除用作可再生能源电力消费凭证外，还可通过参与绿证绿电交易等方式在发电企业和用户间有偿转让。国家发展改革委、国家能源局负责确定核发可交易绿证的范围，并根据可再生能源电力。生产消费情况动态调整。

三、规范绿证核发

（四）国家能源局负责绿证相关管理工作。绿证核发原则上以电网企业、电力交易机构提供的数据为基础，与发电企业或项目业主提供数据相核对。绿证对应电量不得重复申领电力领域其他同属性凭证。

（五）对全国风电（含分散式风电和海上风电）、太阳能发电（含分布式光伏发电和光热发电）、常规水电、生物质发电、地热能发电、海洋能发电等已建档立卡的可再生能源发电项目所生产的全部电量核发绿证，实现绿证核发全覆盖。其中：

对集中式风电（含海上风电）、集中式太阳能发电（含光热发电）项目的上网电量，核发可交易绿证。

对分散式风电、分布式光伏发电项目的上网电量，核发可交易绿证。

对生物质发电、地热能发电、海洋能发电等可再生能源发电项目的上网电量，核发可交易绿证。

对存量常规水电项目，暂不核发可交易绿证，相应的绿证随电量直接无偿划转。对2023年1月1日（含）以后新投产的完全市场化常规水电项目，核发可交易绿证。

四、完善绿证交易

（六）绿证依托中国绿色电力证书交易平台，以及北京电力交易中心、广州电力交易中心开展交易，适时拓展至国家认可的其他交易平台，绿证交易信息应实时同步至核发机构。现阶段可交易绿证仅可交易一次。

（七）绿证交易采取双边协商、挂牌、集中竞价等方式进行。其中，双边协商交易由市场主体双方自主协商绿证交易数量和价格；挂牌交易中绿证数量和价格信息在交易平台发布；集中竞价交易按需适时组织开展，按照相关规则明确交易数量和价格。

（八）对享受中央财政补贴的项目绿证，初期采用双边和挂牌方式为主，创造条件推动尽快采用集中竞价方式进行交易，绿证收益按相关规定执行。平价（低价）项目、自愿放弃中央财政补贴和中央财政补贴已到期项目，绿证交易方式不限，绿证收益归发电企业或项目业主所有。

五、有序做好绿证应用工作

（九）支撑绿色电力交易。在电力交易机构参加绿色电力交易的，相应绿证由核发

机构批量推送至电力交易机构，电力交易机构按交易合同或双边协商约定将绿证随绿色电力一同交易，交易合同中应分别明确绿证和物理电量的交易量、交易价格。

（十）核算可再生能源消费。落实可再生能源消费不纳入能源消耗总量和强度控制，国家统计局会同国家能源局核定全国和各地区可再生能源电力消费数据。

（十一）认证绿色电力消费。以绿证作为电力用户绿色电力消费和绿电属性标识认证的唯一凭证，建立基于绿证的绿色电力消费认证标准、制度和标识体系。认证机构通过两年内的绿证开展绿色电力消费认证，时间自电量生产自然月（含）起，认证信息应及时同步至核发机构。

（十二）衔接碳市场。研究推进绿证与全国碳排放权交易机制、温室气体自愿减排交易机制的衔接协调，更好发挥制度合力。

（十三）推动绿证国际互认。我国可再生能源电量原则上只能申领核发国内绿证，在不影响国家自主贡献目标实现的前提下，积极推动国际组织的绿色消费、碳减排体系与国内绿证衔接。加强绿证核发、计量、交易等国际标准研究制定，提高绿证的国际影响力。

六、鼓励绿色电力消费

（十四）深入开展绿证宣传和推广工作，在全社会营造可再生能源电力消费氛围，鼓励社会各用能单位主动承担可再生能源电力消费社会责任。鼓励跨国公司及其产业链企业、外向型企业、行业龙头企业购买绿证、使用绿电，发挥示范带动作用。推动中央企业、地方国有企业、机关和事业单位发挥先行带头作用，稳步提升绿电消费比例。强化高耗能企业绿电消费责任，按要求提升绿电消费水平。支持重点企业、园区、城市等高比例消费绿色电力，打造绿色电力企业、绿色电力园区、绿色电力城市。

七、严格防范、严厉查处弄虚作假行为

（十五）严格防范、严厉查处在绿证核发、交易及绿电交易等过程中的造假行为。加大对电网企业、电力交易机构、电力调度机构的监管力度，做好发电企业或项目业主提供数据之间的核对工作。适时组织开展绿证有关工作抽查，对抽查发现的造假等行为，采用通报、约谈、取消一定时期内发证及交易等手段督促其整改，重大违规违纪问题按程序移交纪检监察及审计部门。

八、加强组织实施

（十六）绿证核发机构应按照国家可再生能源发电项目建档立卡赋码规则设计绿证统一编号，制定绿证相关信息的加密、防伪、交互共享等相关技术标准及规范，建设国家绿证核发交易系统，全面做好绿证核发、交易、划转等工作，公开绿证核发、交易信息，做好绿证防伪查验工作，加强绿证、可再生能源消费等数据共享。

（十七）电网企业、电力交易机构应及时提供绿证核发所需信息，参与制定相关技术标准及规范。发电企业或项目业主应提供项目电量信息或电量结算材料作为核对参考。对于电网企业、电力交易机构不能提供绿证核发所需信息的项目，原则上由发电企业或项目业主提供绿证核发所需信息的材料。

（十八）各发电企业或项目业主应及时建档立卡。各用能单位、各已建档立卡的发电企业或项目业主应按照绿证核发和交易规则，在国家绿证核发交易系统注册账户，用于绿证核发和交易。省级专用账户由绿证核发机构统一分配，由各省级发改、能源部门统筹管理，用于接受无偿划转的绿证。

（十九）国家能源局负责制定绿证核发和交易规则，组织开展绿证核发和交易，监督管理实施情况，并会同有关部门根据实施情况适时调整完善政策措施，共同推动绿证交易规模和应用场景不断扩大。国家能源局各派出机构做好辖区内绿证制度实施的监管，及时提出监管意见和建议。

（二十）《关于试行可再生能源绿色电力证书核发及自愿认购交易制度的通知》（发改能源〔2017〕132号）即行废止。

国家发展改革委
财政部
国家能源局（章）
2023年7月25日

国家发展改革委办公厅 国家能源局综合司 关于 2023 年可再生能源电力消纳 责任权重及有关事项的通知

发改办能源〔2023〕569号

各省、自治区、直辖市、新疆生产建设兵团发展改革委、能源局，天津市、辽宁省、上海市、重庆市、四川省、甘肃省经信委（工信委、工信厅），国家能源局各派出机构，国家电网有限公司、中国南方电网有限责任公司、内蒙古电力（集团）有限责任公司，电力规划设计总院、水电水利规划设计总院：

为助力实现碳达峰、碳中和目标，加快规划建设新型能源体系，推动可再生能源高质量发展，根据《国家发展改革委、国家能源局关于建立健全可再生能源电力消纳保障机制的通知》（发改能源〔2019〕807号），现将2023年可再生能源电力消纳责任权重和2024年预期目标印发给你们，并就有关事项通知如下。

一、2023年可再生能源电力消纳责任权重为约束性指标，各省（自治区、直辖市）按此进行考核评估；2024年权重为预期性指标，各省（自治区、直辖市）按此开展项目储备。2023年各省（自治区、直辖市）可再生能源电力消纳责任权重见附件1，2024年各省（自治区、直辖市）预期目标见附件2。

二、各省（自治区、直辖市）按照非水电消纳责任权重合理安排本省（自治区、直辖市）风电、光伏发电保障性并网规模。严格落实西电东送和跨省跨区输电通道可再生能源电量占比要求，2023年的占比原则上不低于2022年实际执行情况。

三、各省级行政区域可再生能源电力消纳责任权重完成情况以实际消纳的可再生能源物理电量为主要核算方式，各承担消纳责任的市场主体权重完成情况以自身持有的可再生能源绿色电力证书为主要核算方式，绿证核发交易按有关规定执行。

四、各省级能源主管部门会同经济运行管理部门要切实承担牵头责任，按照消纳责任权重积极推动本地区可再生能源电力建设，开展跨省跨区电力交易，制定本行政区域可再生能源电力消纳实施方案，切实将权重落实到承担消纳责任的市场主体。2024年2月底前，向国家发展改革委、国家能源局报送2023年可再生能源电力消纳责任权重完成情况。

五、各电网企业要切实承担组织责任，密切配合省级能源主管部门，按照消纳责任权重组织调度、运行和交易等部门，认真做好可再生能源电力并网消纳、跨省跨区输送和市场交易。2024年1月底前，国家电网、南方电网所属省级电网企业和内蒙古电力（集团）有限责任公司向省级能源主管部门、经济运行管理部门和国家能源局相关派出机构报送2023年本经营区及各承担消纳责任的市场主体可再生能源电力消纳量完成情况。

六、国家能源局各派出机构要切实承担监管责任，积极协调落实可再生能源电力并网消纳和跨省跨区交易，对监管区域内消纳责任权重完成情况开展监管。2024年2月底前，向国家发展改革委、国家能源局报送2023年监管情况。

国家发展改革委、国家能源局将组织电规总院、水电总院、国家发展改革委能源研究所等单位按月跟踪监测各省级行政区域可再生能源电力建设进展及消纳利用水平，按年度通报各省级行政区域消纳责任权重完成情况。

附件：

1. 2023年各省（自治区、直辖市）可再生能源电力消纳责任权重
2. 2024年各省（自治区、直辖市）可再生能源电力消纳责任权重预期目标

国家发展改革委办公厅
国家能源局综合司（章）
2023年7月16日

附件1

2023年各省（自治区、直辖市）可再生能源电力消纳责任权重

省（区、市）	总量消纳责任权重	非水电消纳责任权重
北京	20.1%	20.0%
天津	19.5%	18.7%
河北	19.1%	19.0%
山西	22.5%	21.5%
山东	17.1%	15.7%
内蒙古	23.0%	22.0%
辽宁	19.2%	16.0%
吉林	31.3%	23.5%
黑龙江	24.5%	22.7%
上海	30.0%	6.0%
江苏	20.9%	13.0%
浙江	21.6%	11.0%
安徽	19.6%	16.5%
福建	20.6%	10.0%
江西	26.4%	14.5%
河南	26.9%	21.0%
湖北	38.0%	12.5%
湖南	46.8%	16.0%
重庆	40.7%	6.5%
四川	70.0%	8.0%

续表

省（区、市）	总量消纳责任权重	非水电消纳责任权重
陕西	23.0%	18.5%
甘肃	50.0%	21.5%
青海	70.0%	27.2%
宁夏	26.5%	24.5%
新疆	23.5%	12.8%
广东	29.6%	7.5%
广西	45.1%	12.5%
海南	17.8%	10.5%
贵州	36.8%	11.0%
云南	70.0%	17.0%

注：1.全国非水电发电量不低于1.6万亿千瓦时。

2.云南2022年未完成的非水电消纳责任权重滚动调整至2024—2025年。

3.新疆只监测、不考核。

4.西藏不考核。

附件2

2024 年各省（自治区、直辖市）可再生能源电力消纳责任权重预期目标

省（区、市）	总量消纳责任权重	非水消纳责任权重
北京	21.7%	21.7%
天津	20.5%	20.4%
河北	20.7%	20.7%
山西	23.5%	23.2%
山东	18.1%	17.4%
内蒙古	24.0%	23.7%
辽宁	20.2%	17.7%
吉林	32.3%	25.2%
黑龙江	25.5%	24.4%
上海	31.0%	7.7%
江苏	21.9%	14.7%
浙江	22.6%	12.7%
安徽	20.6%	18.2%
福建	21.6%	11.7%
江西	27.4%	16.2%
河南	27.9%	22.7%
湖北	39.0%	14.2%
湖南	47.8%	17.7%
重庆	41.7%	7.7%
四川	70.0%	9.7%

续表

省（区、市）	总量消纳责任权重	非水消纳责任权重
陕西	26.0%	20.2%
甘肃	51.0%	23.2%
青海	70.0%	28.9%
宁夏	27.5%	26.2%
广东	30.6%	9.2%
广西	46.1%	14.2%
海南	18.8%	12.2%
贵州	37.8%	12.7%
云南	70.0%	19.2%

注：1.全国非水电发电量不低于1.83万亿千瓦时。

2.总量消纳责任权重预期超过70%的省份暂按照70%下达，后续根据实际情况再明确。

3.云南叠加2022年未完成非水电消纳责任权重0.5个百分点。

4.新疆消纳责任权重监测值根据2023年实际完成情况确定。

5.西藏不考核。

附录　相关政策文件目录

一、综合性法律法规规章

（1）中华人民共和国可再生能源法

中华人民共和国主席令第 33 号

（2）国家发展改革委办公厅 财政部办公厅 国家能源局综合司关于明确可再生能源发电补贴核查认定有关政策解释的通知

发改办运行〔2022〕853 号

（3）财政部关于下达 2022 年可再生能源电价附加补助资金预算的通知

财资〔2022〕100 号

（4）财政部关于下达 2021 年可再生能源电价附加补助资金预算的通知

财资〔2021〕94 号

（5）财政部 发展改革委 国家能源局关于《关于促进非水可再生能源发电健康发展的若干意见》有关事项的补充通知

财建〔2020〕426 号

（6）财政部 国家发展改革委 国家能源局关于促进非水可再生能源发电健康发展的若干意见

财建〔2020〕4 号

（7）财政部 国家发展改革委 国家能源局关于印发《可再生能源电价附加资金管理办法》的通知

财建〔2020〕5 号

（8）国家能源局关于减轻可再生能源领域企业负担有关事项的通知

国能发新能〔2018〕34 号

（9）财政部关于印发《可再生能源电价附加有关会计处理规定》的通知

财会〔2012〕24 号

（10）财政部 国家发展改革委 国家能源局关于印发《可再生能源发展基金征收使用管理暂行办法》的通知

财综〔2011〕115 号

（11）国家发展改革委关于印发《可再生能源发电价格和费用分摊管理试行办法》的通知

发改价格〔2006〕7 号

二、项目建设并网运行管理

（1）企业投资项目核准和备案管理条例

中华人民共和国国务院令第 673 号

（2）电力并网运行管理规定

国能发监管规〔2021〕60 号

（3）国家能源局关于 2021 年风电、光伏发电开发建设有关事项的通知

国能发新能〔2021〕25 号

（4）国家能源局综合司关于报送整县（市、区）屋顶分布式光伏开发试点方案的通知

国能综通新能〔2021〕84 号

（5）国家发展改革委 财政部 国家能源局关于印发《2021 年生物质发电项目建设工作方案》的通知

发改能源〔2021〕1190 号

（6）国家能源局关于 2020 年风电、光伏发电项目建设有关事项的通知

国能发新能〔2020〕17 号

（7）国家能源局关于发布《2020 年度风电投资监测预警结果》和《2019 年度光伏发电市场环境监测评价结果》的通知

国能发新能〔2020〕24 号

（8）国家发展改革委 财政部 国家能源局关于印发《完善生物质发电项目建设运行的实施方案》的通知

发改能源〔2020〕1421 号

（9）国家发展改革委 国家能源局关于建立健全可再生能源电力消纳保障机制的通知

发改能源〔2019〕807 号

（10）国家能源局关于 2019 年风电、光伏发电项目建设有关事项的通知

国能发新能〔2019〕49 号

（11）国家发展改革委 国家能源局关于积极推进风电、光伏发电无补贴平价上网有关工作的通知

发改能源〔2019〕19 号

（12）国家发展改革委办公厅 国家能源局综合司关于公布 2019 年第一批风电、光伏发电平价上网项目的通知

发改办能源〔2019〕594号

（13）国家能源局关于发布2019年度风电投资监测预警结果的通知

国能发新能〔2019〕13号

（14）国家能源局综合司关于2019年户用光伏项目信息公布和报送有关事项的通知

国能综通新能〔2019〕45号

（15）国家能源局关于发布2018年度风电投资监测预警结果的通知

国能发新能〔2018〕23号

（16）国家能源局关于推进太阳能热发电示范项目建设有关事项的通知

国能发新能〔2018〕46号

（17）国家能源局 国务院扶贫办关于印发《光伏扶贫电站管理办法》的通知

国能发新能〔2018〕29号

（18）国家发展改革委 国家能源局关于开展分布式发电市场化交易试点的通知

发改能源〔2017〕1901号

（19）国家能源局关于可再生能源发展"十三五"规划实施的指导意见

国能发新能〔2017〕31号

（20）国家能源局关于发布2017年度风电投资监测预警结果的通知

国能新能〔2017〕52号

（21）国家发展改革委 国家能源局关于印发《可再生能源调峰机组优先发电试行办法》的通知

发改运行〔2016〕1558号

（22）国家发展改革委 国家能源局关于做好风电、光伏发电全额保障性收购管理工作的通知

发改能源〔2016〕1150号

（23）国家能源局关于下达2016年全国风电开发建设方案的通知

国能新能〔2016〕84号

（24）国家能源局关于建立监测预警机制促进风电产业持续健康发展的通知

国能新能〔2016〕196号

（25）国家能源局 国家海洋局关于印发《海上风电开发建设管理办法》的通知

国能新能〔2016〕394号

（26）国家能源局关于下达2016年光伏发电建设实施方案的通知

国能新能〔2016〕166号

（27）国家能源局关于调整2016年光伏发电建设规模有关问题的通知

国能新能〔2016〕383号

（28）国家发展和改革委员会 国务院扶贫开发领导小组办公室 国家能源局 国家开发银行 中国农业发展银行关于实施光伏发电扶贫工作的意见

发改能源〔2016〕621号

（29）国家能源局综合司关于印发《农林生物质发电项目防治掺煤监督管理指导意见》的通知

国能综新能〔2016〕623号

（30）国家能源局关于进一步完善风电年度开发方案管理工作的通知

国能新能〔2015〕163号

（31）国家能源局关于印发"十二五"第五批风电项目核准计划的通知

国能新能〔2015〕134号

（32）国家能源局关于取消第二批风电项目核准计划未核准项目有关要求的通知

国能新能〔2015〕14号

（33）国家能源局关于下达2015年光伏发电建设实施方案的通知

国能新能〔2015〕73号

（34）国家能源局关于调增部分地区2015年光伏电站建设规模的通知

国能新能〔2015〕356号

（35）国家能源局关于印发"十二五"第四批风电项目核准计划的通知

国能新能〔2014〕83号

（36）国家能源局关于加强风电项目核准计划管理有关工作的通知

国能新能〔2014〕24号

（37）国家能源局关于印发"十二五"第三批风电项目核准计划的 国家发展改革委办公厅关于加强和规范生物质发电项目管理有关要求的通知

发改办能源〔2014〕3003号

（38）国家能源局关于印发全国海上风电开发建设方案（2014—2016）的通知

国能新能〔2014〕530号

（39）国家能源局关于下达2014年光伏发电年度新增建设规模的通知

国能新能〔2014〕33号

（40）国家能源局关于印发"十二五"第三批风电项目核准计划的通知

国能新能〔2013〕110号

（41）国家能源局关于开展分布式光伏发电应用示范区建设的通知

国能新能〔2013〕296号

（42）国家能源局关于印发分布式光伏发电项目管理暂行办法的通知

国能新能〔2013〕433号

（43）发展改革委关于印发〈分布式发电管理暂行办法〉的通知

发改能源〔2013〕1381号

（44）国家能源局关于印发〈光伏电站项目管理暂行办法〉的通知

国能新能〔2013〕329号

（45）国家能源局关于增补部分省、自治区"十二五"风电核准计划项目的通知

国能新能〔2012〕385号

（46）国家能源局关于印发"十二五"第二批风电项目核准计划的通知

国能新能〔2012〕82号

（47）国家能源局关于印发生物质能发展"十二五"规划的通知

国能新能〔2012〕216号

（48）国家能源局关于"十二五"第一批拟核准风电项目计划安排的通知

国能新能〔2011〕200号

（49）国家能源局 国家海洋局关于印发《海上风电开发建设管理暂行办法》的通知

国能新能〔2010〕29号

（50）风电特许权项目前期工作管理办法

发改能源〔2003〕1403号

三、补贴清单（补助目录）管理

（1）财政部办公厅关于请加强可再生能源发电补贴清单审核管理工作的通知

财办建〔2021〕11号

（2）财政部办公厅关于加快推进可再生能源发电补贴项目清单审核有关工作的通知

财办建〔2020〕70号

（3）财政部办公厅关于开展可再生能源发电补贴项目清单审核有关工作的通知

财办建〔2020〕6号

（4）国家可再生能源信息管理中心关于可再生能源发电补贴项目清单申报与审核工
作有关要求的公告

（5）国家可再生能源信息管理中心可再生能源发电项目信息管理平台使用手册

（6）财政部 发展改革委 能源局关于调整可再生能源电价附加资金补助目录部分项目信息的通知

财建〔2019〕356 号

（7）财政部 国家发展改革委 国家能源局关于公布可再生能源电价附加资金补助目录（第七批）的通知

财建〔2018〕250 号

（8）财政部 国家发展改革委 国家能源局关于公布可再生能源电价附加资金补助目录（第六批）的通知

财建〔2016〕669 号

（9）财政部 国家发展改革委 国家能源局关于公布可再生能源电价附加资金补助目录（第五批）的通知

财建〔2014〕489 号

（10）财政部 国家发展改革委 国家能源局关于公布可再生能源电价附加补助资金目录（第四批）的通知

财建〔2013〕64 号

（11）财政部 国家发展改革委 国家能源局关于公布可再生能源电价附加资金补助目录（第三批）的通知

财建〔2012〕1067 号

（12）国家能源局关于可再生能源电价附加资金补助项目新增确认　名单（第二批）的通知

国能新能〔2012〕305 号

（13）财政部 国家发展改革委 国家能源局关于公布可再生能源电价附加资金补助目录（第二批）的通知

财建〔2012〕808 号

（14）财政部 国家发展改革委 国家能源局关于公布可再生能源电价附加资金补助目录（第一批）的通知

财建〔2012〕344 号

（15）国家乡村振兴局综合司 国家能源局综合司关于从国家规模范围中剔除有关光伏扶贫电站项目的函

国乡振司函〔2021〕12 号

（16）国务院扶贫办 国家能源局关于将有关村级光伏扶贫电站项目纳入国家规模范

围的通知

国开办发〔2020〕16号

（17）国务院扶贫开发领导小组办公室开发指导司关于转送有关村级光伏扶贫电站项目明细的函

（18）财政部 国家发展改革委 国家能源局 国务院扶贫办关于公布可再生能源电价附加资金补助目录（第三批光伏扶贫项目）的通知

财建〔2020〕13号

（19）财政部 国家发展改革委 国家能源局 国务院扶贫办关于调整可再生能源电价附加资金补助目录（光伏扶贫项目）的通知

财建〔2020〕320号

（20）财政部 国家发展改革委 国家能源局 国务院扶贫办关于公布可再生能源电价附加资金补助目录（光伏扶贫项目）的通知

财建〔2019〕48号

（21）财政部 国家发展改革委 国家能源局 国务院扶贫办关于公布可再生能源电价附加资金补助目录（光伏扶贫项目）的通知

财建〔2018〕25号

四、风电、光伏项目价格政策

（1）国家发展改革委关于2022年新建风电、光伏发电项目延续平价上网政策的函

（2）国家发展改革委关于2021年新能源上网电价政策有关事项的通知

发改价格〔2021〕833号

（3）国家发展改革委关于落实好2021年新能源上网电价政策有关事项的函

发改价格〔2019〕882号

（4）国家发展改革委关于完善风电上网电价政策的通知

发改价格〔2019〕882号

（5）国家发展改革委关于适当调整陆上风电标杆上网电价的通知

发改价格〔2014〕3008号

（6）国家发展改革委关于海上风电上网电价政策的通知

发改价格〔2014〕1216号

（7）国家发展改革委关于完善风力发电上网电价政策的通知

发改价格〔2009〕1906号

（8）国家发展改革委关于 2020 年光伏发电上网电价政策有关事项的通知

发改价格〔2020〕511 号

（9）国家能源局综合司关于公布 2020 年光伏发电项目国家补贴竞价结果的通知

国能综通新能〔2020〕64 号

（10）国家能源局综合司关于公布 2019 年光伏发电项目国家补贴竞价结果的通知

国能综通新能〔2019〕59 号

（11）国家发展改革委关于完善光伏发电上网电价机制有关问题的通知

发改价格〔2019〕761 号

（12）国家发展改革委 财政部 国家能源局关于 2018 年光伏发电有关事项说明的通知

发改能源〔2018〕1459 号

（13）国家发展改革委财政部国家能源局关于 2018 年光伏发电有关事项的通知

发改能源〔2018〕823 号

（14）国家发展改革委关于 2018 年光伏发电项目价格政策的通知

发改价格〔2017〕2196 号

（15）国家发展改革委关于调整光伏发电陆上风电标杆上网电价的通知

发改价格〔2016〕2729 号

（16）国家发展改革委关于完善陆上风电光伏发电上网标杆电价政策的通知

发改价格〔2015〕3044 号

（17）国家能源局关于进一步落实分布式光伏发电有关政策的通知

国能新能〔2014〕406 号

（18）财政部关于分布式光伏发电实行按照电量补贴政策等有关问题的通知

财建〔2013〕390 号

（19）国家发展改革委关于发挥价格杠杆作用促进光伏产业健康发展的通知

发改价格〔2013〕1638 号

（20）国家发展改革委关于完善太阳能光伏发电上网电价政策的通知

发改价格〔2011〕1594 号

（21）国家发展改革委关于太阳能热发电标杆上网电价的通知

发改价格〔2016〕1881 号

五、生物质发电项目价格政策

（1）国家发展改革委办公厅 国家能源局综合司关于 2021 年生物质发电中央补贴项

目竞争配置结果的通知

发改办能源〔2022〕575 号

（2）国家发展改革委办公厅 国家能源局综合司关于公布 2020 年生物质发电中央补贴项目申报结果的通知

发改办能源〔2020〕865 号

（3）财政部 生态环境部关于核减环境违法垃圾焚烧发电项目可再生能源电价附加补助资金的通知

财建〔2020〕199 号

（4）财政部 生态环境部关于核减环境违法等农林生物质发电项目可再生能源电价附加补助资金的通知

财建〔2020〕591 号

（5）国家发展改革委关于完善垃圾焚烧发电价格政策的通知

发改价格〔2012〕801 号

（6）国家发展改革委关于完善农林生物质发电价格政策的通知

发改价格〔2010〕1579 号

（7）国家发展改革委关于印发《可再生能源发电价格和费用分摊管理试行办法》的通知

发改价格〔2006〕7 号

六、绿电、绿证相关政策

（1）国家发展改革委 财政部 国家能源局关于享受中央政府补贴的绿电项目参与绿电交易有关事项的通知

发改体改〔2023〕75 号

（2）国家发展改革委办公厅 国家能源局综合司关于有序推进绿色电力交易有关事项的通知

发改办体改〔2022〕821 号

（3）国家发展改革委办公厅 国家能源局综合司关于推动电力交易机构开展绿色电力证书交易的通知

发改办体改〔2022〕797 号

（4）财政部 国家发展改革委 国家能源局关于促进非水可再生能源发电健康发展的若干意见

财建〔2020〕4 号

（5）国家发展改革委 国家能源局关于建立健全可再生能源电力消纳保障机制的通知

发改能源〔2019〕807 号

（6）国家发展改革委 国家能源局关于积极推进风电、光伏发电无补贴平价上网有
关工作的通知

发改能源〔2019〕19 号

（7）国家发展改革委 财政部 国家能源局关于做好可再生能源绿色电力证书全覆盖
工作促进可再生能源电力消费的通知

发改能源〔2023〕1044 号

（8）国家发展改革委办公厅 国家能源局综合司关于 2023 年可再生能源电力消纳责
任权重及有关事项的通知

发改办能源〔2023〕569 号